苏区研究文库（第二辑）：苏区与红色文化研究博士书系

谨以此"书系"向赣南师范大学更名成功献礼！

教育部重点研究基地——赣南师范大学中共革命精神与文化资源研究中心

江西省苏区研究协同创新中心

赣南师范大学中共革命精神与文化资源研究中心
江西省苏区研究协同创新中心
苏区与红色文化研究博士书系

鄂豫皖苏区文化动员与意识形态建构（1920—1937）

邹 荣 著

中国社会科学出版社

图书在版编目(CIP)数据

鄂豫皖苏区文化动员与意识形态建构:1920—1937/邹荣著.
—北京:中国社会科学出版社,2016.9
(苏区研究与红色文化传承文库)
ISBN 978-7-5161-9148-4

Ⅰ.①鄂… Ⅱ.①邹… Ⅲ.①鄂豫皖革命根据地—文化史—研究—1920-1937 Ⅳ.①K269.407

中国版本图书馆 CIP 数据核字(2016)第 252520 号

出 版 人	赵剑英
选题策划	陈肖静
责任编辑	陈肖静
责任校对	刘 娟
责任印制	戴 宽

出　　版	中国社会科学出版社
社　　址	北京鼓楼西大街甲 158 号
邮　　编	100720
网　　址	http://www.csspw.cn
发 行 部	010-84083685
门 市 部	010-84029450
经　　销	新华书店及其他书店

印　　刷	北京君升印刷有限公司
装　　订	廊坊市广阳区广增装订厂
版　　次	2016 年 9 月第 1 版
印　　次	2016 年 9 月第 1 次印刷

开　　本	710×1000 1/16
印　　张	12.75
插　　页	2
字　　数	206 千字
定　　价	48.00 元

凡购买中国社会科学出版社图书,如有质量问题请与本社营销中心联系调换
电话:010-84083683
版权所有　侵权必究

苏区研究文库（第二辑）：苏区与红色文化研究博士书系
编辑委员会

主　任：孙弘安　曾志刚
委　员：胡龙华　曾泽鑫　陈　勃　陈春生　邱小云
　　　　吴剑波　幸跃凌　姚　力　谢庐明　林晓平
　　　　焦中明　张文标　左　群　朱钦胜　曾耀荣
主　编：邱小云
副主编：朱钦胜　曾耀荣　程小强

《苏区与红色文化研究博士书系》序

苏区的历史是中国共产党领导新民主主义革命的一段非常重要的历史。80多年前，毛泽东、朱德、周恩来、邓小平等老一辈无产阶级革命家领导和开展了波澜壮阔的苏维埃革命斗争，先后建立了中央苏区、湘赣苏区、湘鄂赣苏区、闽浙赣（赣东北）苏区、鄂豫皖苏区、川陕苏区、湘鄂西苏区、湘鄂川黔苏区、琼崖苏区、广西左右江苏区、闽东苏区、西北苏区、鄂豫陕苏区等十几个苏区，对中国革命道路进行了艰苦卓绝的探索，谱写了彪炳史册的壮丽史诗。特别是在江西瑞金成立了中华苏维埃共和国，进行了我们党治国理政的伟大预演，培养造就了一大批治党治国治军的栋梁之才，为中国革命和新中国建设提供了人才保障。这段波澜壮阔的岁月，孕育了伟大的毛泽东思想，形成了党的群众路线的根本工作方法，催生了以"坚定信念、求真务实、一心为民、清正廉洁、艰苦奋斗、争创一流、无私奉献"为主要内涵的苏区精神，创造了崭新的红色文化。

2011年11月4日，习近平同志在纪念中央革命根据地创建暨中华苏维埃共和国成立80周年座谈会上指出，"中央革命根据地和中华苏维埃共和国的历史，已经成为我们党的历史和近代中国革命斗争历史非常重要的一页，是一部丰富生动的教科书，广大干部和党员应该不断从中得到教益，受到启迪，获得力量。"苏区精神"既蕴涵了中国共产党人革命精神的共性，又显示了苏区时期的特色和个性，是中国共产党人政治本色和精神特质的集中体现，是中华民族精神新的升华，也是我们今天正在建设的社会主义核心价值体系的重要来源。"强调"无论现在和将来，都要坚持继承先烈遗志，大力弘扬苏区精神。"

深入开展苏区研究，厘清中国波澜壮阔的苏维埃革命斗争历史，总结苏区时期特别是中央苏区时期我们党的建设的优良传统，总结我们党在中央苏区局部执政的历史经验，对于进一步丰富中国共产党党史、中华人民共和国国史，提高党的建设科学化水平，推进国家治理体系和治理能力现代化；对于进一步激活红色基因，培育和践行社会主义核心价值观，弘扬党的优良作风，具有十分重要的意义。尤其是当前，我省正全面推进原中央苏区振兴发展，深入开展苏区研究，对于贯彻落实《国务院关于支持赣南等原中央苏区振兴发展的若干意见》，进一步解放思想，开拓创新，锐意进取，全力推动革命老区、中央苏区的跨越发展，把原中央苏区打造成为革命老区扶贫攻坚示范区、红色文化传承创新区、全国著名的红色旅游目的地，具有重要的现实意义。

江西作为中国共产党领导苏维埃运动的中心区域，先后创建了井冈山、中央、赣东北、湘赣、湘鄂赣等全国最早、最大和最多的苏区，全省三分之二以上的地区曾为苏维埃区域，被誉为中国革命前进的伟大基地、毛泽东思想的发祥地、苏区精神的发源地。在新的历史时期，江西更是有责任和义务在苏区研究和红色文化传承创新上发挥更大作用。

赣南师范大学作为一所扎根赣南苏区办学的省属高等院校，长期以来高度重视并致力于苏区研究，整合校内外苏区研究力量，聚集政、学、研各方面的创新资源，坚持历史研究、理论创新和现实观照相结合，注重传承创新，在中共革命精神和中央苏区研究领域取得了具有原创性和国内较高水平的研究成果，形成了鲜明的学科特色和育人品牌，为传承红色基因、服务国家战略和江西经济社会发展等提供了智力支持。

博采众长凝聚思想智慧，推陈出新促进繁荣发展。为进一步深化苏区研究，形成研究合力，赣南师范大学依托教育部人文社科重点研究基地和江西省"苏区研究协同创新中心"，编纂出版了《苏区与红色文化研究博士书系》。该套丛书共由《马克思主义妇女观在中央苏区的实践研究》、《马克思主义文艺理论在中央苏区戏剧中的实践研究》、《当代大学生红色文化传播研究》、《苏区军事化结构与运行机制研究（1927—1937）》、《鄂豫皖苏区文化动员与意识形态建构（1920—1937）》五本著作组成，是五位青年博士有关苏区研究和红色文化研究方面的博士论文，既有历史理论的研究，又有历史实践的阐述，还有现实问题的思考，内容丰富，史料翔实，是近年来赣南师范大学在中央苏区研究方面的最新成果，具有很高的学术价值和理论深度。

　　苏区精神是我们党为后人留下的传家之宝，是铸就我们的国魂、军魂、党魂、民魂的精神内核，愿苏区精神永放光芒、红色基因代代相传！

中共江西省委常委、省委秘书长：朱虹

目 录

绪论 …………………………………………………………………（1）
  第一节 选题的意义和研究对象 …………………………………（1）
    一 选题的意义 ……………………………………………………（1）
    二 研究对象 ………………………………………………………（4）
  第二节 学术前史综述 ……………………………………………（11）
    一 起步与发展 ……………………………………………………（13）
    二 几个问题的讨论 ………………………………………………（17）
    三 理论框架运用和缺陷及一些建议 …………………………（22）
  第三节 研究视角、研究方法及主要创新点 ……………………（26）
    一 研究视角 ………………………………………………………（26）
    二 研究方法 ………………………………………………………（29）
    三 主要创新点 ……………………………………………………（30）

第一章 鄂豫皖苏区的形成与发展 …………………………（32）
  第一节 鄂豫皖苏区形成与发展的历史基础 …………………（32）
    一 近代救国思潮下的制度选择及苏维埃战略的形成 ………（32）
    二 促成苏维埃革命的现实条件 ………………………………（34）
    三 鄂豫皖革命渊源的解析 ……………………………………（38）
  第二节 鄂豫皖苏区的建立与发展 ………………………………（40）
    一 鄂东北、豫东南和皖西北苏区的建立与发展 ……………（40）
    二 鄂豫皖苏区统一的提出 ……………………………………（41）
    三 鄂豫皖苏区的最终统一 ……………………………………（48）
  第三节 小结 ………………………………………………………（51）

第二章　鄂豫皖苏区的文化动员 (52)

第一节　鄂豫皖苏区文化动员的谋划 (52)
一　文化动员的目的 (52)
二　文化动员工作的安排 (53)
三　文化动员的布局 (54)

第二节　鄂豫皖苏区文化动员的实践与表达 (55)
一　革命歌曲 (55)
二　革命标语 (57)
三　文艺演出和新剧团 (58)
四　报刊 (59)
五　学校与培训班 (60)

第三节　鄂豫皖苏区文化动员的来源、特征及其原因 (65)
一　鄂豫皖苏区文化动员的来源 (65)
二　鄂豫皖苏区文化动员的特征评析 (66)
三　文化动员的实际效果及形成的原因 (69)

第四节　小结 (75)

第三章　鄂豫皖苏区意识形态的建构 (77)

第一节　基层传统意识形态的解构与新的意识形态兴起 (78)
一　基层传统意识形态解构的时空背景 (79)
二　新的意识形态兴起——马列主义的被接受 (83)

第二节　鄂豫皖苏区意识形态的建构及内容分析 (84)
一　关键观念的选择 (84)
二　观念的诠释及其现实意义 (86)
三　关键观念的灌输者及主要内容 (95)

第三节　传统文化与苏区革命文化之关系分析 (106)
一　苏区革命文化对传统文化的冲击 (106)
二　苏区革命文化对传统文化的传承 (107)
三　二者之间的关系分析 (108)

第四节　小结 (110)

第四章　鄂豫皖苏区文化动员与意识形态建构的作用及其影响 ……… (111)
 第一节　不同时期鄂豫皖苏区民众对革命的认知 ………………… (111)
  一　苏区时期各方的认知(1927—1934) …………………… (111)
  二　游击战争时期的情况(1934—1937) …………………… (119)
 第二节　国民党方面的应对 …………………………………………… (121)
  一　国民党的"军事进剿" …………………………………… (121)
  二　国民党方面对原有苏区的反拨 ………………………… (127)
 第三节　对抗日战争、解放战争及新中国成立初期鄂豫
    边区的影响 …………………………………………………… (135)
  一　对抗日战争时期鄂豫边区的影响 ……………………… (135)
  二　对解放战争前后鄂豫边区的影响 ……………………… (138)
 第四节　小结 …………………………………………………………… (141)

第五章　鄂豫皖苏区文化动员与意识形态建构的经验教训 ………… (142)
 第一节　鄂豫皖苏区文化动员与意识形态建构的经验 …………… (143)
  一　个人社会身份的重塑 …………………………………… (143)
  二　构建革命文化的认同 …………………………………… (146)
  三　塑造政权认同和灌输革命理念 ………………………… (148)
 第二节　鄂豫皖苏区文化动员与意识形态建构的教训 …………… (150)
  一　对于意识形态建构的重视不够 ………………………… (150)
  二　对知识分子的清洗直接影响了意识形态的建构 ……… (152)
  三　未真正地重视提升全党的政治觉悟 …………………… (154)
  四　未能制定合理宣传意识形态的策略 …………………… (154)
 第三节　小结 …………………………………………………………… (157)

余论　文化共生视野下的马克思主义与中国传统文化共融共生
   进程探析 …………………………………………………………… (158)
 第一节　"文化共生"理论综述 ……………………………………… (158)
  一　共生理论 ………………………………………………… (158)
  二　文化共生 ………………………………………………… (159)

三　马克思主义与中国传统文化共生的技术考察 …………………(160)
　第二节　马克思主义与中国传统文化的共融共生进程 ………………(162)
　　一　"无关共生"时期(19世纪40年代至"五四"运动) …………(162)
　　二　"竞争共生"时期("五四"运动至中共十八大) ………………(163)
　　三　"互利共生"时期(中共十八大至今)……………………………(166)
　第三节　结论 ……………………………………………………………(167)

参考文献 ……………………………………………………………………(169)
后记 …………………………………………………………………………(190)

绪 论

第一节 选题的意义和研究对象

一 选题的意义

中共在20世纪二三十年代领导的苏维埃革命虽然早已尘埃落定数十年，但对它的追溯与探讨却远没结束。中共从领导暴动反抗国民党，到创建苏区进行苏维埃革命，再到领导民众进行抗日战争和解放战争，直至最终胜利，其间没有广大农民的参与和支持革命断无可能，就这一点而言，目前已经得到了学界广泛的认同。然而处于宗法制度约束之下的广大农民（其中很大一部分人是文盲或半文盲）为何参加"离经叛道"并且极具风险性的革命，并成为革命的主力军和同盟者？与此同时这种革命与传统的农民起义有着本质的区别，农民是如何被动员和组织起来的？"在中国革命中，农民不仅充当了革命反叛的主要力量，而且成为巩固国家权力的有组织群众基础。"[①] 随着中共成功地取得革命的胜利，并由革命党向执政党的角色转换，农民作为革命的同盟者和主力军成了法理上的主人，在很长一段时间内中国大陆的相关著作和论文等中的描述和记载，他们被认为理当具有积极的革命意识，全然不见他们当初在革命时期的怯懦、犹豫与退缩。处于贫困和迷茫之中的农民如何被唤醒，进而在共产党的文化感召和政治宣传下，被动员起来参加革命的问题，这个问题在过去被认为是不言自明和已成定论，现在反而最有争议，各家莫衷一是、歧见杂存。更为

[①] ［美］西达·斯考切波：《国家与社会革命对法国、俄国和中国的比较分析》，何俊志等译，上海人民出版社2007年版，第289页。

重要的是，苏区时期的文化动员和意识形态建构，作为马克思主义与中国传统文化的初步交融，其历史意义和内在逻辑并未得到充分的探讨和思考。

第一次国共合作破裂后，国民党方面开始对中共进行了血腥的整肃清洗，中共的政治力量遭到了巨大的损失，中共经过一系列的自我调整，在南昌起义、广州起义、秋收起义等数次武装斗争的尝试中，终于找到了建立农村根据地，并以农村包围城市，最后夺取城市的革命发展道路。到1929年底，中共已在各个偏远山区建立起大小15个革命根据地，如鄂豫皖苏区等，并在一段时间内站稳了脚跟。党的八七会议召开后，鄂豫皖地区的革命群众在中共的领导下，举行黄麻起义（1927年11月5日）、商南起义（1929年5月8日）及六霍起义（1929年11月）等武装暴动，通过不断的努力和斗争创立了鄂豫皖苏区。鄂豫皖苏区诞生了红军的主力之一——红四方面军，1932年第四次反"围剿"失利后红四方面军被迫西征开辟了川陕根据地，留守的红25军依旧在鄂豫皖苏区坚持斗争两年之久北上陕南，而红28军则继续开展游击战争直至抗日战争的爆发。鄂豫皖苏区位于大别山区，是威胁和动摇国民党反动统治的重要革命基地之一，它牵制了国民党几十万军队，有力地支援和配合了其他根据地红军和人民的斗争。

鄂豫皖苏区在其形成与发展中的得失，道路的曲折早已被世人认同。但是后人对于"得"与"失"的评价并非是完全基于理性的考虑和客观的思考，曾在一段时间内，将二者分离开来，冠以"左倾"、"右倾"的错误或张国焘等人的错误为失败定性。对于中共历史上这样重要的失败经历，目前学界具体的研究和阐述不是很多，有许多问题我们尚不能得其详，简单的原则论述和具体的历史运行脉络也常常相去甚远。就整个苏维埃运动而言，后人（虽然是外国人）曾有过中肯的评断："尽管苏维埃运动遭到失败，但是政治、军事和社会经济活动的经验以及经受过组织和动员苏区居民的各种方式的尝试和失败的考验，使得中共到30年代中期成了东方各国共产党中唯一拥有实际上执政党经验的党，拥有绝无仅有的农村工作经验以及军政骨干的党。这（加上其他条件）也成为抗日战争年代里党员人数和武装力量较快增长和发展的基础。"[①] 黄道炫

[①] 《共产国际、联共（布）与中国革命档案资料丛书》（第7册），中央文献出版社2002年版，第20—21页。

认为，苏维埃运动是中共革命过程中逼不得已也是不可或缺的阶段，中共革命本身就是一个不可能到可能的创造奇迹的过程，因此所谓的超越阶段之类的说法更多只具有逻辑上的意义。作为中共首次独立领导的革命运动，苏维埃革命基本奠定了中共武装革命的思想和逻辑基础，通过对苏区的独立控制，显现出中共的政治理念、动员能力和控制艺术。事实上，虽然具体的权力结构和运作方式此后续有调整，但中共革命的几个重要原则诸如武装斗争、群众路线、土地革命、社会再造等，在这一时期已经牢固确立，由苏维埃革命开始，中共走上了武装夺取政权、革命建国的道路。[①] 本书对于这种观点，持较为认同的态度。另一重要的方面便是在苏区时期中国共产党人通过有意识和无意识的实践将马克思主义和中国传统文化进行有机的融合，在推动二者的融合发展同时取得了一定的成效，为日后提出"马克思主义中国化"理论提供了有力的经验支撑。

任何事物的发展包括大规模的社会运动和社会变革，都是从最初无序的探索中吸取经验和教训，逐渐成长起来的。在这个过程中，不仅是相关组织和个人会品尝苦涩的失败，但是就是这些苦痛为日后的不断胜利积累了宝贵的经验。孙中山在屡次革命起义失败后，认识到"宗教之所以能够感化人的道理，便是在他们有一种'主义'，令人信仰。普通人如果信仰了主义，便深入刻骨，便能够为主义去死。……一个党员，努力为吾党主义宣传，能感化一千几百人。此一千几百人，亦努力为吾党主义宣传，再能感化数十万人或数百万人。如此推去，吾党主义自能普遍于全中国人民"[②]。孙中山从此要求国民党人在三民主义旗帜的指导之下进行国民革命。费约翰（John Fitzgerald）在《唤醒中国——国民革命中的政治、文化与阶级》中提到"革命需要一个从旧伦理体系到新伦理体系的大众感化过程，就如儒家伦理所做的那样，将私利意识包含于更高的公利意识之下，但要重新界定公共利益，以便包含革命的平等主义理想。在一个（令人遗憾的）儒家社会中，这就需要宣传"[③]。而

[①] 黄道炫：《张力与界限：中央苏区的革命》，社会科学文献出版社2011年版，第2页。
[②] 《在广州大本营对国民党党员的演说》（1923年11月25日），中山大学历史系孙中山研究室等合编：《孙中山全集》（第8卷），中华书局1986年版，第431—432页。
[③] 费约翰：《唤醒中国——国民革命中的政治、文化与阶级》，李恭忠等译，生活·读书·新知三联书店2004年版，第117页。

列宁强调"没有革命的理论也就不可能有革命的运动"①，革命对于整个社会而言，不仅仅是政治层面的变革，而且是全方位的革新；究其文化层面的革新，如何处理原有文化与革命引领的文化之间的关系，成为革命进程中的一个重要议题。

鄂豫皖苏区作为土地革命时期仅次于中央苏区的重要根据地，其历史地位和意义不言而喻，并且鄂豫皖苏区坚持时间之久，形成的红军数量之多，斗争之惨烈全国罕见。红四方面军在第四次反"围剿"后西征，两年后红25军也被迫长征，但是鄂豫皖苏区的斗争从未间歇，在大别山山区的庇护下，挺过了3年最艰苦的游击战争。究竟是什么力量可以驱使这里的人们前仆后继地参加抛头颅洒热血的革命，其中苏区极具区域文化特色的文化动员与意识形态构建起了很大的作用，在从一个濒临灭亡却又在守旧和革新中徘徊的民族（其中大部分是作为文盲的农民）中进行革命，对革命的受众进行文化教育显得尤为重要，因为在"政权内卷化"②下广大的农民愿意接受很大风险的革命，不仅仅在于实际利益和利益保障，例如增加了家庭收入、社会地位的提高、红军不断胜利和文化教育活动的宣传等，更为重要的是中共提倡的革命价值观得到了一定接受和认同。由上述可见，苏区的形成、发展与兴盛和其文化动员工作及对其意识形态认同的塑造密不可分；将传统文化内核纳入革命的目标诠释中，使文化动员工作及对其意识形态建构效率得到提高。

二 研究对象

"苏维埃"三字是俄文音译，其意为会议或代表会议。它最初以工人苏维埃的名义，出现在1905—1907年的俄国革命中，是当时由俄国无产阶级在革命中创造的一种革命组织形式。苏维埃的组织形式随后被列宁所肯定和发展，成为十月革命胜利后建立的政权形式和社会制度。苏维埃的本质，是无产阶级政党领导下的工农兵群众掌握国家政权和民主管理社会。苏维埃与俄国十月革命传入中国时，其含义即与社会主义制度相联系，也就是说，苏维埃

---

① 《列宁全集》（第5卷），人民出版社1963年版，第336页。
② 杜赞奇：《文化、权力与国家——1900—1942年的华北农村》，王福明译，江苏人民出版社1994年版。

是一种社会主义的政权形式和社会制度。① 在中国，所谓"苏区"是指中共仿照俄国革命的政治制度建立苏维埃政府的区域。

本书选取民国时期（1920—1937）的鄂豫皖苏区②文化动员与意识形态建构作为研究对象，并把时间界定在 1920 年至 1937 年，主要基于以下考虑：1920 年已有大别山地区的革命知识分子在武汉等地进行了秘密串党工作，中共建党之后，董必武、陈潭秋、萧楚女等通过在学校宣传革命，并将具有革命思想的学生派回家乡进行革命宣传，1921 年 11 月黄冈县成立了党小组，接下来的数年中这些革命知识分子起了相当大作用，如郑位三回忆道：

> 大革命时，北伐军到武汉，中共中央到武汉，中央临时政府也在武汉，武汉成了临时首都。湖北五六十个县的县长都是革命政府委派的。上层势力我们接管了，上层封建势力搞到了。六十多个县是一样的，但后来创造红军、苏区只有十多个县，其余四十多个县就没有创立，显然这个变化是在下层的不同，不在上层。下层能创造红军，有不能创造红军的。能创造红军与不能创造红军的主要一条，区别在于每个地区革命知识分子占全部知识分子的多数。红安是如此，阳新、大冶也如此。有了这个条件，红军才能创造得成，没有这个条件，红军就创造不成。这是什么道理？因为知识分子多数出身地主、富农家庭。知识分子很大数量参加了革命，就把地主、富农家庭分化了。这一分化对地主不利，地主孤立，容易打倒；这一分化农民就勇敢些。假若一个村有二十家地主家庭的知识分子，十家地主子弟参加了革命，就把地主分成了两种家庭，有儿女参加革命的家庭和没有儿女参加革命的家庭。这一分化，地主的秘密都知道了，农民看到很多地主

---

① 何友良：《苏区制度、社会和民众研究》，社会科学文献出版社 2012 年版，第 13 页。
② 鄂豫皖苏区位于湖北、河南、安徽三省边界的大别山区。这块根据地的极盛时期，已包括湖北省东部的黄安（今红安）、麻城、黄陂、罗田、孝感、黄冈、黄梅、广济、蕲春、蕲水（今浠水）；河南省东南部的光山、罗山、商城、固始、信阳、潢川；安徽省西部的六安、霍山、霍丘、潜山、太湖、宿松、英山（今属湖北）、舒城、寿县等二十几个县，四万多平方公里。苏区边境各县均为该县部分区域，有七个县全境为苏区中心巩固的根据地。本书为行文方便，统称鄂豫皖苏区。谭克绳、欧阳植梁主编：《鄂豫皖革命根据地斗争史简编》，解放军出版社 1987 年版，第 1 页。

子弟参加革命，胆子就大些、勇敢些。这是当时革命迅速搞起来，成与不成的主要关键。参加革命的知识分子愈多，剩下的地主就愈孤立，农民就愈胆大，这样革命就迅速得很，快得很。江西、湖南也是这样。①

由此可见，在革命的初期，革命知识分子参加革命活动是革命成功的主要因素之一，不仅是因为革命知识分子的阶级属性，即大多来自于地主和富农家庭，还因为这些人本属于当地的精英分子，对当地的普通民众有很大的号召力，较容易形成一呼百应的现象。因此本书的时间上限选在1920年，归根结底鄂豫皖苏维埃革命开展的源头是从1920年革命知识分子受到革命思想的影响，返乡宣传教育群众进而开展起来的。时间下限则以1937年抗日战争全面爆发为界限，因为与日本的民族矛盾成为当时的主要矛盾，整个国内形势发生了变化，随着中共采取与国民党展开合作共同抵抗日本帝国主义的侵略，中共经过慎重考虑逐步取消了苏维埃制度。1937年9月6日，中华苏维埃共和国政府西北办事处正式改制为"中华民国"陕甘宁边区政府，陕甘宁边区政府的成立标志着苏维埃体制正式向抗日民主政权体制的转换，同时宣告历时十年苏维埃运动的结束。

本书关注的不是鄂豫皖苏区为什么能建立起来，而是怎样建立起来，在统一过程中出现了哪些曲折，试图对农民与革命以及革命过程中的诸种文化现象进行重新审视，以探究革命文化运行的内在逻辑与理路，其中马克思主义与中国传统文化的融合进程亦是本书关注的重点之一。所以，本书并不试图对这个过程做平面的展示，而是就其中的一些关键性问题进行探讨。

（一）"文化"与文化动员

有关"文化"的概念是一个争议广泛的命题。由于"文化这一术语被广泛使用，导致其内涵与外延的不确定性"②，目前在学术界至今没有统一的论断，据统计，各种各样的解释达260多种。例如费孝通在翻译马林诺夫斯基

---

① 《郑位三同志谈话记录》（未经本人审阅）（第4次），湖北省档案馆，SZA-2996，1959年4月。
② 冯天瑜、周积明、何晓明：《中华文化史》（上），上海人民出版社1990年版，第15页。

(Bronislaw Malinowski)的《文化论》中将文化定义为：文化是指那一群传统的器物、货品、技术、思想、习惯及价值而言的，这概念实包容着及调节着一切社会科学。① 并在文中从物质设备、精神方面、语言、社会组织作为文化的各个方面来探讨文化的内涵。汤普森（Thompson）将"文化"概念区分为描述性概念和象征性概念。文化的描述性概念指一个特定社会或历史时期所特有的各种各样价值观、信仰、习俗、常规、习惯和做法。象征性概念则把重点改变到关心象征性：根据这一概念，文化现象都是象征现象，文化研究主要关心象征和象征行为的解释。② 傅才武在其博士后报告《民国时期国家文化体制的形成与演进——政治变局中政党、意识形态与文化领导权（1911—1949）》中倾向于把"文化"界定为一种与政治、经济相对应的宏观概念，是指包括教育、科技、文学艺术、新闻出版、舆论宣传等系统在内的精神文明范畴。③

所谓"动员"，通常是指一个集团从消极的个体集合转变为公共事务积极参与者的过程。④ 傅才武等认为中国共产党从建党之初即高度重视对社会的文化动员，重视意识形态和文化领导权的建设。从1927年开始，面对苏区和国统区两种政权性质、两种势力范围，中国共产党制定和实行了两种不同的文化工作策略：在苏区，实行马克思主义意识形态一体化策略；在国统区，实行文化领导权的渗透策略。⑤ 黄文治认为民众动员概念是指统治精英为获取社会资源尤其是人力、物力、财力资源实现其政治目标而采取通过意识形态、组织结构以及有效的骨干队伍实现对社会生活各方面的渗透与组织的过程。这种动员过程，既有利益的驱动，同时亦有意义感的魔力，凸显统治精英与民众之间博弈的两难国家与社会、国家与个人关系。黄文治在文中引入何高潮的"动员困境"这个概念来分析中国的民众动员，并在文中提出

---

① ［英］马林诺夫斯基：《文化论》，费孝通译，华夏出版社2001年版，第2页。
② ［英］汤普森：《意识形态与现代文化》，高铦等译，译林出版社2005年版，第136页。
③ 傅才武：《民国时期国家文化体制的形成与演进——政治变局中政党、意识形态与文化领导权（1911—1949）》，博士后报告，武汉大学，2007年。
④ Charles Tilly, *From Mobilization to Revolution*, Reading, Mass.: Addison-Wesley, 1978, p.69. 转引自张孝芳《革命与动员：建构"共意"的视角》，社会科学文献出版社2011年版，第19页。
⑤ 傅才武、陈庚：《国家文化体制的历史来源——中国共产党文化领导权模式的结构化和制度化（1927—1949）》，《福建论坛》（人文社会科学版）2011年第6期。

中共在面对"动员困境"的应对是一种极富现实性的策略，与之斗争又不断适应。①

本书认为"文化动员"是基于当时中国特殊的国情之下，一些以"觉醒者"的身份出现的革命者，通过宣传所在政党的革命宗旨和政策，将广大的"沉睡者"唤醒，使其认识到苦难的根源，将这些"沉睡者"纳入新的政治活动中，如进行爱国主义宣传，将"民族"身份灌输到其认知体系中等，通过各种手段号召这些"沉睡者"积极地参加到政治活动中来。在苏维埃革命早期的鄂豫皖苏区，这些"觉醒者"主要是出身于富农和地主家庭的革命知识分子，而这些"沉睡者"绝大部分则是文化水平相当低下的农民，这些革命知识分子将农民动员起来参加革命，在革命的过程中改变了这些农民原本的认知体系，在中共所建构的革命话语体系中建立起新的价值观，使得这些农民能站到革命的大旗之下参加革命。这些"文化动员"究竟是以哪些形式和内容出现的？这便是本书所要探讨的内容之一。

（二）"意识形态"的界定

首先将"意识形态"这个概念引入西方哲学史的人是托拉西（Destutt de Tracy）。托拉西在1796年用来描述他的一门新学科的计划的，这门学科有关对观念和感知的系统分析，对它们的产生、结合与后果的分析。意识形态的法文词idéologie是由idéo-加上-logie构成的。Idéo-的希腊语词源是ιδεα，即"理念"或"观念"；-logie的希腊语词源是λογοζ，直译为"逻各斯"，即"学说"。②

汤普森（Thompson J. B.）在重新诠释"意识形态"的过程中认为：

> 虽然马克思、恩格斯最初把意识形态概念用于他们对青年黑格尔派的攻击方面，但是，他们在刻画社会结构与历史变革中，这个词后来有了一个更为一般的作用。……我们可以把这个新概念描述为"副现象概念"，因为它把意识形态视为取决于和来自于经济条件与阶级生产关系。根据副现象概念，意识形态是一种观念体系，它表达的是统治阶级的利益而以幻想的形式代表阶级关系。意识形态表达的是统治阶级的利益，

---

① 黄文治：《鄂豫皖苏区道路：一个民众动员的实践研究（1920—1932）》，博士学位论文，上海师范大学，2011年。
② 俞吾金：《意识形态论》（修订版），人民出版社2009年版，第27页。

就是说，组成意识形态的观念，在任何特定历史时期都表达统治的社会集团力求保持其统治地位的野心、关注和一厢情愿的考虑。但意识形态以一种幻想的形式代表阶级关系，这些观念并不准确地描述有关阶级的性质与相对地位，而是以赞同统治阶级利益的方式来歪曲这些关系。①

俞吾金从马克思对意识形态所做的论述中，归纳出"意识形态"的基本含义：

第一，在马克思那里，意识形态是一个总体性的概念，它包括许多具体的意识形式，如政治思想、法律思想、道德、哲学、艺术、宗教等。第二，意识形态是生活过程中在人脑中的反映。第三，意识形态的载体是语言。第四，意识形态是社会的产物。②

毛泽东在《新民主主义论》中虽然没有使用"意识形态"这个词，但是在文中用"文化""观念形态"和"思想体系"等概念，全面阐述了意识形态理论。③ 例如：

> 一定的文化（当作观念形态的文化）是一定社会的政治和经济的反映，又给予伟大影响和作用于一定社会的政治和经济；而经济是基础，政治则是经济的集中的表现。这是我们对于文化和政治、经济的关系及政治和经济的关系的基本观点。那么，一定形态的政治和经济是首先决定那一定形态的文化的；然后，那一定形态的文化又才给予影响和作用于一定形态的政治和经济。④
>
> ……我们要革除的那种中华民族旧文化中的反动成分，它是不能离开中华民族的旧政治和旧经济的；而我们要建立的这种中华民族的新文化，它也不能离开中华民族的新政治和新经济。中华民族的旧政治和旧经济，乃是中华民族的旧文化的根据；而中华民族的新政治和新经济，

---

① [英]汤普森：《意识形态与现代文化》，高铦等译，译林出版社2005年版，第41页。
② 俞吾金：《意识形态论》（修订版），人民出版社2009年版，第68—69页。
③ 同上书，第218页。
④ 《新民主主义论》（1940年1月），《毛泽东选集》（第2卷），人民出版社1991年版，第663—664页。

乃是中华民族的新文化的根据。①

  新的政治力量，新的经济力量，新的文化力量，是中国的革命力量，它们是反对旧政治旧经济旧文化的。这些旧东西是由两部分合成的，一部分是中国自己的半封建的政治经济文化，另一部分是帝国主义的政治经济文化，而以后者为盟主。所有这些，都是坏东西，都是应该彻底破坏的。中国社会的新旧斗争，就是人民大众（各革命阶级）的新势力和帝国主义及封建阶级的旧势力之间的斗争。这种新旧斗争，即是革命和反革命的斗争。②

  所谓新民主主义的文化，就是人民大众反帝反封建的文化；在今日，就是抗日统一战线的文化。这种文化，只能由无产阶级的文化思想即共产主义思想去领导，任何别的阶级的文化思想都是不能领导了的。所谓新民主主义的文化，一句话，就是无产阶级领导的人民大众的反帝反封建的文化。③

  本书认为中共领导的革命时代，其所建构的意识形态就是革命话语体系的塑造，在这个话语体系中对中国发展的过去、现在和将来进行定义和诠释，同时将当时最重要的两个命题纳入其革命目标中，即民族主义和爱国主义。中共的领导人毛泽东将民族主义、爱国主义和共产主义结合起来成为中共革命话语体系的基本组成部分，将一个整体性和无所不包的解释体系引入和灌输在中共的实践中作为思想和理论指导，为中共党员所进行的革命提供了历史意义和价值，占据了革命话语的制高点，同时在革命年代逐渐夺取了代表民族发声的话语权。然而，在苏维埃革命时期，中共的革命话语体系尚未真正地建立起来，还处于摸索和模仿苏俄革命话语体系的阶段。

  本书试图在马克思主义与中国传统文化共融共生的视野下，通过对鄂豫皖苏区文化动员与意识形态建构的展示，来探讨"唤醒政治"④ 如何在中共

---

① 《新民主主义论》（1940年1月），《毛泽东选集》（第2卷），人民出版社1991年版，第664页。
② 同上书，第695—696页。
③ 同上书，第698页。
④ "唤醒政治"这个概念借鉴于费约翰的《唤醒中国——国民革命中的政治、文化与阶级》，主要用于探讨民族解放和社会重建中民众觉醒的路径。

绪 论 11

领导的苏维埃革命中得到具体实施,中共如何在争夺民族主义话语权的过程中,使得相对封闭的农民从宗族认同逐渐转变到国家认同,并在觉醒当中发现一条摆脱封建迷信沼泽和帝国主义压迫的道路,重新构建起新的核心价值观。在苏维埃革命时期,中国共产党人的理想和信念已初步形成和产生,在这个时期中共怎样通过宣传和文化教育唤醒广大民众意识到自身所处困境的根源——"三座大山"①,仍是一个值得探讨的问题。

第二节　学术前史综述

鄂豫皖苏区史的研究,最初是由新中国成立后鄂豫皖三省党和政府为主导,一些在鄂豫皖苏区工作过的革命干部的帮助和推动下开始的。从1958年到1961年前后,鄂豫皖三省党史调查组在编写鄂豫皖苏区史的过程中,对曾在鄂豫皖苏区工作过的领导干部、苏区内革命群众及相关人士进行了大规模的访谈②和调查③,并根据访谈和调查进行了整理,形成了各个地区革命史的资料来源。但是因为种种原因,大部分地方革命史对当初调查资料进行了大规模的缩减,以致很多第一手调查资料被淹没在时间的流逝之中。直至进入

---

①　"三座大山"即帝国主义、官僚资本主义、封建主义。
②　访谈记录包括对徐向前、倪志亮、郭述申、郑位三、戴季英、徐立清、陈少敏、任质斌等人的访谈,《徐向前谈话记录》《戴季英关于鄂豫皖苏区的谈话及回忆》《访问徐立清部长谈话记录》均藏于麻城党史办;其中《郑位三同志谈话记录》具有较大的学术价值,1958年11月23日至1960年5月19日,鄂豫皖三省党史调查人员对郑位三同志先后进行了七次访谈,访谈内容主要关于鄂豫皖地区革命的情况,由于郑位三同志是鄂豫皖苏区的创始人之一,并长期在该地区领导革命活动,郑位三同志是当时少有的知识分子并十分了解苏区的全面工作,因此这些访谈记录是非常宝贵的第一手资料。《郑位三同志谈话记录》(1—6),SZA-2993-2998,《郑位三同志谈话记录》(7),GB-83,湖北省档案馆。
③　调查报告包括:武汉大学历史系编:《湖北省黄梅县革命史资料彙编》(初稿),1959年5月、《湖北省罗田县革命史资料汇编》(初稿),1959年5月;武汉大学经济系:《湖北麻城革命根据地乘马人民公社地区经济发展史》(初稿),1959年9月;中共大悟县委党史调查工作组编:《大悟县革命史简编》(初稿),1959年1月;《红安县党史简编》(初稿),1958年9月、《红安县金牛区枣林乡党史资料汇编》,1958年、《红安县七里区党史汇编》(初稿),1958年、《红安县七里区柳林乡党史调查资料》,1958年、《红安县七里区杨山乡党史调查初稿》,1958年;红安县革命史编辑委员会编:《红安县革命史彙编》(草稿)(上、中、下);乘区党史革命史调查小组:《麻城革命史料调查》(初集),1958年11月;顺区党史革命史调查小组:《麻城革命史料调查》(二集),1958年11月;麻城县革命历史文物征集办公室、武汉大学历史系75级赴麻调查队:《麻城革命史资料汇编》,1977年11月等。这些调查报告和资料对当时在世的革命老人进行了访谈,请他们对调查材料进行查对,并将访谈内容记载在文中。

20世纪80年代,作为中共在苏维埃革命时期的第二大苏区——鄂豫皖苏区,其研究价值才逐渐引起重视。但随后的30余年中,鄂豫皖苏区史研究一直处于比较冷清的境地,并未成为中国近代史研究的重要领域,在港台地区和海外学术界的影响较小①。造成这方面的原因主要有两个方面。

第一方面,资料的缺乏和遗失。这一点,据郑位三回忆道:

> 过去只有中央苏区文字的东西多一些,而战争时期把一些文字的东西毁坏了。在战争中为了保持秘密,口头的东西多,文字的东西少。再有就是为了保持秘密,自己也毁坏了一些。还有一些东西被敌人破坏了。所以,无论哪个国家,遇到这样的时期搞历史比平静的时候搞历史要困难的(得——笔者注)多。因为平静的时候有许多文字的东西。
>
> 搞鄂豫皖的历史又比中央苏区难的(得——笔者注)多,因为:第一,原来的东西保存下来的比中央苏区的少的(得——笔者注)多。中央苏区的比平静的时候少,但是鄂豫皖的又比中央苏区的少。第二,中央苏区的工作很多是毛主席亲手总结的。鄂豫皖的工作有的没有总结,有的有总结,但也不完全。第三,鄂豫皖肃反厉害,存在的干部比中央苏区的少的(得——笔者注)多,参加革命暴动的人,现在是寥寥无几,数的(得——笔者注)出来的几个……②

另外,由于肃反的原因,导致豫东南和皖西北大批干部被杀,以致两地的资料相当少,这一点徐立清③回忆道:"关于鄂东北方面,现在人多,材料

---

① 港台地区和海外学术界由于资料的缺乏,鄂豫皖苏区史的研究成果较少,直至大陆改革开放后一些档案资料的公开和出版,才出现一些具有新意的成果。如陈永发《政治控制和群众动员:鄂豫皖肃反》(上、中、下),《大陆杂志》1993年第一、二、三期;陈耀煌《对中共鄂豫皖苏区发展若干特点之考察(1927—1932)》,《政大史粹》1999年第6期;陈耀煌《共产党·地方精英·农民——鄂豫皖苏区的共产革命(1922—1932)》,(台湾)"国立"政治大学历史学系,2002年;William T. Rowe, *Crimson Rain: Seven Centuries of Violence in a Chinese County*, Stanford: Stanford University Press, 2007 等。

② 《郑位三同志谈话记录》(未经本人审阅)(第一次),湖北省档案馆,SZA-2993,1958年11月23日。

③ 徐立清(1910—1983),河南商城吴店区(今属安徽金寨县)人,1929年参加中国工农红军,1930年加入中国共产党。苏维埃革命时期,任红一军第三十二师经理处书记、红四军政治部主任、红四方面军总卫生部政治部主任等职。

也比较具体。材料少的是商城、固始、光山、罗山，这是在一起的（"这几个地方同属"为一个区域——笔者注）。商城一带和皖西北的材料少一些。少的原因主要是那个时候参加暴动的老人，过去肃反时都杀了。在豫皖一带，不要说是领导暴动的，就是参加暴动的人，现在我知道的也没有几个。有个别的人，现在岁数大了，脑子也不清楚了。所以，豫皖方面的材料更少了。"①

第二方面，由于张国焘的问题。张国焘在主政鄂豫皖苏区期间，取得了一定的成绩，同时也犯下了很多错误，如肃反扩大化等，加之在长征途中与中央对立的重大问题，以及1938年4月叛逃，给鄂豫皖苏区造成了很大的负面影响。

正因为诸如此类的原因，致使鄂豫皖苏区史没有得到客观理性的分析，随着时间不断消逝及当事人的离去，历史真相已变得模糊不清，捉摸不定，加之新材料较少，各方面的因素形成了鄂豫皖苏区研究的难度。另外，鄂豫皖苏区史研究者在理论视角、方法等层面均处于探索阶段，并在一段时间内处于停顿状态，因此不可避免地带有许多时代性的问题，如何正视这些问题，并提出一些改进的方法和路径，是加深鄂豫皖苏区史研究的一个必要条件。

一　起步与发展

（一）改革开放前鄂豫皖苏区史研究情况

截至目前，尚未出现新中国成立前中共方面研究鄂豫皖苏区的论著，然国共双方的报刊和政治类报告中并不少见。如中共方面在各种政治汇报和指示中对鄂豫皖苏区的情况进行了全面的分析；国民党方面如数次参加围剿鄂豫皖红军的万耀煌②在其《万耀煌将军日记》③中对参加围剿红军的

---

① 《访问徐部长谈话记录——谈豫南革命武装斗争的发展》(1958)，藏于麻城党史办。
② 万耀煌（1891—1977），国民党陆军二级上将。湖北黄冈（今属新洲）人，曾任国民党陆军第十三师师长，率部数次参加"围剿"鄂豫皖苏区红军，如1929年8月至12月进攻商南和黄麻苏区、第一次"围剿"和第四次"围剿"。因为万曾直接参加了对鄂豫皖苏区的"围剿"，并且将其感受记载于日记中，又有其多年后接受台湾近代史所的采访为佐证，故有较大的学术价值。
③ 万耀煌：《万耀煌将军日记》（上），（台北）湖北文献社1978年版。

国民党军队情况及对苏区观感做了详细的记录；申报记者陈赓雅①在《赣皖湘鄂视察记》②中对红四方面军西征后鄂豫皖苏区的有关情况进行描述；贺明缵在《匪区田地分配方法与解决业佃问题之研究》中对苏区的土地问题及农民问题进行了解读③。新中国成立后，在20世纪50年代末和20世纪60年代初，鄂豫皖三省党史调查组对三省革命干部和群众进行了大规模的调查形成了丰富的调查资料如前文所述，并构成了后来者研究的重要材料。

海外学者在20世纪60年代，就有人关注鄂豫皖苏区。例如罗伯特·韦·姆科尔（Robert W. McColl），其在 The Oyuwan Soviet Area（1927—1932）一文中提出，认为鄂豫皖苏区战略地位重要，并不亚于江西的中央苏区，且在30年代初，鄂豫皖苏区与江西苏区存在竞争状态，后因张国焘在党内斗争中的失败，才使此苏区发展模式隐而不显。④ 由于资料的缺乏和单一，海外学者最初并没有专题的研究成果。另外中国台湾地区同样因为资料的问题，在这个时期主要以张国焘的回忆录为资料源，形成了一些研究论文⑤。

总体而言，由于史料的缺乏及意识形态的干扰等原因，有关鄂豫皖苏区的研究并未出现太多高质量的研究成果，大都局限于各自的研究范式内做了一些粗浅研究和整理。

（二）20世纪80年代后的研究高潮

经过改革开放后，革命史逐渐由之前的"险学"转变为"显学"，特别是大陆的一些革命档案的公开，例如《鄂豫皖苏区革命历史文件汇集》《湖北革命历史文件汇集》《河南革命历史文件汇集》《安徽革命历史文件

---

① 陈赓雅（1905—1995），曾任《申报》记者，于1933年7月1日从上海出发，考察赣皖湘鄂四省苏区情况，并依所见所闻写成游记相继发表在《申报》上，后经整理成《赣皖湘鄂视察记》一书出版。

② 陈赓雅：《赣皖湘鄂视察记》，（台北）文海出版社1968年版。

③ 贺明缵：《匪区田地分配方法与解决业佃问题之研究》，（台北）成文出版社1977年版。

④ Robert W. McColl, "The Oyuwan Soviet Area, 1927—1932", *Association for Study*, Vol. 27, No. 1, (Nov., 1967), pp. 41-60.

⑤ 例如蔡明裕《张国焘与中共》，硕士学位论文，台湾"国立"政治大学东亚研究所，1973年；邹一清《鄂豫皖苏区之形成、发展与崩溃》，《共党问题研究》（第1卷第1期），台北共党问题研究中心1975年版，第60—65页等。

汇集》甲乙种本、《鄂豫皖革命根据地（1—4）》丛书、《中国工农红军第四方面军战史资料选编——鄂豫皖时期》（上、下）及大量回忆录、地方文史资料的出版，使得鄂豫皖苏区史研究有一定的改观，并出现了一批优秀论文①和著作②。在 20 世纪 80 年代后期大陆出现了一些有关鄂豫皖苏区的专题研究③，总体来讲这些研究以资料整理和收集为主，进行深入研究和义理的探讨较少。海外地区学术界亦受到大陆资料开放的利好，此时期亦出现了一些有价值的论文和著作出现。④

（三）20 世纪 90 年代后的研究趋势

进入 20 世纪 90 年代，区域史、社会史和微观史等的先后兴起，均对鄂豫皖苏区史研究有很大促进。例如吴应铣（Wou, Odoric Y. K.）*Mobilizing the Masses*：*Building Revolution in Henan*⑤、陈耀煌《共产党·地方精英·农民——鄂豫皖苏区的共产革命（1922—1932）》⑥ 先后应用新兴的革命理论对鄂豫皖苏区的革命进行重新的解读。以下就研究趋势做简要介绍：

一是研究视角的转变，主要表现在由之前的基于革命意识形态下，全景式叙述逐渐转变为区域研究加以社会史和微观史的研究方法来进行历史的阐

---

① 其中较具代表性的有欧阳植梁《鄂豫皖苏区的土地革命》，《江汉论坛》1982 年第 10 期；谭克绳、江抗美《论革命知识分子在创建鄂豫皖苏区中的历史地位》，《华中师范大学学报》1983 年第 6 期；倪忠文《回忆郑位三同志谈鄂豫皖苏区历史中的几个重大问题》，《武汉大学学报》（社会科学版）1983 年第 3 期；欧阳植梁、谭克绳《关于鄂豫皖革命根据地历史研究中的几个问题》，《武汉大学学报》1986 年第 6 期；李敏《门生业绩有光辉——记武汉中学对鄂东革命的贡献》，《鄂东党史通讯》1991 年第 1 期；谭克绳《略论鄂豫皖革命根据地党的建设》，《华中师范大学学报》（哲学社会科学版）1991 年第 4 期等。

② 例如谭克绳、欧阳植梁《鄂豫皖革命根据地斗争史简编》，解放军出版社 1987 年版；中共河南省委党史研究室、中共安徽省委党史研究室编《鄂豫皖革命根据地史》，安徽人民出版社 1998 年版等反映鄂豫皖苏区全面情况的著作。

③ 例如谭克绳、马建离、周学濂主编《鄂豫皖革命根据地财经史》，华中师范大学出版社 1989 年版；周质澄、吴少海《鄂豫皖革命根据地财政志》，湖北人民出版社 1987 年版；胡菊莲《鄂豫皖革命根据地货币史》，中国金融出版社 1998 年版；张全德、王先发《鄂豫皖革命根据地医药卫生史简编》，《新中国预防医学历史经验》编委会印行 1986 年版；张耀纶等《鄂豫皖苏区教育史》，河南大学出版社 1988 年版等。

④ 例如陈永发《中共早期肃反的检讨：AB 团》，《"中央"研究院近代史研究所集刊》第 17 期上册。

⑤ Wou, Odoric Y. K. *Mobilizing the Masses*：*Building Revolution in Henan*, Stanford, California: Standford University, 1994.

⑥ 陈耀煌：《共产党·地方精英·农民——鄂豫皖苏区的共产革命（1922—1932）》，博士学位论文，台湾"国立"政治大学，2002 年。

发。如黄文治以民众动员为切入点对鄂豫皖苏区史做过深入研究，其将民众动员放在一个历史过程之中，分析中共革命下乡是如何进行动员知识分子到动员农民的转换实践及其最后走向不可持续的过程。①

二是研究领域的拓展。研究领域的拓展主要表现在内容的丰富上，例如研究前期主要以政治色彩浓厚的土地政策、肃反和张国焘问题等方面内容为主，文化教育、宗族问题、妇女解放、革命歌谣、便衣队的历史贡献等②方面的研究逐渐出现，扩大了研究的广度和提升了研究的深度。

三是研究时间的扩大。研究时间的扩大体现为将鄂豫皖苏区置于一个长的历史时间段里来考量，并探讨其发展的内在规律。这方面的代表作有美国学者罗威廉（William T. Rowe）出版了《红雨：中国一个县的七百年暴力史》（*Crimson Rain: Seven Centuries of Violence in a Chinese County*），此书以叙事为主，探索历史记忆，应该说是近年来出现，并体现鄂豫皖苏区史研究向社会史、微观史趋向研究转向的最新研究成果。本书重点讨论了位于鄂豫皖三省交界之处，麻城县自14世纪以来的暴力事件和历史变迁。全书共分为两个部分，并按照时间顺序，叙述了从14世纪至20世纪30年代日本侵华的长达七个世纪的湖北麻城地方社会的历史图景，他认为关于发生麻城暴力历史变迁的脉络，贯穿始终的正是地方与国家政权，或者说本地与外来

---

① 黄文治有关鄂豫皖苏区方面的研究主要有《革命播火：知识分子、城市串党及革命下乡——以大别山区早期中共革命为中心的探讨（1920—1927）》，《开放时代》2011年第12期；《山区"造暴"：共产党、农民及地方性动员实践——以大别山区中共革命为中心的探讨（1923—1932）》，《开放时代》2012年第8期；《观念变动与新革命史研究价值取向》，《开放时代》2010年第8期；《民众动员视野下的中共与富农——以鄂豫皖苏区为中心的考察》，《开放时代》2010年第10期；《从叛乱走向革命：保土意识、阶级意识及乡村革命动员——以中共与皖西大刀会为中心的探讨（1922—1932）》，《学术界》2010年第10期；《"娜拉走后怎样"：妇女解放、婚姻自由及阶级革命——以鄂豫皖苏区为中心的审视（1922—1932）》，爱思想网站，http://www.aisixiang.com/data/detail.php?id=54419。

② 例如王雅红《浅谈鄂豫皖苏区便衣队的产生及其作用》，《华中师范大学学报》（哲学社会版）1987年第4期；洪平《试析鄂豫皖苏区的婚姻立法》，《安徽史学》1991年第3期；路海江《鄂豫皖苏区的文化教育事业》，《史学月刊》1994年第6期；李良明《论沈泽民从教条主义向实事求是的思想转变——兼谈他在鄂豫皖苏区的功过是非》，《党史研究与教学》2003年第2期；霍文达《鄂豫皖苏区教育的历史地位与作用述略》，《湖北大学学报》（哲学社会科学版）1987年第5期；桑俊《红安革命歌谣研究》，博士学位论文，华中师范大学，2008年；唐金培《鄂豫皖苏区文化建设模式及其历史地位》，《中州学刊》2008年第6期；郑建生《红枪会与农民运动——以1927年的麻城惨案为例的探讨》，《国立政治大学历史学报》2003年第5期。

势力之间的冲突。①

另外,吕静在《明清时期鄂豫皖交界山区的社会动荡与社会控制》中从社会史的角度对明清时期鄂豫皖交界山区的社会动荡和社会控制作出考察,以期掌握地方社会在面临各种动乱时(即考察动态环境),各个阶层采取了什么措施,哪些人起到关键作用,对历史有何影响。作者认为明清时期,鄂豫皖交界山区遭到朝代鼎革、农民起义、匪盗之患等各种冲击,中央、地方政府和民间力量各自采取了不同措施,有力地控制了各种动乱的蔓延,维持了地方正常秩序。在此过程中,地方绅士(主要是乡绅)的地位凸显出来,在地方控制中起到举足轻重的作用,对历史产生了极大影响。以乡绅为代表的地方力量的崛起,反映了明清时期官府控制的衰败,这正给乡绅提供了极好的机会。乡绅的崛起是历史的选择,是必然的。②

二 几个问题的讨论

时至今日,鄂豫皖苏区史的研究涵盖了很多问题,涉及革命的方方面面。其中具体的讨论随着研究的逐步深入、时代的演进和政治环境的开明而渐渐变化。本书将侧重于几个争论较多的问题,主要介绍各种不同观点的互动。

(一)鄂豫皖苏区的土地及富农、中农问题

土地问题作为苏维埃革命的主题,因此苏区的土地政策受到中外学者的广泛关注。苏区的土地政策是如何推行的,在整个苏区是怎样演变的并在什么样的情况下发生的,以及对社会中各个阶层的影响是一个怎样的关系?

欧阳植梁、谭克绳在《关于鄂豫皖革命根据地历史研究中的几个问题》中认为,鄂豫皖苏区时期,中共在对待富农的策略上,大体经历了三个阶段的不同变化,一是从1927年11月至1929年秋,鄂豫边党组织和政府,对待富农大体上是采取联合的策略;二是随着边界革命斗争的不断深入和发展,为适应革命斗争的需要,从1929年冬起一直到1930年6月,鄂豫

---

① William T. Rowe, *Crimson Rain: Seven Centuries of Violence in a Chinese County*, Stanford: Stanford University Press, 2007.

② 吕静:《明清时期鄂豫皖交界山区的社会动荡与社会控制》,硕士学位论文,武汉大学,2005年。

边党组织开始改变联合富农的策略,而采取了限制富农的政策;三是从1930年6月以后,由于中共中央对待富农的政策开始转变,鄂豫皖苏区也开始开展反对富农的政策,这一斗争一直持续到1932年10月红四方面军西征。①

王全营在《鄂豫皖苏区土地政策的演进》中提出从土地革命的发展过程可以看出,鄂豫皖边区初期土地政策是较为稳妥的,联合了中农,壮大了革命力量。他同时认为这一时期党的土地政策也有不完善的地方,如土地所有权的问题。文中提到李立三、王明左倾错误指导使得鄂豫皖苏区的土地政策偏离了正确的轨道,例如反富农扩大化和办集体农场。该文认为从鄂豫皖中央分局成立到红四方面军主力退出鄂豫皖根据地是鄂豫皖苏区党的土地政策演变的第三个阶段,虽有发展仍处不成熟阶段,如对待农民所得土地的所有权问题、对待中农和富农问题及地主问题②。

土地革命中土地分配和对待富农政策是至关重要的,不只在鄂豫皖苏区的农村中,富农和中农是农村阶层中非常有实力的,而富农与中农之间的区分和界限不甚明晰,在中共的政策语境下,中农和富农的界定与划分则关乎很多人的政治前途乃至生活状况。鄂豫皖苏区的土地政策和对待富农中农政策的变化以及后来的"查田运动",对于富农的日趋严厉引发了一系列的震荡,成为影响苏区发展进程的重要原因之一。但是,较少有人对于鄂豫皖苏区的土地政策变更背后的深层原因进行探讨,这些变化与共产国际有何关系,与中共中央领导层的内部斗争有没有联系,这些问题尚需进一步的研究。

(二) 鄂豫皖苏区知识分子的作用

倪忠文在《回忆郑位三同志谈鄂豫皖苏区历史中的几个重大问题》中提到郑位三认为鄂豫皖苏区的成功创立的关键在于大批知识分子参加发动广大农民参加革命和大力宣传革命。③

---

① 欧阳植梁、谭克绳:《关于鄂豫皖革命根据地历史研究中的几个问题》,《武汉大学学报》(社会科学版) 1986年第6期。
② 王全营:《鄂豫皖苏区土地政策的演变》,《中州学刊》1982年第3期。
③ 倪忠文:《回忆郑位三同志谈鄂豫皖苏区历史的几个重大问题》,《武汉大学学报》(社会科学版) 1983年第3期。

谭克绳、江抗美在《论革命知识分子在创建鄂豫皖苏区中的历史作用》中认为在民主革命时期，鄂豫皖边界地区知识分子参加革命的比较多，曾出现一个较大的革命知识分子群，他们成为鄂豫皖苏区党和红军的创建者与领导者，他们为鄂豫皖苏区的建立与发展作出了不可磨灭的贡献。主要表现在：一是传播革命理论，创建党的组织。二是发动农民运动，建立农民武装。三是领导武装起义，创建革命军队和革命根据地。[①]

由此可见，知识分子对于整个苏区的作用尤为重要。无论是在苏区的创建初期，还是在苏区的发展时期，知识分子都充当了极为重要的角色，这一点在《郑位三同志谈话记录》中亦着重提及。苏维埃革命时期，苏区无论是农民还是工人大部分都是文盲或半文盲，其文化水平十分低下，并不能取代知识分子的作用。鄂豫皖苏区中后期从对知识分子的打压到清洗，极大地削弱了中共的领导力量，尤其是对革命话语体系的建构产生了极为不利的影响，成为苏区革命遭受挫折的主要原因之一。

（三）鄂豫皖苏区的肃反

对于鄂豫皖苏区肃反的问题是学术界长期以来争论的一个热点问题，目前无论是官方还是学术界尚未有定论。

陈永发在《政治控制和群众动员：鄂豫皖肃反》（上、中、下）中认为鄂豫皖苏区的肃反绝不是张国焘的个人情感的遣怀散闷，而归因于列宁主义组织原则及党的一员化领导，是强化政治控制与群众动员需要的结果。陈永发还在文中认为"张国焘个人品质的恶劣和四中全会肃反路线的严重错误，也不能完全解释鄂豫皖肃反的发生。……南下之争牵涉到战略判断对错的问题，可是因为争论牵涉到更重要的组织原则和军队控制问题，所以张国焘在加以处理时，反而必须置战略问题不闻不问"[②]。这一点黄文治在博士论文《鄂豫皖苏区道路：一个民众动员的实践研究》中表示比较认同这种观点的合理性，并认为肃反同样让一批更加温顺的本地干部受益，如此苏区革命才

---

① 谭克绳、江抗美：《论革命知识分子在创建鄂豫皖苏区中的历史作用》，《华中师范学院学报》1983年第6期。
② 陈永发：《政治控制和群众动员：鄂豫皖肃反》（上、中、下），《大陆杂志》1993年第1—3期。

能动员起来,这完全符合革命的社会交换理论。① 本书亦较为认同陈永发的观点,历史事件都有其复杂性,不容任何人随便加以简化,其产生有着多方面的因素。

蒋秋纬在硕士论文《以本地干部为主要对象的肃反斗争——以鄂豫皖苏区为例》中认为,探讨肃反扩大化的原因,除错误的肃反路线和领导人的个人品质之外,还应弄清楚肃反与本地干部和外来干部矛盾之间的复杂关系。因此,该文在深入考察了本地干部在根据地的创建中所起的作用后,认为其借助传统社会斗争方式的革命策略所导致的负面作用是此后双方矛盾产生的重要原因。围绕着所谓的"富农路线"和"地方主义"问题,该文又深入分析了本地干部和外来干部之间矛盾发展和激化的过程,指出四中全会中央所采取的一系列"左倾"政策最终导致了党内分歧异化为一场你死我活的敌我斗争。该文提出联系扩大化肃反的过程,说明本地干部与外来干部矛盾确确实实是肃反扩大化的一个重要因素。② 陈耀煌早前在《对中共鄂豫皖苏区发展若干特点之考察(1927—1932)》中也持类似观点。③

张永在《鄂豫皖苏区肃反新探》中提到除了张国焘的个人野心和沈泽民、陈昌浩等的"左倾"教条主义,鄂豫皖肃反发生的原因至少应补充三点:一、当时鄂豫皖红军中确实存在严重的纪律问题,需要大力整肃;二、20世纪30年代初政治派系极为复杂,斗争残酷,真假难辨,容易诱发冤案;三、红四军干部在南下行动中对抗中央分局,违反了"党指挥枪"原则。红四军白雀园肃反被杀人数不是2500人,约有800人作为反革命组织成员被捕,其中小部分人被杀,另外有超过1500人作为富农等阶级异己分子被驱逐出红军。中下级干部在肃反扩大化中起到了相当重要的作用。④

---

① 黄文治:《鄂豫皖苏区道路:一个民众动员的实践研究》,博士学位论文,上海师范大学,2011年。
② 蒋秋纬:《以本地干部为主要对象的肃反斗争——以鄂豫皖苏区为例》,硕士学位论文,中国社会科学院,2001年。
③ 陈耀煌:《对中共鄂豫皖苏区发展若干特点之考察(1927—1932)》,《政大史粹》1999年第6期。
④ 张永:《鄂豫皖苏区肃反新探》,《近代史研究》2012年第4期。

本书认为鄂豫皖苏区肃反的考量须从苏区形成之初开始，鄂东北、豫东南、皖西北三个苏区统一的提出到最终实现统一，这个过程并不是一帆风顺的，其中出现了许多矛盾和不快。例如商城发生的"二徐事件"及中央后续的处理引发了鄂东北和豫东南苏区的争议及造成了隔阂。虽最终解决，但是亦给统一后的鄂豫皖苏区带来了极大影响，是否关乎后来的肃反，是值得深究和关注的问题。另外，不能忽视的是共产国际和中共中央领导层的因素，鄂豫皖苏区虽然与二者隔离，但是仍然处于二者的领导之下，特别是中共中央领导层内部的争斗，如随着鄂豫皖苏区的不断发展和对中共中央的依赖减少使得中共中央感到难以控制，不断派送干部来鄂豫皖苏区领导革命，这些外来干部与本土干部因为政见的不同等原因产生矛盾，加之一些偶然事件的发生激化了矛盾，如红四军的南下与东进之争和许继慎"通敌"事件的发生等。

（四）张国焘的问题

对于张国焘的问题在中国大陆经历了一个全面否定到理性认识的过程，对于张国焘这个在中共党内具有争议性人物的实事求是的解读，是与改革开放以来政治上逐渐开明分不开的，例如1987年谭克绳、欧阳植梁主编的《鄂豫皖革命根据地斗争史简编》中认为不能对张国焘采取完全否定的态度，他在鄂豫皖苏区的确犯下了很大错误，但是在其主政鄂豫皖时期也是有功绩的，对张国焘的一切言行，应放在一定的历史条件下加以考察和求证。[①] 何世芬在《还历史人物的本领面目——评〈张国焘传〉》中提出对于历史人物的评价应该实事求是，遵守历史的严肃性，充分肯定了《张国焘传》的作者依据大量史料，在对张国焘的错误和背叛行为进行揭露的同时，对于其在中共历史上曾经有过的贡献也给予了充分的展示。[②]

本书认为，对于张国焘的问题应理性客观地认识，正如肃反一样，张国焘在鄂豫皖苏区的所作所为，张国焘在其回忆录中的言行也并非一无是处，还需结合实际的历史背景来进行综合的考量，对其功过是非进行更深的查证。

[①] 谭克绳、欧阳植梁主编：《鄂豫皖革命根据地斗争史简编》，解放军出版社1987年版。
[②] 何世芬：《还历史人物的本领面目——评〈张国焘传〉》，《中共党史研究》2001年第3期。

上述问题的讨论深化了对于鄂豫皖苏区的全面和系统的认识，亦为今后的研究提供了一定的基础。综合来看，已有的讨论大多基于政治性的问题，对经济性、社会性和文化性的探讨不多①。如鄂豫皖苏区的宣传和文化教育对其发展有何影响？党、政府、红军与其他组织的关系是如何调整的？鄂豫皖苏区的统一化进程等，均鲜有人研究。鄂豫皖苏区肃反的源头究竟是什么也因为各种原因更是付之阙如。而且现有的研究大多将肃反扩大化的问题局限于张国焘个人的问题和"左"的错误，对其全面地分析及放在整个苏区发展史中考量却不多见。综上所述，鄂豫皖苏区史的研究仍大有可发掘的广度和深度。

三 理论框架运用和缺陷及一些建议

（一）理论框架运用和缺陷

1. 革命史的解释模式

鄂豫皖苏区史的研究是作为革命史的一部分被开拓的，在很长时间内都是被置于强烈的革命意识形态之下来考量的，例如很多有关苏区史的开头部分都是对苏区政治、经济、社会及党的活动的描写，得出该地区人民处于较为艰难的境地并极具反抗精神，经党组织的领导最终革命。这个解释模式现在看来未免过于粗略，将革命过程简单化，使得苏区史丧失了其真正的历史意义。例如郑位三提到："六安那个地方很富，为什么能搞起革命来，黄、麻地区群众生活并不很苦，革命却搞起来了。……关键就在这个地方，要发动农民。发动农民是共产党的功劳，还要有别的条件。一个重要的条件是革命知识分子多，农民就容易发动。"② 对于郑位三这个与一些苏区革命史的不同看法，也可以查阅其他民国时期的统计资料来进行定量分析，并不能仅仅采用一种解释模式来套用分析所有的现实问题。目前有关鄂豫皖苏区史的研究中，已经出现通过政治学的解释模式来理性地分析鄂豫皖苏区的活动，例如前文提到的黄文治对民众动员的研究等。

---

① 霍文达：《鄂豫皖苏区教育的历史地位与作用述略》，《湖北大学学报》（哲学社会科学版）1987年第5期；路海江：《鄂豫皖苏区的文化教育事业》，《史学月刊》1994年第6期；唐金培：《鄂豫皖苏区文化建设模式及其历史地位》，《中州学刊》2008年第11期。

② 《郑位三谈话记录》（第二次），湖北省档案馆，SZA-2994，1958年12月15日。

2. 方法论的缺陷

历史研究中出现的问题主要有选精法与集萃法的使用、演绎法的误区、"理想范式"与价值判断、静止孤立的分析、总体论的倾向比较明显等①，这些问题同样或多或少出现在鄂豫皖苏区史的研究中，亟须解决这些制约鄂豫皖苏区史研究发展的问题。例如引用统计学中样本分析的方法来对鄂豫皖苏区的某一问题进行说明的时候，要选取样本（即举例子）的过程要尽量避免个体的特殊性对整体的普遍性产生干扰，这就要求所举例子或样本并非孤证，同时要求样本的来源最好能是来自不同方——"兄弟证比父子证更有价值"。就笔者所见目前有关鄂豫皖苏区的研究中，大多未能做到这一点，基本上资料的来源是中共一方的资料，而缺乏国民党、共产国际等其他方面的资料。

（二）改进建议

1. 研究主题与内容的拓展

鄂豫皖苏区研究主题与内容的拓展大致可以分为以下几个方面：

一是以往的鄂豫皖苏区史研究，其主题与内容大多与政治相关，并且过于遵循意识形态下的论断，如农民是革命天然的同盟者，在问题的选择上，若不仅仅局限于"无产阶级的同盟军"之类的前提下，或许视野可以些许放宽，其讨论与研究将更加深化，如可以对农民性组织的发展（例如皖西大刀会、鄂东红枪会等）与中共的关系变化进行分析，可以提供另一种视角来解析苏区的革命活动。

二是鄂豫皖苏区的最终统一在过去的研究中没有得到充分的讨论，三块根据地的统一从最初提出到中央的否定再到最终统一是一个复杂的过程，其中的困难和问题是哪些？也是值得后续的研究需要关注的。例如鄂豫皖苏区统一化进程中的商城事件的发生和解决及其影响的讨论。

三是党、红军、苏维埃政府及共青团等之间的关系调整和最终确定是需要着重明确的。鄂豫皖苏区党组织机构的变迁不仅仅是称谓上的变化，还有职责和管辖范围等的变更，涉及很多人和地区；红军番号的变化亦不仅仅是因为上级的命令，其背后的内涵至今尚未总结和分析。

---

① 冯筱才：《中国商会史研究之回顾与反思》，《历史研究》2001 年第 5 期。

四是苏维埃政府建立和日常运行的真实情况尚需细致的分析和梳理。《中国工农红军第四方面军战史资料选编——鄂豫皖时期》（上、下）[①]和《鄂豫皖革命根据地》（1—4）[②]中不少工作汇报和指示中显示党、政、军及其他团体并不是很融洽，在鄂豫皖苏区统一过程中，对苏区的发展有何影响，也是值得进一步探讨的主题。

五是红四方面军主力撤离是鄂豫皖苏区发展的一个重要转折点，大多数有关研究未能详细地进行分析，仅仅归结于某些个人的错误（如张国焘）或冠以某种错误的结果，而不是进行系统全面的分析，以理性的视角来考察第四次反"围剿"的政治环境、国共双方军事对比情况、苏区的经济社会情况以及苏区的政策影响等，如黄道炫提出："诸如鄂豫皖、闽浙赣、湘鄂赣、湘赣、湘鄂西、鄂豫陕、川陕等，就可以发现一个有趣的现象，所有这些苏区都位于数省交界的边区，都利用着南京政府控制软弱的条件，力量、地域的因素在其发展中的独特作用，绝对不能低估。然而，这一切，到20世纪30年代中期，已在悄悄发生着变化。随着地方实力派挑战的相继被击退，南京中央自身不断强化，对全国的控制力逐渐加强，中共可以利用的地方因素明显弱化，回旋空间被大大压缩。这是一个中共成长壮大的时代，但远不是中共掌握政权的时代，超常的能量，也无法突破可以做、可能做、不能做的界限。"[③]有关鄂豫皖苏区的发展，这一系列的问题同样是值得深究的。

六是鄂豫皖苏区的文化动员实践和意识形态建构尚需重新的考量，鄂豫皖苏区诞生了红军主力之一的红四方面军，以及后来的红二十五军和红二十八军，并且坚持斗争之久全国罕见。为何这里的人民能够如此的坚强和不懈地斗争？斗争的火种是如何播下和生根发芽的？在这个过程中，党、苏维埃政府、红军各自采取哪些活动来推行这些宗旨，并且各自的实际效果如何？这些问题不仅需要从党政军的政策、文件和汇报中搜寻和发掘，

[①] 中国工农红军第四方面军战史编辑委员会编：《中国工农红军第四方面军战史资料选编——鄂豫皖时期》（上、下），解放军出版社1993年版。

[②] 《鄂豫皖革命根据地》编委会编：《鄂豫皖革命根据地》（1—4），河南人民出版社1989年版。

[③] 黄道炫：《张力与限界：中央苏区的革命（1933—1934）》，社会科学文献出版社2011年版，第4—5页。

还需足够的个案分析来支撑。文化动员及宣传的口号如同一个新兴的流行符号,如何深入人心令人信服,中共在这个过程中如何运用通俗化的方式宣传自身的政治目标,让广大的农民认识到自己的利益与中共息息相关,并将中共视为阶层的代言人加以维护和保护,例如红四方面军撤离后,很多伤病员在当地百姓家休养生息之后重新回到队伍等,这些问题的深层原因是值得探究的。

七是对于苏区时期文化动员和意识形态的研究局限于小历史时段范围内的探讨,至今学界尚未将该时段的文化实践置于马克思主义与中国传统文化共融共生的时代背景中进行考量,其活动本身和意义内涵未得到充分的重视和深刻的诠释。

2. 资料的发掘

鄂豫皖苏区史研究的深化是离不开新资料的发掘和利用,但是自1993年中国工农红军第四方面军战史编辑委员会编《中国工农红军第四方面军战史资料选编——鄂豫皖时期》(上、下)的一套相关资料出版后,鄂豫皖苏区资料的整理似乎放慢了脚步。其他,对鄂豫皖苏区的人口、经济、文化教育水平等方面的数据统计尚未着手进行。本书认为,鄂豫皖苏区史研究资料的缺乏可以从扩大资料源入手。黄道炫在《改革开放以来的中国革命史研究及其趋向》中提出:"历史研究不能离开对对手方的研究,自说自话的研究难免管中窥豹,难以全面、完整、深入了解研究对象。"① 本书比较赞同这个观点,苏区史的研究不能仅仅局限于中共方面的资料系统中,国民党方面的资料及统计材料②理应受到同等的重视。王才友在《50年来的江西苏区史研究》中提出"苏区史的研究应打通苏区史和白区史,而不是将二者分裂开来,研究者应转变思路、进行对苏区史和白区史的综合研究是非常重要的"③,笔者比较认同这类观点,并认为共产国际方面的档案亦可作为佐证和分析的资料。与此同时,应该把对鄂豫皖苏区的研究置于一个长的历史

---

① 黄道炫:《改革开放以来的中国革命史研究及其趋向》,《史学月刊》2012年第3期。
② 如民国时期国民党出版系统编撰的史料、调查资料及文集等,如陈诚编纂的《赤匪反动文件汇编》;藏于"国史馆"的蒋中正档案馆及党史会的各种苏区调查报告。转引自王才友《50年来的江西苏区史研究》,《近代史研究》2010年第6期。
③ 王才友:《50年来的江西苏区史研究》,《近代史研究》2010年第6期。

时段里来研究，可以尝试运用长、中、短时段分析相结合来全面透彻了解那段历史。

3. 理论与方法的重视

近年来，国内史学界引用了一些西方的理论概念和体系来研究苏区史，笔者并不反对这种做法和思路，但是认为在运用这些理论概念和体系之前，需对其适用环境做细致的分析，并且进行适度的调整或重新定义，在这一点上要秉承实事求是的态度来研究。最好的情况是，我们在研究过程中能发展出基于苏区历史的概念，甚至在广泛收集样本案例的基础上建构新的理论模型，这需要苏区研究者的共同耕耘。不同研究者面对相同的史料运用不同的方法论可以得出完全不同的认识，这些认识与历史的原来面目的接近程度与方法论密不可分。

第三节　研究视角、研究方法及主要创新点

一　研究视角

（一）文化与意识形态

意识形态作为一种阶级的标识，有着明显的阶级性，政党本身作为阶级的代表，是因为基于各种利益和愿景组合而成的组织，政党便成了意识形态的天然载体。"意识形态把政党当着自己的物质武器，任何政党的产生和存在都有自己的意识形态前提，从逻辑上说，先有意识形态和意识形态的认同，然后才可能有政党。"[①] 由此可见，政党正是以意识形态分野的。国共二党虽皆受到苏俄革命的影响，并有着类似的现实目标，即如何把中国建成强大的现代国家，但是为何二者会出现分歧，很大原因在于二者在接受和建构什么样的意识形态与思想文化等方面有着完全不同的思考、政略和实践。

从历史的角度看，任何一种意识形态的产生、存在、发展，都有相应的文化形态作为条件；同时，任何一种文化的存在和发展，都必然有相应的、具有特定经济政治结构的历史形态作为基础。但文化发展与意识形态发展的

---

① 王邦佐：《中国政党制度的社会生态分析》，华夏出版社2002年版，第235页。

不同之处在于，作为阶级、政党一部分的具体的意识形态模式可能会因经济政治结构的变化而瓦解，与其相应的经济政治制度同归于尽；但作为人类文明成果的文化中的精髓——核心价值却会长期留存，不会因具体的经济政治制度的消失而同时消失。①

本书认为，文化与意识形态之间既有联系，又有区别。意识形态作为一种包括政治、法律、道德、哲学、艺术、宗教等各种形式在内的"观念形态"，是一定社会存在的反映。文化和意识形态同是上层建筑的组成部分，因此都要受到社会基础结构的制约。一种意识形态的形成必然要以一定的文化为基础，同样，在阶级社会中，一种文化模式也必然带有某种意识形态模式的印迹。但从总体上说，文化是一个比意识形态更为宽广的概念，它作为一定社会经济政治结构的制度化表达，包含着人类智慧创造的所有文明成果。一定的意识形态只是一定文化体系的一个部分，而不是其全部。因此，文化和意识形态在外延上是一种包含关系而不是等同关系。

（二）基于文化领导权视角下的文化动员与意识形态建构

"文化领导权"概念是意大利著名学者葛兰西（Gramsci）首先提出来的。国内学者有时也翻译为"文化霸权""话语霸权"等。②葛兰西的"文化领导权"是基于"市民社会"基础上的一个至关重要的概念。它是与"国家"不同的属于上层建筑的概念。在他看来，强制、统治、暴力属于国家；而同意、领导权、文明则属于市民社会。文化领导权也是一种意识形态，但它是一种有别于"权力意志"的"文化意识形态"。本书认为，"文化领导权"是指一个政党或社会政治组织所具有的基于文化认同上的社会动员和社会整合能力，政党在政治舞台上夺取"文化领导权"的有效路径则是通过文化动员达到意识形态建构的目的；文化动员作为意识形态建构的实现手段，

---

① 傅才武：《民国时期国家文化体制的形成与演进——政治变局中政党、意识形态与文化领导权（1911—1949）》，博士后报告，武汉大学，2007年。

② 葛兰西认为，文化领导权就是"文明的领导权"，它是政治民主的根本原则，是民众同意并以自愿的方式为前提的"领导权"。葛兰西提出这一理论的初衷，原本是试图探寻出一条适合西方发达资本主义国家进行社会主义革命的道路和策略。西方发达资本主义实现社会主义革命更有效的途径应该是在市民社会建立起关于社会主义的道德和文化的领导权。他的具体解释是：一个社会集团通过两条途径来表现它自己的至高无上的权力：作为"统治者"和作为"文化和道德的领导者"。参见《葛兰西文选》，人民出版社1992年版。

二者是手段与目的之关系。

在 1927—1949 年这二十多年中，国共为争夺文化领导权，展开了全方位的竞争，都试图建立起自己的"话语"① 体系，并在这个话语体系中制定极富目的性的话语权分配机制。杨奎松认为国共两党具有极大的相似性，如"国共两党都是高度意识形态的政党，即都是高度重视思想观念的正统性、权威性和排他性，并力求在此基础上统一党员的思想行动并统制社会的。比如，国共两党在组织方式上都是学俄国布尔什维克的，即一方面注意使党的组织广泛发展成群众性的党，一方面又强调领袖独裁，严格等级、纪律服从，以党政军权力高度集中统一为原则。因而，两党都自然形成了一个对党政军最高机构的决议具有最后决定权的政治军事最高领袖，其决策的成败对党的命运具有不可逆转的决定性影响"②。对于这个观点，陈永发亦认为两党异中有同，相同的是两党面临相同的历史挑战，不同之处则在于其采取的解决路径不同和遵循的意识形态不同。③

中共虽然在很长时间内（如 1921—1927 年和 1937—1949 年）所推行的意识形态与国民党所推崇的三民主义在内容上相差无几，其主要区别在于其代表的阶级的不同，中共代表着工农阶级，而国民党则是地主资产阶

---

① 福柯在《话语的秩序》中写道："在每一个社会，话语的生产过程都不是漫无定则的。必定存在着若干程序，控制着、选取着、组织着以及重新分配着话语的生产；通过这些程序，话语生产过程所可能激发的多种力量与危殆，也就能够规避，话语生产过程所可能遭遇的偶发事件，也就得以掌握，话语生产过程所需涉及的拙难之具体现象，也就不难闪躲。" M. Foucault, "The Order of Discourse", in R. Young（ed.），*Untying the Text*, London：RKP, 1981, p. 52. 转引自 [英] 汤林森《文化帝国主义》，冯建三译，上海人民出版社 1999 年版，第 17—18 页。

② 杨奎松：《谈古阅今》，九州出版社 2012 年版，第 103 页。

③ 陈永发认为：在实际的历史发展过程中两党均面临相同的历史挑战，内有地方军阀和土豪劣绅等离心力量，外有各种各样的帝国主义侵凌，两党都有使中国迎头赶上欧美的宏大志愿，只是双方由于基本信仰的不同，取径互异。例如国共两党都强调对地方的控制和对国家资源的动员，但是共产党信仰阶级斗争，国民党相信阶级调和，共产党挑战以欧美列强为主的世界秩序，国民党尊重以欧美为主的世界秩序，因而两者所采取的对策截然不同，所获得的效果当然也会有天渊之别。又例如国共两党都要建立一个工业化体系，也都同样遭遇到筹措庞大资金的问题，但由于意识形态不同，中共通过土地革命缔造出了一个控制和动员的新体系，能够比较顺利地把农村的资源转移出来，国民党则形成不了类似的控制和动员体系，以致过分仰赖于直接国家暴力，却依旧克服不了地方势力千方百计地阻挠。陈永发：《中国共产革命七十年》（上册），（台北）联经出版事业股份有限公司 1998 年版，第 4 页。

级的代言人。在苏维埃革命时期,中共在共产国际的指导之下[①],采取了更为激进的政策,将社会革命与民主革命混同起来进行阶级斗争。中共在1927年的惨败后,更是转向通过暴动夺取政权的极端行动来推行苏维埃革命。在苏维埃革命时期,中共所试图建构的意识形态带有浓厚的苏俄色彩,这种外来的理论和范式亦有与中国原有的文化发生融合和重塑的过程(即马列主义的中国化),然而苏维埃革命时期的意识形态很大程度上仍处于模仿和摸索的阶段。

二 研究方法

本书的研究方法,因袭前人研究中通行的文献法、比较法、多学科交叉法等研究方法,只是在具体运用的时候力图有所创见。

第一,文献研究法。探讨鄂豫皖苏区文化动员和意识形态建构,须以民国时期的史料和文献为基础。本书以国共双方文件、档案资料、调查报告、报纸杂志作为基本史料,将前辈学者们对鄂豫皖苏区的研究成果作为研究的重要参考,通过对史料和前人研究成果的整理、归纳和分析,特别是对于各个不同方面的史料进行对比,力图得出较为全面的结论,作为本书立论的基础;

第二,多学科交叉方法。对鄂豫皖苏区的探析,涉及经济学、社会学、文化学、管理学等多种学科的方法和理论,因此,本书在主要采用历史研究方法的同时,将综合运用管理学、经济学、文化学和社会学等相关学科的知识与理论。

[①] 陈永发认为:中共接受苏联的援助,唯苏联马首是瞻。因为这些缘故,遭反共人士斥为民族主义的叛徒。对这些论调,中共当然嗤之以鼻,然而尊奉苏联为国际共产主义运动老大哥的做法,毕竟在实际革命的过程中,曾导致一些严重问题和摩擦。首先,中俄两国的共产党人,都同意服膺共产主义世界革命,但由于国籍不同、文化不同,对世界革命的看法也就不可能完全一致。再加上种种自私或非自私的原因,苏联和中国两国共产党所了解的中国"革命"需要,当然更不可能完全吻合。中共从建党开始,便不断和莫斯科发生摩擦。只是因为在经验、经济和意识形态等方面都高度敬仰和依赖苏联,所以摩擦在很长时间里都隐藏于台面之下,而不容易为外人所察觉,也因为同一原因,从1922年到1927年国民党分共为止,中共尽管自认为爱国绝不后人,给予一般人的印象却是,追随莫斯科的音乐指挥棒起舞,并没有充分的独立自主性。陈永发:《中国共产革命七十年》(下册),(台北)联经出版事业股份有限公司1998年版,第965—966页。

三 主要创新点

一是研究视角上，结合近年来革命史研究的热点，以文化动员和意识形态建构为抓手，将其置于马克思主义与中国传统文化共融共生的历史进程中，"以社会史为基础深化党史研究"① 来探究鄂豫皖苏区文化的发展情况和价值作用。

二是研究的材料运用上，本书将在运用不同价值观下文献史料和著作的基础上，大量翻阅民国时期国民党政府关于鄂豫皖三省文化教育、农村经济的统计报告和调查日记，如《民国二十年代中国大陆土地问题资料》②《民国时期社会调查丛编》③《豫鄂皖赣四省农村经济调查报告》④《民国教育统计资料汇编》⑤《中国农村经济资料》⑥《民国统计资料四种》⑦《万耀煌将军日记》《赣皖湘鄂视察记》等；查阅中共和共产国际的档案资料，如中共中央有关鄂豫皖根据地的文件、中共鄂豫皖中央分局文件、共青团鄂豫皖中央

---

① 1991年中共党史研究专家张静如首先在《历史研究》上提出"以社会史为基础深化党史研究"，目前具有代表性意义的论文及著作有陈德军《乡村社会中的革命——以赣东北根据地为研究中心（1924—1934）》，博士学位论文，复旦大学，2003年；张宏卿《农民、革命与中央苏区民众动员》，博士学位论文，上海师范大学，2008年；黄琨《从暴动到乡村割据：1927—1929，中国共产党革命根据地是怎样建立起来的》，上海社会科学院出版社2006年版等。

② 萧铮主编：《民国二十年代中国大陆土地问题资料》（影印版），美国：中文资料中心，台湾：成文出版有限公司1977年版。序言中介绍《民国二十年代中国大陆土地问题资料》是中央政治大学之地政学院（创办于1932年，1940年停办）分派学生去各省实习调查三个月，各学生返校时呈交调查实习报告，并以所获实际材料为研究论文，毕业后分发各省工作。先后九年间出发调查之学员168人，成论文166篇。论文中关于各省县市田赋研究者36篇，土地整理者22篇，农村经济者30篇，租佃制度及房租问题者19篇，土地制度者19篇，地价地税者20篇，农业金融者8篇，市地问题及土地征收者12篇。调查报告178篇，涉足所及者凡19省，180余县市。均收取其当地实际情形及其重要文书，存之于报告中。凡此均足见各地之经济情况与下级政府之实际行政能力，尤足为筹划战时之粮源与财力之重要参佐。本书认为这套资料比较全面反映了20世纪30年代中国土地情况，并主要采用其中的有关湖北、河南、安徽三省的土地状况、地权异动、田赋研究及相关调查日记，如程理锟《湖北之农业金融与地权异动之关系》、傅广泽《安徽省田赋研究》（上、下）、帖毓岐《河南田赋研究》、贺则缨《匪区田地分配方法与解决业佃问题之研究》等。

③ 李文海：《民国时期社会调查丛编》（第二编）（乡村社会卷），福建教育出版社2009年版。

④ 金陵大学农学院农业经济系编：《豫鄂皖赣四省农村经济调查报告》，国家图书馆出版社2010年版。

⑤ 王燕来选编：《民国教育统计资料汇编》，国家图书馆出版社2010年版。

⑥ 冯和法：《中国农村经济资料》，中国经济史丛书，第一辑，第二、三，（台北）毕业出版社1978年版。

⑦ 殷梦霞、李强选编：《民国统计资料四种》，国家图书馆出版社2010年版。

分局及临时省委文件、中共鄂豫皖省委文件、鄂豫皖苏维埃政府文件、中共鄂东北特委文件、中共豫东南特委文件、中共皖西北特委文件及一些革命人士的回忆资料,特别是采用了1958年至1961年湖北省委党史调查组、湖北社会科学院、武汉大学、华中师范大学等赴鄂东革命老区考察的调查报告和《郑位三同志谈话记录》(1—7),以此来分析和相互佐证本书的观点。

三是在研究方法上舍弃传统的以时间线条为主线的纵向历史研究方法,而主要从国共双方观感在不同时段中考察鄂豫皖苏区人民生活和文化教育状况,探讨鄂豫皖苏区有关文化动员和意识形态建构以及产生的原因以及对苏区人们的文化认同和国家认同的再造等问题。

第一章 鄂豫皖苏区的形成与发展

第一节 鄂豫皖苏区形成与发展的历史基础

一 近代救国思潮下的制度选择及苏维埃战略的形成

自19世纪中叶第一次鸦片战争起，如李鸿章所言中国历经着"数千年未有之变局，数千年来未有之强敌"，一次次对外战争的失败以及随之而来屈辱条约的签订给整个中华民族带来了巨大的历史震动，渐次深入地影响了中华文化的各个方面，无数士子学人从此踏上寻求富国强兵之法的道路。作为精英阶层的中国知识分子的回应与反思大致分为如下几个阶段：第一阶段是19世纪中叶以后的洋务运动时期。洋务运动，又称自强运动，是指1861年至1894年清政府内的洋务派在全国各地掀起的"师夷长技以自强"的改良运动。洋务运动是经过两次鸦片战争之后的第一次大规模仿效西式工业运动，引进了大量的西方18世纪以后的科技成果，开启了日后中国的工业发展与现代化进程。在文化方面，知识分子在恪守中国原有政治文化的同时，面对西方新式的文化，采取有选择性的吸收并从传统文化中找寻源头。若是西方现代观念和中国传统观念无意义相重叠之处，即该观念是全新的，则常出现该观念的拒斥。第二阶段是从甲午战争后到新文化运动前二十年（1895—1915）的学习阶段，甲午战争的失败，深深地震撼了中国知识分子的心灵，开始对洋务运动进行了全面的反思，尝试以开放的心态接受西方现代文化，这是中国人以最开放的心态接受西方现代观念的一个时期。在这一阶段传入很多在中国传统文化中原来没有的现代新观念；同时以前经选择性吸收的某些现代观念，在这一时期也比19世纪引入更接近西方原意，更加具有现代意义。第三阶段则是新文化运动时期,特别是1919年以后,经过前人对西方文化的不断了解及推广,中国知识分子开始对所有外来观念进行消化、整合和重构,并将它们定型为中国当代观念。这些观念趋于定型,形成了中国特有的现代意义即中国化,其意义大多与第二阶段不同;有的观念甚至回到与第一阶段相近的意义和结构,也就是说重构产生了中国式的现代观念,并在这些观念基础上,建构了现代中国主要的意识形态。①

地缘政治环境的变迁亦是中国知识分子改变探索救国之道的重要推手,"一战"结束后巴黎和会上中国继续遭受屈辱,以及近邻俄国十月革命的快速胜利,在思想上给中国的知识分子群体造成了巨大的影响,一些知识分子开始了踏上师法俄国革命的道路。如上文所述19世纪中叶以降,无数精英分子纷纷走上寻求使中国能够抗击外辱,走上富国强兵的道路。一些知识分子开始认为中国需要包括政治的、思想的、社会的和文化的全方位革命,与此同时对眼前的俄国十月革命和政党寄予希望。另外,共产国际对中国的输出革命的因素也不容忽视。"唤醒"这个词在当时革命党的话语体系中越来越引起重视,无论是受到苏俄帮助成功改组的国民党,还是新生的共产党,为了"唤醒"沉睡的民众使其能够团结在革命的大旗之下,原有束缚民众的宗法制成为了被讨伐的对象,一些激进的知识分子在五四运动之后对原有文化的态度发生了转变,认为中国原有文化中的糟糠必须抛弃,而需要引进国外的先进文化来适应新条件下的变化。国共分裂后,中共转入贫困的农村发动苏维埃革命,革命的主力军是广大的农民,贫困和不公是矛盾滋生的主要原因。"事实上,仅是贫困并不足以爆发与形成革命,只有革命政党具备了理论创造、组织形态和骨干中坚等基本条件,并由他们深入社会基层,动员组织人民,揭露反对统治者的剥削和腐败,贫困才会变得不可忍受,革命才会成为可能,新旧制度才会发生兴替。苏维埃制度在中国兴起,大体说明了这一规律与事实。"② 苏维埃制度源自苏俄,其思想和理念用于指导中共领导的革命,一方面是中共为实现其政治目标之主观的意愿,另一方面则为以莫斯科为中心的共产国际进行革命输出的直接产物。

---

① 金观涛、刘青峰:《观念史研究:中国现代政治术语的形成》,法律出版社2010年版,第7—8页。

② 何友良:《苏区制度、社会和民众研究》,社会科学文献出版社2012年版,第1页。

二 促成苏维埃革命的现实条件

（一）鄂豫皖边区的社会概况

鄂豫皖苏区位于湖北、河南、安徽三省边界的大别山区。苏区的极盛时期面积达4万多平方公里，人口350万，拥有5座县城，26个县的革命政权。

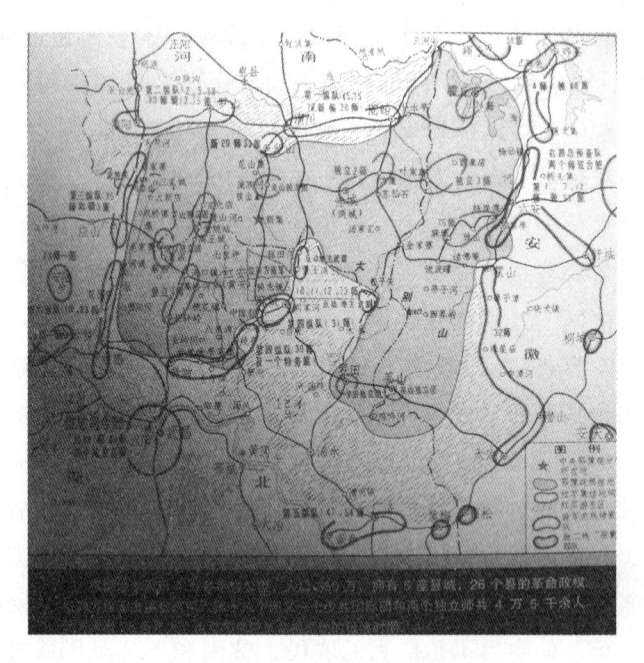

图一　鄂豫皖苏区全盛时期形势

（图片来源：黄麻起义与鄂豫皖苏区纪念园）

鄂豫皖边界地区，崇山峻岭，层峦叠嶂，地势险要，大别山脉为淮河与长江流域的分水岭，绵延起伏于安徽、河南、湖北之间。该地区由于多山，交通不便，工商业不发达，自给自足的小农经济占主要地位，居民大多从事农业。

（二）鄂豫皖地区的社会政治经济概况

鄂豫皖地区政治经济处于崩溃的边缘，广大民众生活贫苦，并且贪官污吏和地主豪绅横行，社会矛盾不断激化。

戴季英在1944年回忆道："当时鄂豫皖人民生活环境是处在封建军阀连

年战争（直奉鲁豫皖的战争），租课、税、债、捐奇速加重（公债券、大加一、月月红、当青苗），百物涨价（谷子由两串至十串一石），日用品高贵，洋货剧烈的（地——笔者注）倾注农村，自然经济破产（农业、手工业），年岁歉收，饥荒频起（旱灾连年），土匪强盗不断发生，瘟疫流行（发人瘟），广大农民急转直下的破产，无衣无食，与豪绅地主斗争，纠葛问题时时发生（租案、债案、人命案……），豪绅地主与军阀官僚勾结，争相扩张统治，操纵行政，收买土地；群众觉悟提高，社会内部矛盾发展，使得社会制度动荡，这种客观环境正在准备着共产党与革命在鄂豫皖发生和发展。"①

国民党方面的有关著作在论述鄂豫皖边区社会政治经济时说："当时豫鄂皖三省边区之社会状况，教育落后，实业衰颓，省政不良，吏治窳败，苛捐杂税，名目繁多，以致财政紊乱，贪污充斥，豪劣纵横，军纪废弛，民心怨愤，尤以地方拥有土地多至十万亩者，如皖西之管、胡、刘、窦四姓为最。整个社会形成佃农对地主之关系，地主对佃农除红（停租时交还）黑（停租时不得交还）押金外，并于三年换佃一次，地主遂利用换佃机会，将佃农三年辛苦所得，完全敲诈以去。因此，农民忍气吞声，无可奈何，形成社会特殊病态。是时，北伐统一未久，又遭新军阀之叛乱，以致中央政令，未能贯彻及此，致予'共匪'以可乘之机。"②

由此可见并非只是中共方面的资料显示鄂豫皖边区人民生活贫苦，国民党方面的记载同样显示鄂豫皖边界区域社会矛盾激化，民众生活极度贫苦。虽有前文所述郑位三回忆鄂豫皖边界有些区域相对富裕，然整体上仍处于贫困，特别是普通民众生活相当困难。

（三）文化教育状况

苏维埃革命时期，整个鄂豫皖苏区的文化水平是非常低下的，以红安的6村为例，如表一所示红安六村总人口是855人，识字人数仅为54—55人，识字率为6.43%，足以可见民众中大部分是不识字的文盲。

---

① 戴季英：《鄂豫皖苏区红军历史》，中国工农红军第四方面军战史编辑委员会编《中国工农红军第四方面军战史资料选编》（鄂豫皖时期·上），解放军出版社1993年版，第1页。

② 王多年主编：《国民革命战史》第四部《反共戡乱》（上篇），（台北）黎明文化事业股份有限公司1980年版，第393页。

表一　　　　　　　　　　红安六村的识字人数①

自然村名称	户	人口（人）	识字人数（人）
肖家畈	30		2
林上弯		120	10
刘发窪		250	20
周弯（上）	39	230	10
周弯（下）	32	125	4
涂家冲		130	8—9

（四）党组织的建立

学术界对于鄂豫皖地区党组织的建立起源虽各有论述，但其叙述范式大体一致，大多是知识分子受到革命思想的影响，返乡进行革命宣传，进而成立党组织，在国共分裂之后举行暴动②。如鄂东党组织的建立，据国民党方面万耀煌日记所记：

> 湖北省立师范学校由校长王清一率学生四十八人来黄安参观，要我讲黄安"共匪"来源，我作为下之说明：民初有郑绍香者箭厂河人，在武昌上学与肖楚女为友，作革命运动，当时国民革命不是共产革命，郑绍香因革命为督军王占元所杀，肖以绍香之故，常写信与绍香之父郑锡人慰问，并常予周济，肖系共产党重要份（分——笔者注）子，时以"共党"刊物寄郑锡人，郑在乡教书，即以宣传刊物教其学生，同时有戴雪舫者在乡教书，与锡人为友，郑又将所得肖之信件刊物传之于戴，民十三年后，肖即指示工作及暴动方法，此为黄安有共党之远因。时黄安有董必武（用威）者，在武昌办武汉中学，所交教多黄麻子弟，动系共党重要分子，在校秘密宣传共党注意及秘密组织。民十三年国民党容共后，董为中央委员，民十五年北伐，董为省党部执行委员，引用武汉

---

① 红安县革命史编辑委员会编：《红安县革命史汇编》（草稿）（上册），湖北省档案馆，GMC-61，第40页。

② 在豫南地区，商城、光山两县于1924年建立了党小组。次年秋，中共商城特别支部成立。1925年至1926年，罗山、信阳、潢川等县相继建立了共产党组织。1927年春，固始县也建立了党组织。在皖西地区，1923年冬，成立了鄂豫皖边区第一个党支部——安徽寿县小甸特别支部。1925年冬，中共六安特别支部成立。

中学共党学生，分配于各县市办党。十六年清共后，彼等均在乡村扩大组织，实行暴动，占领城镇，劫杀官吏，政府无暇兼顾，逐养虎成患。是年黄安共党由箭厂河作乱，占领七里坪为根据地，以后发展为豫鄂皖三省边区大患。①

鄂豫皖苏区党组织的建立和发展是与革命知识分子下乡宣传革命分不开的，正如前文所述，由于很多知识分子出身于地主家庭，他们参加革命不仅分化了敌对阶级的势力，也使得一些地主在革命中保持中立。这些知识分子在宣传革命和发展党员的过程中大多是以同乡关系或亲戚的身份接近广大民众（绝大部分是农民），特别是在鄂豫皖地区大多是山区，农村多是非常封闭的情况下，多是向贫苦农民宣传革命将会给他们带来经济利益，以红安县仙安区为例：1928年2、3月间，党派方和梅、吴青松、江永科、石世龙、方庭瑞、邹香山、来显寿、明汉华、明书新等同志在本区（现华河区）进行发展组织工作。

党的秘密活动要求他们装成做生意的、串亲戚的或是戴礼帽、穿长袍、拿文明棍的豪绅地主，以便于发展党的组织。当时发展组织：一、通过亲戚关系：如陈敬兴是他的亲家谱麻子介绍入党的，谱麻子是陈家咀人，离七里坪很近，他假装买猪到陈敬兴家中，晚上与陈谈天，了解和启发陈的阶级觉悟，将陈吸收入党。后来又发展了陈过一入党，二陈均为陈家楼人。又如王学海介绍王寺登、祝开太入党。王学海是王寺登的兄弟，王寺登又是祝开太的表兄。二、通过访贫问苦，找穷人谈心的方式，首先从生活上生产上关心穷人，关系处好了以后，就进行革命宣传，提高农民认识，再吸收入党。另外对不同的对象还采取不同的方式：有一次方和梅装成豪绅地主的模样，到学堂去玩，拿出些手枪子弹给学生们玩，一面问学生，共产党好吗？学生如果答好，方就进行反宣传，恐吓说共产党好的学生，说土劣势力大，捉到共产党就杀，谁说共产党好就杀谁。方和梅到过那学堂三次，经过这样反复试问，了解了各学生

---

① 万耀煌：《万耀煌将军日记》（上），（台北）湖北文献社1978年版，第140—141页。

的思想,然后找他们到庙后开会,谈真心话,吸收他们入党入团。①

三 鄂豫皖革命渊源的解析

当前学界对于有的称之来源于民众的贫困和社会矛盾的激化,有的则称由于中共的领导和组织,还有则认为是该区域革命知识分子的踊跃,另外亦有人从社会学的角度对革命进行解读②。正如贫穷是革命的温床,但贫穷并不一定意味着革命,何况作为鄂豫皖边界地区,与三省的其他地区相比,生存环境并不是极端恶劣的,相反如六安等地还相对富庶。例如陈赓雅在《赣皖湘鄂视察记》中提到鄂豫皖革命源流在于贪腐成风、官绅的劣行导致社会矛盾加剧,以致为中共所乘,文中称:"皖西素称富饶,毗连豫鄂,山多竹木,尤富茶麻。只以交通梗塞,输出维艰,巨量货藏,既未得尽其材用。政治文化之输入,亦感困难,民性不失于浮夸,即失于偷惰。过去官绅,复施高压手段,恣意剥削,桀骜诡异之徒,又从而播弄鼓惑之,民怨益深,遂为

---

① 红安县革命史编辑委员会编:《红安县革命史汇编》(草稿)(上册),湖北省档案馆,GMC-61。
② 斯梅尔塞(Smelser, 1962)认为,集体行动、社会运动和革命的产生,都是由以下六个因素共同决定的:有利于社会运动产生的结构性诱因(structural conduciveness)、由社会结构衍生的怨恨、剥夺感或压迫感(structural strain)、一般化信念(generalized belief)的产生、触发社会运动的因素或事件(precipitation factors)、有效的运动动员(mobilization for action)、社会控制能力(operation of social control)的下降。他认为,这六个因素都是集体行动(或社会运动和革命)发生的必要条件(并非充分条件)。随着上述因素自上而下形成,发生集体行动的可能性也逐渐增加。一旦全部具备了六个因素,集体行动就必然会发生。斯梅尔塞把自己的理论称为价值理论(value-added model)。梯利(Tilly, 1978)则认为,一个成功的集体行动是由以下因素决定的:运动参与者的利益驱动(interest)、运动参与者的组织能力(organization)、社会运动的动员能力(mobilization)、个体加入社会运动的阻碍或推动因素(repression/threat)、社会运动群体所具有的力量(power)。他认为这些因素是通过特定的组合而对集体行动的形成和进程产生影响。由于该模型的核心是社会运动的动员,因此也被称为动员模型。赵鼎新认为,影响和决定社会运动(或革命)之产生和发展的宏观结构,可以简单概括为以下三个因素:变迁、结构、话语。所谓变迁,指的是由现代化、人口变迁、自然灾害、大规模疫病流行、外来思想入侵等原因所引起的种种社会变化。所谓结构,包括两个方面,一是国家的结构及其行为方式,二是社会结构以及社会行动者的结构性行为。国家的结构包括国家的性质(如民主的、威权的或独裁的)、国家权力的合法性基础(如法律—选举型的、意识形态型的或绩效型的),以及国家在社会结构和政治文化共同作用下形成的特有的行为方式,等等。社会结构包括相对独立于国家之外的各类社会中层组织的发达程度及其性质(如社会组织的多元化程度),以及人与人之间在经济生产中建立起来的各种关系(如资本家—工人关系、地主—佃农关系,等等)。话语则包括社会运动的意识形态、参与者的认同、口号或话语策略,行动过程中的突生规范(emergent norm),以及塑造运动话语的文化,等等。赵鼎新:《社会与政治运动讲义》,社会科学文献出版社2006年版,第21、23页。

赤党所乘,演成皖西之浩劫。"①

就革命的叙事而言,20世纪20—30年代的中国苏维埃革命是以土地革命为中心开展起来的,土地革命也一向被认为是中共革命成功的一个助推器。的确,其巨大作用不容否认,但衡诸事实,又不能不看到,它并不像人们常常认为的那样神奇。由于土地集中程度不高,农民从地主、富农那里获得的土地有限,加上苏维埃区域一般较小,战争负担甚重,农民真正得利其实并不大。② 当年何应钦在江西前方曾有一通痛彻的反省,今天读来仍不失其意义:

> 中国贫弱到今日,是无可讳言,尤其是农村经济破产,手工业日趋衰弱,到处充满了失业农民。同时过去各地为政的人,往往不着力于改善农工生活,甚至听凭贪污土劣去摧残他们。试想一般啼饥号寒的人,有苦无从告诉,再加上一部分不良军警的骚扰、官吏的剥削、党部的因循,自然而然逼着他们走上土匪的道路……人类罪恶由于无知的造成,而好变动的心理,也是普通人下意识中潜伏的一种不良的惯性,假使没有理智的判断,学识的熏习,法令的制裁,很容易不顾一般利益单独发展他的兽性。"共匪"看得非常明白,所以专从这点上来利用,虽然我们可以断定他们决不能成就,然而想到无知的民众,所以自投火焰的原委确实不能不内疚神明。③

由上文可见何应钦认为除了贫穷、政治腐化、社会矛盾激化等因素外,广大民众文化水平的低下亦是中共容易发动民众参加革命的重要因素之一。本书认为各种原因都是革命源流中的支流,正是这些支流的相互交汇和融合,才形成了革命的洪流,再加上外力的因素如共产国际的革命输出等,而并不是仅仅哪种支流就能足以引发革命的狂潮。

---

① 陈赓雅:《赣皖湘鄂视察记》,(台北)文海出版社1968年版,第115—116页。
② 黄道炫:《张力与界限:中央苏区的革命》,社会科学文献出版社2011年版,第68页。
③ 《在赣欢宴各界之演说》,《江西民国日报》1931年2月26日,转引自黄道炫《张力与界限:中央苏区的革命》,社会科学文献出版社2011年版,第66页。

第二节　鄂豫皖苏区的建立与发展

一　鄂东北、豫东南和皖西北苏区的建立与发展

中国苏维埃革命时期，各地苏区的建立大致分为两种类型，一是外助型，二是内生型。外助型的代表是中央苏区，郑位三回忆道："中央苏区开始在井冈山的时候，是毛主席带九百多人，总司令带三千人，将近四千人这样一个力量。毛主席带的九百人有三分之二以上是六个县的农民自卫军。总司令带着五个县的农民自卫军。毛主席带的另外的三分之一是武汉警备团。总司令的自卫军不到一千人，多数是南昌暴动失败后的军队，是这样一个基础。因此，中央苏区开始发展的时候，有农民自卫军和革命军出身的占多数，这是本钱。"① 从中可见，中央苏区的建立很大程度上有赖于正规红军的帮助和发展。而鄂豫皖苏区属于内生型，"鄂豫皖的老底子，开始就是搞农民运动搞起来的，没有兵，开始只有几十条枪，不敢走远了打游击。几十只（条——笔者注）枪和群众建立了密切的联系，依靠本地农民参加了红军，才敢出去打游击。在这样的基础上建立起来的红军和群众联系的（得——笔者注）非常密切"②。

二者各有优缺点，外助型的优点在于军事力量大，能够与反对势力进行大规模作战，缺点则在于在苏区建立初期，对当地情况不熟悉，包括民众对中共也是陌生的。而内生型的优点在于在早期的革命活动中，培养出一部分骨干积极分子，这些人土生土长，熟悉当地情况；缺点在于早期不能打大游击，广泛地发动农民群众参加革命活动。鄂豫皖苏区是"八七"会议③之后，各地积极响应革命的号召发动黄麻起义、商南起义和六霍起义逐步形成的鄂东北、豫东南、皖西北苏区逐步合并而成的。鄂豫皖苏区初期形势图如图二所示：

---

① 《郑位三同志谈话记录》（第1次），湖北省档案馆，SZA-2993。
② 同上。
③ 1927年8月7日，在共产国际的帮助下，中共中央在汉口召开紧急会议，即著名的"八七"会议。会议总结了第一次国内革命战争失败的经验教训，彻底纠正了陈独秀右倾投降主义对中共中央的领导，确定了土地革命和武装反抗国民党的总方针，并把发动农民进行秋收起义作为当时党的主要任务。

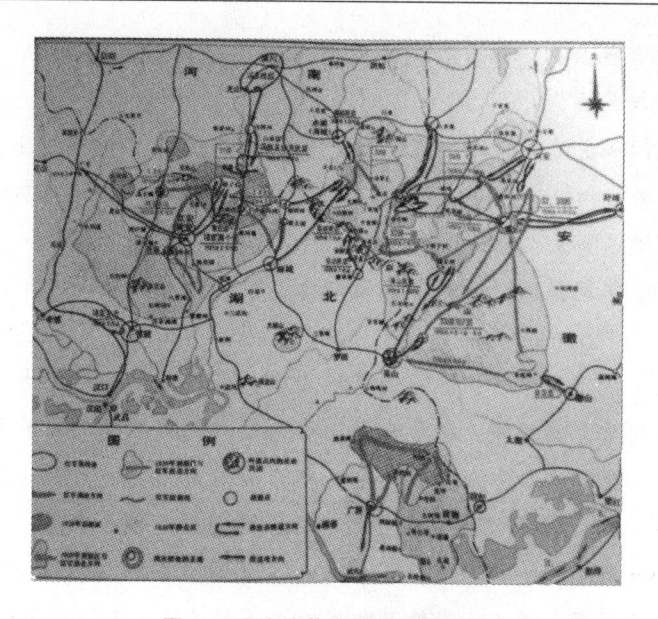

图二 鄂豫皖苏区创建初期形势

（图片来源：黄麻起义与鄂豫皖苏区纪念园）

二 鄂豫皖苏区统一的提出

（一）建立鄂豫皖苏区战略思想的提出

鄂豫皖苏区的统一并不是一帆风顺的，其中经历了许多曲折。1928 年曹壮父在巡视鄂东北苏区革命情况后，认为黄安的革命形势的发展，很大原因取决于黄安周围地区的配合和响应，这种配合能够给黄安的革命带来战略空间，形成革命发展的利好条件，于是曹壮父向中共中央提出建立鄂豫皖苏维埃，理由如下：

> 总括黄安的情形，敌人反动的程度已到了最高峰，群众革命的情绪也随敌人的反动程度成正比例。目前群众参加斗争的形式虽仅作掩护、报信、侦探等工作，但这是迫于白色淫威的"不敢"，因为我们无法救济这些群众受摧残后的生活。如果我们马上需要鼓动群众来直接参加斗争，群众一定马上可以起来。所以解决黄安问题的主要部分不在黄安本身，而在黄安周围。周围如果有了适当的配合，黄安的革命

力量便有胜利的保障了。因此我向中央有一个提议:"建立一个鄂豫皖的苏维埃局面"。

我的理由是:(1)湖北的黄安、麻城、罗田;河南的罗山、光山、商城;安徽的六安、英山、霍山这三省交界的地方为大别山山脉所绵亘,山势之险峻,不亚于湘鄂赣三省交界处,此就地理上有可能者一。(2)该区域内鄂省军阀虽因黄安暴动而引注意,但经营至今将及一年,而他们所谓"赤焰"大有燎原之势,致令他们束手;河南的东南数县,除李振亚的土匪军队不属于任何军阀的系统者以外,冯系军阀亦无力顾及,而且捐税的繁重,为豫南人民所痛恨,豫南民众之需要革命,异常迫切;安徽六安一带亦向为土匪盘踞之区,亦为皖省政治鞭长莫及。此就政治上有可能者二。(3)湖北以黄安为中心,河南以商城为中心(豫东南特委有代表来黄安,故知),黄安与商城的力量现在仅隔麻城县之黄土区,相距约五十里。六安一带情况尚不知。此就目前主观的力量有可能者三。中央如认为此种提议为可行,再商具体办法。①

中共中央恐建立鄂豫皖苏区打乱原有的组织安排,以召开三省联席会议解决三地的沟通为由,否决了曹壮夫的建议。

关于建立鄂豫皖苏维埃区域问题。壮父提议把湖北的黄安、麻城,河南的商城、光山,安徽的六安等县,联络起来,建立一个苏维埃区域。对于党的组织并没有说明,大概也是想效仿过去湘赣鄂边特委的例。如果是这样,中央是不同意的。因为三省党的组织是兄弟党的关系,不应当在其中另有特殊的组织去紊乱其系统,而且在政治上各省有各省的政治环境,虽然是边界的县分,其实各省的政府——主要的军阀并不会视为化外的。因此工作的布置指挥,还是应当由各省的省委去做才适宜。如果为工作方便起见,三省边界各县有互相联络之必要的时候,不妨开一开边界各县的联席会议,共同讨论及解决种种问题,但仍然要受各省

---

① 《曹壮父给中央的报告——黄安的形势,建立鄂豫皖苏维埃的理由》(1928年12月15日),中国工农红军第四方面军战史编辑委员会编:《中国工农红军第四方面军战史资料选编》(鄂豫皖时期·上),解放军出版社1993年版,第218—219页。

省委的指导，而且是临时性质，并不可以作经常的组织。至于苏维埃政权的建立，上面已经说过，还是要看群众工作和客观条件是否到了暴动的时候而决定。①

鄂东北特委并未因中共中央对建立鄂豫皖苏区的否决而放弃这种战略设想，1929年5月7日，鄂东北特委何玉琳在给中共中央的报告中更加详细地对黄麻革命发展情况进行分析，对于建立鄂豫皖苏区后的优势加以充分说明，试图说服中共中央支持建立鄂豫皖苏区，与此同时鄂东北特委仍然执行建立鄂豫皖苏区的行动。

黄麻所感受军事的压迫和政治压迫同样是自湖北自南而北来的。有时敌军虽汇合大部越界进剿，但我们还可向更北河南界内退避，所以河南军队如果南下严密邀击堵截，军事形势是很不利的。因此，红军军事计划是极力企图打通由麻城、商城、罗田以东，到皖省英鹤（霍）界之大山脉一带，准备在军事上没有其他出路时到此屯驻，也学江西井冈山的办法，军事割据东由皖英鹤（霍）界大山起一直到西武胜关鄂豫界山脉一条横线，现在西面自柴山堡起至孝感汪洋店，中间已经没有多大问题，军事可以往来横行自如，只有东面自麻城佛（福）田河以东最广大的反动枪会为梗，所以目前正在加紧该方面的枪会运动。过去同河南东南特委联席会，由鄂东特委提出讨论，决定请求中央划该两特委和皖北（原文如此，似为"皖西"）特委合组一个鄂豫皖边界特委，或介绍皖北（原文如此，似为"皖西"）特委组织联合办事处即是为此，后鄂东特委接到中央来信说三省政治情形不同，不能合组的理由，遂一并罢了，但是企图造成这条山脉的横线的军事割据，是还在继续努力的。②

---

① 《鄂东北特委何玉琳给中央的报告——黄麻地区政治、经济、军事状况，组织、宣传、工运、农运工作情况及今后意见》（1929年5月7日），中国工农红军第四方面军战史编辑委员会编：《中国工农红军第四方面军战史资料选编》（鄂豫皖时期·上），解放军出版社1993年版，第221页。

② 中国工农红军第四方面军战史编辑委员会编：《中国工农红军第四方面军战史资料选编》（鄂豫皖时期·上），解放军出版社1993年版，第239页。

中共中央并未对鄂东北特委何玉琳的报告做出答复，鄂东北特委所推行建立鄂豫皖苏区的战略行动受到了豫东南方面的抵制，在商南起义后不久就发生了"二徐事件"，给鄂豫皖苏区的发展带来了不利的影响，特别是直接影响了鄂东北和豫东南两块苏区的团结。

（二）"二徐事件"的发生和商南方面对于建立鄂豫皖苏区的抵制

由于三块根据地之间的联系较少，又被分隔于三地，并且地方党内存在着一定的地方主义思想，使得相互之间缺乏信任。商南起义之后，就迅速发生商城三十二师扣押"二徐"①，豫东南方面并未等中共中央的答复，就处死二人造成鄂东北方面与豫东南方面紧张的关系。然而"二徐事件"的发生，很大程度上是由于鄂东北特委执意建立鄂豫皖边界特委，遭到豫东南方面的抵制。这一点可以从商城临时县委关于处置鄂豫皖特区问题给中央的报告看出：

> 自中央对于河南组织路线变动以后，商城的工作完全交由豫南这中心县委负责指导，豫南这中心县委与鄂东北区特委联席会的决定，商南组织（和乐两区）完全交由商城县委负责（因过去商南军事工作由鄂东北派人来发动的，当时与商委关系不密切，暂为特区受鄂东北特委指挥，后来因交通隔绝，商南与鄂东北关系又不密切，但特区仍不受商委的指挥），豫南中心县委派人来召集代表会，正式接收商南工作，改组商城县委，谁知中心县委特派员与商委到商南特区时，却发生重大的变故，原来商南工作，因暂受鄂东北指挥，所以算为特区，而鄂东北来做工作的同志徐恩恕、徐其书（徐子清、徐其虚——笔者注）便自组"中国共产党鄂豫皖特区执行委员会"，实际只有商城南部两区，鄂皖均没有一点工作。商城全县分十区，以为这是超过县委以上的组织，不接受豫南鄂东北联席会的会议，不交组织给鄂（豫）南，对于豫南中心县委来接受商南工作的问题，徐其虚、徐子清以个人的决定，召集鄂豫皖特区紧急会议讨论交组织问题，并且紧急会议所召集的人（约二十人），一大部分都是不负责任的同志和非同志，他们说："我们是鄂豫皖特区区委，自然不受商城县委的指挥。"又说："鄂东北的组织十分健全，豫南的组

---

① "二徐"即由鄂东北特委派去帮助商南起义的徐其虚、徐子清二人。

织简直是反革命的大集团,如何能指挥我们,并且我们是鄂豫皖特区区委,自然不受商城县委的指挥我们,并且我们是鄂豫皖特委,可以改造商城县委,可以改造信阳县委,甚至可以改造中央。"又说:"陈某(商委书记)是土豪劣绅,是反革命派,何某(C. Y. 信阳县委巡视员)是侦探,陈某(中心县委特派员)从前虽然见过,但他不过理论上还可以知道一点,工作经验完全无有,而且未必是信阳派来的,一定是陈某(商委书记)去勾来的。"徐恩恕(徐子清——笔者注)(特区书记)、徐其书(徐其虚——笔者注)(特区委员)发表了许多反动言论,并且扣留团的信阳县委巡视员和商委书记,软禁中心县委特派员,结果他们主张保持鄂豫皖特区的组织,不交付商委,完全拒绝、不理中心县委派来的人,主张去拉一拉,看他是否服从,对商全县代表大会完全不出席,不与发生关系,并决定对代表会给以经济封锁(因会址是在特区内),对商委和特派员给以人的封锁(说是禁止一切负责的同志或其他的同志去与他们谈话),遇必要时以非常手段对待。①

(2)商委与中心县委特派员得到他们紧急会议的消息以后,完全莫名其妙,后来设法找到特区的同志(负责的和不负责的),经过详细的谈话以后,才完全暴露了二徐的阴谋。这些同志处在他们(二徐)淫威之下,都是敢怒而不敢言,有的私自叹气,有的愤气不干,有的痛哭流涕,以为在共产党也有这样黑暗的事,革命如何做法呢?县委特派员同时搜集了许多他们假党的名义,培植自己个人的势力,维持地位,以冀造成新式土匪的实事,于是决定以迅速非常的手段,号召下级同志参加改造党的工作,宣布依照联席会议,即时解散鄂豫皖特区,所有工作完全由商委负责。②

中央在回复信阳特委及商城县委的信中提到:

至于徐恩恕(徐子清,下同)、徐其书(徐其虚,下同)果如报告

---

① 中国工农红军第四方面军战史编辑委员会编:《中国工农红军第四方面军战史资料选编》(鄂豫皖时期·上),解放军出版社1993年版,第466—467页。
② 同上书,第467页。

中所说,凭借军事势力把持一切,不接受党的指导,以及个人不正当行动,党应当严厉来纠正停止其工作,以至加以党的纪律制裁,但是商城县委突然将恩恕(徐子清)枪毙,这种行动照党的组织和纪律上来说,未免过分,并且据报告所举的罪状,主要的是不接受鄂豫二特委的决定直辖于商城县委,另欲组织三省边界特委,直辖中央,至于个人行动还是其次的问题。……

并且与皖之六安霍山及鄂东北各县的红军建立密切关系,互相联络,才不致处孤立的地位。鄂豫皖边界特委组织在目前还不大需要,在工作上可互相发生关系或开联席会议解决有关系各种问题。①

鄂东北特委何玉琳给中央的报告中就"二徐事件"向中共中央报告,认为信阳和商城方面处置"二徐"理由有失妥当:

五月间信阳中心县委委员陈孤零前去巡视商城,和商城县委书记共同负责将徐子清枪决,将徐其虚监押,已由信阳中心县委批准此次处置。处置理由是:二徐都有反革命行动,不过徐子清较徐其虚情节更重,故先将其解决,对徐其虚则报告中央后解决。(1)二徐引用第三党嫌疑青红帮首领,且经当地党决定由(要)枪决他,二徐力保,其后竟为师部秘书,并介绍入党;(2)擅改商、罗、麻边界特委区为鄂豫皖边界特区的非法组织,阴谋扩张地盘,反抗豫南中心县委和商城县委的指示;(3)对信阳中心县委的特派员召集的县扩大会,鼓动同志不出席以捣乱组织;(4)徐子清强奸妇女,挑(排)挤师长周维炯。以上为其主要理由。鄂东北特委认为信阳中心县委此种处置,竟有大半错误:(1)徐子清、徐其虚对党的组织观念虽较薄弱,但经多次的困难斗争,其主观的革命情绪和客观的社会环境、经济地位都不许其反动,信阳中心县委所举他们反动的理由必不确实。(2)徐子清思想较不可靠,徐其虚则为鄂东北区许多同志所敢坚决担保不致反动,

---

① 《中央给信阳中心县委并转商城县委信》(1929年8月20日),中国工农红军第四方面军战史编辑委员会编:《中国工农红军第四方面军战史资料选编》(鄂豫皖时期·上),解放军出版社1993年版,第471页。

至于鄂豫皖边界特区的组织，是他不明新近组织路线，不能推论为阴谋扩展地盘的反动证据（但承认徐其虚的领袖思想是有的，从前他硬要红军第三十二师的名称，实际当时才从民团哗变五六十支枪出来）。（3）处置此事件时应征求鄂东北特委的意见，因二徐是鄂东北特委派去的人，当然更清楚其历史关系。直待两月之后，鄂东北特委从旁面闻得消息之后，写信去问，才给答复。处置后两月中，从未见来信（过去是常有信来的，自发生此事后，即绝不来信）。（4）鄂东北特委认为已经枪决的徐子清，待以后调查好后再讲，暂不管他。但被豫南监押着的徐其虚同志，如照豫南所举之罪状来请中央解决，中央无疑要枪决的，但鄂东北特委请求中央转豫南把徐其虚送鄂东北区处置。徐其虚颇有军事能力经验，将来考察其行动，如只有较小的错误，则给以相当纪律制裁，以后或许可支配他在红军中专做军事工作，就不送东北区、也不应当枪决。鄂东北特委相信他绝不至（致——笔者注）犯有死的纪律制裁的。（5）鄂东北特委估量信阳中心县委此种错误处置的来源，完全是由于二徐渺（藐——笔者注）视豫南负责同志是无经验能力、怕死、不动、小资产阶级气息、书生样子等，言语态度之间与豫南负责人如陈孤零以难堪。同时二徐本身亦有其他浪漫错误的行动（但不是反动），如此事件发生的基本原因，鄂东北特委请中央对此问题给正当解决。①

鄂东北和豫东南就"二徐事件"均向中共中央说明事情缘由，并且双方各执一词，争执不下。中共中央派郭述申等人赴商城调查"二徐事件"并解决鄂东北与豫东南二者之间的问题，却突发商南方面预备扣留中共代表郭述申等人，中央派往商城工作人员集体离商的恶性事件。综合对目前可见档案材料的分析，"二徐事件"的发生究其根本原因在于豫东南方面对于建立"鄂豫皖"的抵制和反抗，而非豫东南方面所提"二徐"所犯的其他错误，然豫东南方面对"二徐"的处置是草率和失当的，激起鄂东北方面的不满，

---

① 《何玉琳给中央的报告——鄂东北特区最近以来工作概况》（1929 年 9 月 8 日），中国工农红军第四方面军战史编辑委员会编：《中国工农红军第四方面军战史资料选编》（鄂豫皖时期·上），解放军出版社 1993 年版，第 368—369 页。

加深了两方的隔阂和猜忌。

三 鄂豫皖苏区的最终统一

中共中央经过慎重考虑各方的申诉，决定组成鄂豫边特委，并致信鄂东北、豫东南、商城县委：

> 中央决定将鄂东北特委改组为鄂豫边特委，管辖黄安、麻城、罗田、商城、光山、罗山、黄陂、黄冈八县。特派湖北省委委员曾道润（应为陈学润）巡视鄂豫边工作，并派万秉章（即王平章）参加鄂豫边特委，即由曾、万二同志会同鄂东北特委筹备召集八县代表大会，组织成立鄂豫边特委。
>
> 鄂豫边特委与豫南党部保持亲密的关系，并帮助发展党的工作。兹介绍曾、万二同志于过信阳时与你们切实解决相互关系问题，须力改以前各种不良的关系。
>
> 关于你们的关系当另函指示，惟对于党内赤色恐怖手段，动辄以枪毙刑讯惩办同志的办法务须立即改正。同志纵有观念错误、行动错误，党只应当从教育观点上执行党的纪律，须使受惩罚者能接受，改其观念、行动，至少须使一般党员能切实了解此惩办意义。决不可象（像——笔者注）司法官警察一样，只要惩办了便作为了事，（自然背叛党，为敌人破坏党的组织在外。）你们以前对鄂东北派来军事人员加以枪毙，此项办法殊为不妥。现在尚有徐其虚同志仍受你们拘押，徐的经过及应如何处置，须请你们与曾、万二同志妥为解决，并且务须在党的正确观点上从速解决至要。①

郑位三也提到："鄂豫皖三省是二九年合一的，二八年中央派曹壮夫到我们那里去巡视工作。那时候我们只有几十条枪。在莫斯科召开的'六大'的文件是他带去的。他巡视之后，回到中央建议要统一领导。那时中央在上

---

① 《中央关于鄂东北特委改组为鄂豫边特委致豫南特委的信》（1929年9月24日），中国工农红军第四方面军战史编辑委员会编：《中国工农红军第四方面军战史资料选编》（鄂豫皖时期·上），解放军出版社1993年版，第482页。

海。中央不同意,中央回一封信说:'三省的政治情况不同,湖北有大革命的影响,河南是冯玉祥搞的时间长一些,三个省的政治情况不同,不宜合一。'当时我们愿意合,但是中央不同意。以后立三路线下来,马上要搞一省数省胜利,这样才合一。"①

经王平章等人的谨慎处理,商城方面开始主动承认错误,对于这一点郑位三的回忆中提到:"后来王平章(湖北人)同志去了。王平章同志的作风好,在那里住了二十多天,开了几个会,周维炯等人开始就承认错误,要求处分。以后组织上根据情况分别给了一些处分,没有开除党籍,但是有留党察看的。王平章来了之后,把情况报告给中央,中央写信批判了这种错误,并指出改正是好的,以后就合并了。"②

虽然鄂东北和豫东南两个根据地最终合并了,但是"二徐事件"的发生和中共中央处理的失当给两个根据地带来负面影响。王树声回忆道:"一九二九年五月,豫南党组织领导了商南起义,成立红三十二师。由于商城县委某些领导同志的宗派主义和地方主义,将鄂东北派去的徐子清同志杀害,将徐其虚同志关押(后亦杀害)。为解决这一问题,吴光浩同志化装带少数人枪前去商城。行经罗田滕家堡,被反动民团包围,壮烈牺牲。吴光浩同志牺牲后,特委向中央要军事领导干部,这时徐向前同志适由海陆丰到上海,中央就派徐向前同志前来接任吴光浩同志的职务。"③

徐向前在《徐向前同志谈话记录——鄂豫皖三省党史调查情况》中谈道:"在1929年中央决定我们这里三十二师和三十一师会合。他们在山里活动范围小一些,弹药缺乏。我们给他们一些枪、子弹。在打仗的时候,他们打一面,我们打一面。我们对其也是不大放心,一方面要配合,按照党的原则谈问题,一方面我们思想上也有准备,晚上睡觉的时候,把子弹上好,带着枪,怕这些人乱搞。如果他们乱搞,我们就不客气。"④

徐立清同样在回忆中提到:"到了6月间,夏斗寅部从麻城经过。三十二

---

① 《郑位三同志谈话记录》(第2次),湖北省档案馆,SZA-2994,1958年12月15日。
② 同上。
③ 中国工农红军第四方面军战史编辑委员会编:《中国工农红军第四方面军战史资料选编》(鄂豫皖时期·上),解放军出版社1993年版,第415页。
④ 《徐向前同志谈话记录——鄂豫皖三省党史调查情况》(1958年11月),内部资料,麻城党史办。

师就到了光山和三十一师会合了。三十一师和三十二师是两个地方的,互相不大了解,不太团结。不团结的主要原因是三十二师引起来的。开始暴动时,派徐其虚领导参加暴动,暴动之后成立了三十二师,由徐其虚做党代表,但是一个多月之后就把他杀了。为什么杀,就不清楚了。杀了之后,三十一师和三十二师会合时,就问徐其虚为什么被杀了,三十二师说他是反动派。结果三十一师不满意,这样搞的就不团结。"① 由此可见,虽然同属中共方面的根据地,两块根据地相互之间是极度缺乏信任感的,很大原因就是因"二徐"的被杀引起的,之后又发生三十二师处死皖西北方面派过去的师代表戴亢君。②

两块苏区终于在1930年初合并成立鄂豫边特委。1930年2月25日,中共中央决定组织鄂豫皖边特委,并在1930年3月17日关于鄂豫皖边特委名单做出了决定。③ 随后,在给鄂东北红三十一师、豫东南三十二师、皖西北三十三师师委的信中提出"边特境内原有三十一、三十二、三十三师的红军,三十一、三十二两师且有长期的斗争历史。可是过去三师红军是各自为战的,是不相联系的,是束缚在地方观念、保守观念的深渊的……三师红军虽然经过了多少的英勇苦斗,然而对于全国革命的推动与给予反动统治的打击仍(是——笔者注)然极其微弱的,同时,自身的发展速度,更来得非常迟慢。中央认为,在目前要配合湘、鄂、赣等省(首)先胜利的工作准备,无疑的要把三十一、三十二、三十三三师红军在集中组织统一指挥原则之下联系起来,将这三师编成第一军,并且加紧执行扩大第一军的策略"④。1930年6月,鄂豫皖边区第一次工农兵代表大会在光山县王家湾召开,成立鄂豫皖边区苏维埃政府,从此鄂豫皖革命根据地成立。1930年10月,中国工农红军第十五军在黄梅县考田镇成立,旋即转战皖西、鄂东北与红一军合编为

---

① 《访问徐部长谈话记录——谈豫南革命武装斗争的发展》(1958年),内部资料,麻城党史办。

② 鄂豫皖苏区统一的进程中,在商南发生的数次处死党代表的恶性事件,造成鄂东北、皖西北和豫东南之间的紧张关系,是否成为日后肃反扩大化的内在原因之一,是值得深究的问题。

③ 《中央关于组织鄂豫皖边特委的决定》(1930年2月25日)、《中共中央关于鄂豫皖边特委名单的新决定给湖北省委信》(1930年3月17日),《鄂豫皖革命根据地》编委会编:《鄂豫皖革命根据地》(第1册),河南人民出版社1989年版,第75—76页。

④ 《中共中央关于鄂豫皖边特委并转红军三十一、三十二、三十三师委及全体同志——关于目前边特军事工作与策略路线问题》(1930年3月18日),《鄂豫皖革命根据地》编委会编:《鄂豫皖革命根据地》(第1册),河南人民出版社1989年版,第78页。

红四军。1931年1月，根据中央指示，红一军和红十五军在商城县长竹园会合，于麻城县福田河改编为中国工农红军第四军。1931年5月12日，在光山县新集成立了中共鄂豫皖中央分局和鄂豫皖革命军事委员会。不久，中共鄂豫皖省委、鄂豫皖省苏维埃政府相继成立。

第三节　小结

中共创建的苏区大多地处数省交界，远离中共中央所处的上海，逐步开始有独立的财政收入和革命战略，随着各个苏区不断扩大，并对国民党形成严重的威胁，同时也使中共中央感觉到鞭长莫及，更不用说远在莫斯科的共产国际。由于中共中央与各个苏区之间的联系在国民党的封锁之下，信息沟通时常出现滞后，以致中共中央对各个苏区的控制力下降，各个苏区的发展出现一些独立性和区域特色。鄂豫皖苏区的发展情况亦是如此，苏区领导人在反"围剿"和苏区建设的过程中有着自己的看法，并不一定符合中共中央的期望。在中共中央逐渐意识到各个苏区有尾大不掉之势，甚至出现了本地干部与外来干部的对立，使得出现了类似"二徐事件"，并不能及时处理，使得事态激化，造成极为不利的影响。① 为了应对这种情况，中共中央主要采取了不断派干部进入苏区进行担负领导职位的办法，协助中共中央对各个苏区进行控制，在控制的过程中出现很多问题如本地干部与外地干部之间的矛盾，再如因各种矛盾汇集发生肃反扩大化等。鄂豫皖苏区同样不能置身事外，从建立鄂豫皖苏区战略的提出，到中共中央最终同意设立鄂豫皖苏区和鄂豫皖中央分局的成立，其中发生的各种事件不仅给整个苏区的发展带来了巨大影响，同样亦给中共的文化动员和意识形态建构带来了多方面的影响，甚至有一定的负面影响。因鄂豫皖苏区早期的领导人多出身于知识分子，其阶级背景有一些来自于地主和富农家庭，在苏区中后期的肃反中，知识分子群体受到了很大的冲击，使得整个领导队伍的文化水平急剧降低，文化动员和意识形态的建构受到的影响在所难免。

---

① 豫东南方面在处理"二徐事件"的过程中，先有未经请示中共中央即处死徐子清，后接中共中央指示信后，仍以其他原因处死徐其虚，引发了鄂东南方面的强烈不满。

第二章 鄂豫皖苏区的文化动员

鄂豫皖苏区内的革命力量之所以能在主力红军撤离后，一直坚持艰苦卓绝的游击斗争直至抗日战争爆发，很大原因是中共通过文化动员唤起苏区民众的斗志，并将政党的宗旨与民众的利益有效地联系起来，在一定时间内二者成为利益共同体，代表中共意识形态的核心价值观得到了有效的传播和灌输，并被一部分民众认同和接受。在中共文化动员的语境和话语体系中，中共被塑造成广大贫困民众的代言人，并与贫困民众特别是工农阶层形成革命的联盟，而国民党、封建势力和帝国主义则被认为是这个联盟的天然敌人。在革命的年代，敌对的双方皆有非理性的举动和政策，这一点在双方文化动员的实践与表达中亦有体现。

第一节 鄂豫皖苏区文化动员的谋划

鄂豫皖苏区时期，因各种因素的制约使得革命初期中共的文化动员在苏区并未得到应有的重视，但是经过革命形势的不断变化和苏区的发展及巩固，在中后期得到一定的认可。

一 文化动员的目的

中共明确地提出中共的文化动员是为工农文化服务，并且强调国民党、封建阶级和资产阶级的压迫和剥削是工农群众文化低下的原因，同时亦反对帝国主义的文化侵略，中共的文化动员是为革命斗争服务的动员式教育，并在不断的革命斗争中成长壮大。

在封建地主压迫之下的中国劳苦群众，一向沉沦文化低落的黑暗地狱中间。国民党的地主、资产阶级依然压制工农群众文化的发展。所办的学校高收学费，专门教育地主、资产阶级的子弟，养成地主、资产阶级服务，压迫革命运动的人才。帝国主义者的教会在中国所办的教育，养成替帝国主义侵略中国、反对革命的干部。只有工农自己的苏维埃能够发展真正广大的文化教育工作，去为广大工农群众谋利益。依靠革命的伟大创造力，我们要在革命战（争）的创造中，去创造鄂豫皖苏区的文化教育工作。[1]

我们要明白苏维埃文化教育事业必须对苏维埃政权有一个正确的了解，他是代表工农群众谋利益的政权，所以他的一切事业都是以无产阶级的观点出发，因此苏维埃的文化教育必须是建筑在广大工农群众身上，为培养革命的工人干部，尽量提高他们的文化知识，使他们的伟大的创造力和新的思想尽量发展，以完成整个革命任务。[2]

与此同时，强调"在资产阶级统治下的群众是丝毫不能有受教育的权利。因为他们（资产阶级）所办的学校高收学费，一般工农劳苦群众（哪）里有钱来住学校？所以我们说在资产阶级统治之下，只有极少数资产阶级能有受教育的权利。广大的工农群众只有在他们的高压之下过着黑暗的牛马生活，他们伟大的创造力和活泼的新的思想就不能很快地发展起来"[3]。

二 文化动员工作的安排

对苏区的文化动员工作作出明确安排，对于工农分子实行免费教育，如"苏维埃政府在共产党领导之下，发展苏区的无产阶级文化教育，对于工农分子实行免费的教育；对于地主、商人及一切依靠剥削别人的份（分——笔

---

[1] 《鄂豫皖区第二次苏维埃代表大会关于文化教育政策（鄂豫皖区第二次苏维埃代表大会文件之六）》（1931年7月），中国工农红军第四方面军战史编辑委员会编：《中国工农红军第四方面军战史资料选编》（鄂豫皖时期·下），解放军出版社1993年版，第293—294页。

[2] 《鄂豫皖区赤色教师学生代表大会决议案——发展苏维埃教育文化事业的任务与政策》（1931年8月），《鄂豫皖革命根据地》编委会编：《鄂豫皖革命根据地》（第二册），河南人民出版社1989年版，第484页。

[3] 同上书，第487页。

者注）子，征收特定额的学费"①。极力推行含反对被革命对象内容的宣传，同时强调实用性的重要，如"设立各级普通学校（苏维埃工作干部学校、工艺美术、农业学校等），造成反对三民主义的、孔孟之道的、耶苏（稣——笔者注）教会的以及一切地主、资产阶级思想的材料。统一教材的内容，严格以马克思、列宁主义为根据，同时编定各种模范课本，供给学校使用。实行生产训练，每个学生都要参加生产，实行生产化的教育"②。

三 文化动员的布局

鄂豫皖苏区文化动员不仅全力发展普通教育，还充分发展社会教育，如"广大发展和建立俱乐部、游艺会、美术、戏剧、化装、讲演等工作。在红军、苏维埃机关、工会等一切组织中去发展这些组织。七、苏维埃政府定下计划，建立公共图书馆、博物馆、革命博物馆、公共阅报所、通信讲演场等群众教育组织。"通过开展各种活动和建立各种组织，努力提高民众的知识，如"苏维埃政府须努力消灭文盲运动，除广大发展学校教育文化外，广泛组织识字班、读报班、读书班等组织"、"苏维埃政府的宣传工作，如建立印刷机关，印标语、宣言与报等到处张贴，虽是山冲小道，也贴得花花绿绿，并且经常地召集群众大会，并作过反改运动周、反帝运动周、讲演会、新剧团等"③。建立专门机构来推进文化教育，"利用文化教育机关，广大群众各种及（反）迷信的宣传教育工作。提唱（倡）卫生运动"。通过"奖励书籍著作。非苏维埃公民有价值的著作，苏维埃文化教育机关审查许可发行者，苏维埃予以独立发行出版的便利，其（条）例另定之。不经过政府机关批准，私人不得出版作为刊物"④ 等手段来鼓励文化创作。

---

① 《鄂豫皖区第二次苏维埃代表大会关于文化教育政策（鄂豫皖区第二次苏维埃代表大会文件之六）》（1931年7月），中国工农红军第四方面军战史编辑委员会编：《中国工农红军第四方面军战史资料选编》（鄂豫皖时期·下），解放军出版社1993年版，第293—294页。

② 同上。

③ 《舒传贤关于六安中心县委工作情况给中央的报告》（1930年12月10日），中国工农红军第四方面军战史编辑委员会编：《中国工农红军第四方面军战史资料选编》（鄂豫皖时期·上），解放军出版社1993年版，第849页。

④ 《鄂豫皖区第二次苏维埃代表大会关于文化教育政策（鄂豫皖区第二次苏维埃代表大会文件之六）》（1931年7月），中国工农红军第四方面军战史编辑委员会编：《中国工农红军第四方面军战史资料选编》（鄂豫皖时期·下），解放军出版社1993年版，第293—294页。

第二节 鄂豫皖苏区文化动员的实践与表达

在鄂豫皖苏区,中共实现文化动员的途径是相当丰富的,本书特选定几种具有代表性的例子进行分析。

一 革命歌曲

文化动员实践活动中革命歌曲的影响最大,主要是因为苏区的文化教育对象,绝大部分是农民,当时农民的文化水平是相当低下的,革命歌曲通俗易懂,且容易掌握深受广大民众喜爱。这一点,在中共的政治报告中有所体现:

> 从经验中歌谣的宣传效力最大,因为各种文字宣传识字者最少,意义又深,又少味,农民最喜欢唱歌。现在赤色区域所有农民都尽唱革命歌,妇女、小孩没有一个不记得一两首来唱。所编的歌甚多,大都是有(由——笔者注)农民自己或区委、支部等下级同志编成,他们来得很自然,或者中间意义词句稍有错误,经上级同志修改过,但是上级同志(尤其宣传负责同志)没有编出来一个。歌中最著名的收效最大普遍传布在黄安、麻城、光山、黄陂的是《十二月穷人歌》、《枪会革命歌》、《兵变歌》,随时随地都听见这革命的歌声,甚至白色区域里的妇女、小孩也自然无顾忌的(地——笔者注)歌(唱)出来。①

有些歌谣不仅在苏区时期流传甚广,至今仍为人们所熟知,如《黄安谣》"小小黄安,人人好汉。铜锣一响,四十八万。男将打仗,女将送饭"②。

---

① 《何玉琳给中央的报告——鄂东北特区最近以来工作概况》(1929年9月8日),中国工农红军第四方面军战史编辑委员会编:《中国工农红军第四方面军战史资料选编》(鄂豫皖时期·上),解放军出版社1993年版,第360—361页。

② 红安县革命史编写领导小组办公室编:《红安革命歌谣选》,武汉大学出版社1986年版,第1页。

在苏区，流传着各种各样通俗易懂的宣传革命的民歌。它用农民群众能够理解的浅近评语言，控诉旧社会的各种苦难，例如诉说妇女的苦难，号召妇女起来革命的《妇女革命歌》，如："提起妇女真可怜。一处（一出——笔者注）娘胎人作贱。三四岁就把脚缠，若是姊妹身德（生得——笔者注）多。控死小命见阎罗。枉费的来把胎脱。身（生——笔者注）男育女都是人。怎么男重女看轻。这件事太不平等。……"① 这类控诉社会黑暗不平、鼓励暴动的红色歌谣在鄂豫皖苏区可谓俯拾皆是。这样通俗易懂的民歌形式也能很好地得到普及，能很快地深入人心。1927年11月13日爆发的黄麻起义，两万多起义工农军在七里坪高唱《暴动歌》，声势浩大，震撼人心："反动统治，我们要推翻！土豪劣绅，我们要杀完！工农们，齐暴动，实现共产，同把身翻。"② 在鄂豫皖苏区，影响较大且至今仍然广为传唱的红色歌谣《庆祝苏维埃》："八月桂花遍地开，鲜红旗帜竖起来；张灯又结彩，光华灿烂闪出新世界。亲爱的工友们！亲爱的农友们！唱一曲国际歌庆祝苏维埃。"③ 苏区民众在中共的领导和发动之下，掀起了一次次的"扩红支前"运动，涌现了许多父送子、妻送郎、兄弟相争当红军的动人场面。如《送郎投红军》："早起开柴门，红日往上升。今天送郎当红军，小妹喜在心。……婚姻有几春，你我爱情深。虽然我是女子辈，主义看得清。作战上前线，特别要勇敢，向着敌人瞄准打，切莫心胆寒。统治要推翻，工农掌政权。革命成功再回转，夫妻再团圆。"④ 还有直接表现红军纪律严明的，如《红军纪律歌》："红军纪律最严明，一切行动听命令；没收要归公，买卖要公平；说话要和气，开口莫骂人；借物要归还，损坏要赔偿；上门板，捆铺草，房子扫

---

① 歌曲内容来自于黄麻起义和鄂豫皖苏区纪念园照片。
② 红安县革命史编写领导小组办公室编：《红安革命歌谣选》，武汉大学出版社1986年版，第39页。
③ 曾任鄂豫皖省委宣传部长兼鄂豫皖特区文化委员成仿吾1982年4月视察红安时讲，这首歌的歌词是七里坪附近的一位小学教员创作的，开始在檀树岗一带传唱，后流传全县，以后又流传整个鄂豫皖苏区。在流传中，有的地方把这首歌叫作《八月桂花遍地开》。这首歌热情地宣传了夺取政权、保卫政权、建设好政权的重要性，歌词通俗易懂，所配曲谱有浓郁的民歌风味，群众颇为爱唱。时过五十余年，至今仍在全县传唱。红安县革命史编写领导小组办公室编：《红安革命歌谣选》，武汉大学出版社1986年版，第44页。
④ 红安县革命史编写领导小组办公室编：《红安革命歌谣选》，武汉大学出版社1986年版，第219页。

干净。"① 对于红军的重大胜利，亦创作歌曲来进行宣传，如《红四方面军南下胜利歌》中写道："我们工农红（呀）红四方军，革命胜利快（呀）快得很，打下黄安县城，活捉了师长赵（呀）赵冠英。"②

二 革命标语

革命标语之所以能够广泛影响民众，是因为标语涂写之后能够存在较长时间。如图三所示，图中字迹历经数十年，至今依然清晰如故。

图三 革命标语

（图片来源：黄麻起义与鄂豫皖苏区纪念园）

革命标语内容大多通俗易懂，并且与时事密切相关，极具针对性——根据不同的受众来制定内容。如在农村提出"暴动杀尽土豪劣绅"，"暴动没收一切田产"，"暴动抗租抗税抗粮抗捐"，"暴动实行一切乡村政权归农民协会"，"暴动推翻武汉政府"，"暴动拥护叶挺、贺龙独立"，"农民革命万岁"等③和在赤色区域者为"实行乡村戒严；国民革命军是清乡团的后台老板；保护自耕农和富农利益，保护中小商人利益；没收豪绅地主土地归农民；建立苏维埃政府；杀尽一切反动派，杀尽豪绅地主"等。在白色区域者"实行五抗政策——抗

---

① 战斗在各个革命根据地的红军，早期都制定有各自的纪律。这首歌反映了八项注意事项。它与今天的《三大纪律八项注意》颇为接近。红安县革命史编写领导小组办公室编：《红安革命歌谣选》，武汉大学出版社1986年版，第55页。
② 歌曲内容来自于黄麻起义和鄂豫皖苏区纪念园照片。
③ 《湖北省委关于湖北农民暴动经过之报告（摘录）》（1927年10月），中国工农红军第四方面军战史编辑委员会编：《中国工农红军第四方面军战史资料选编》（鄂豫皖时期·上），解放军出版社1993年版，第117—118页。

租、抗税、抗课、抗粮、抗富人债;杀尽豪绅地主;反对使工人失业、农民破产的军阀战争;共产党是穷人的救星;打到欺骗穷人、帮助富人的国民党"①等。加之宣传人员的宣讲解释,使土地革命的意识,深入群众脑中。而在城市则"反对压迫中小商人的豪绅地主;中小商人不是资本家;中小商人的痛苦只有在共产党领导之下团结起来革命才能得到解放;反对国民党的苛捐杂税到底;杀死虐待店员、学徒的店东老师等。其他黄陂、孝感大略相同,兵士宣传详后"②。在反动军队附近,则提出"枪决辱打、辱骂克扣军饷的长官,哗变到红军里来;欢迎被压迫的劳苦兵士弟兄们哗变到红军来;工农兵都是一家人;穷苦的兵士弟兄们不要开枪打穷人吧;分配兵士土地和工作;发路费给愿意回乡的哗变兵士;建立工农兵代表会议"等。③

三 文艺演出和新剧团

文艺演出,除在演讲后进行外,重大节日、群众集会以及平常均有安排。演出的节目多为群众喜闻乐见的民族舞蹈等。有时还有和红军举行文艺联欢。新剧团,在鄂豫皖革命根据地组建得比较普遍,各县乃至有些区都成立了新剧团。各剧团演出的剧种多为话剧,也有采茶戏、花鼓戏、黄梅戏和汉戏等。剧情多取材对旧社会的揭露、红军战争和根据地人民生活等。广济县新剧团演出的戏剧有《地主收租》《反动派晏乐》《共产党进城》等。六安县新剧团演出的戏剧有《混战》《独山暴动》《夺取政权》《新生活》等。各剧团演出效果很好,很受群众欢迎,如六安县剧团演出话剧《仇恨》,演到地主周扒皮逼得农民程田珍全家妻离子散时,台下一片哭泣声和愤怒声。广济县剧团首次演出话剧《解郎辉殉难》时,全场观众都为烈士陷入民团包围而英勇不屈、慷慨就义的英雄事迹所感动,许多观众流下了眼泪。④

---

① 《何玉琳给中央的报告——鄂东北特区最近以来工作概况》(1929年9月8日),中国工农红军第四方面军战史编辑委员会编:《中国工农红军第四方面军战史资料选编》(鄂豫皖时期·上),解放军出版社1993年版,第360页。
② 同上。
③ 同上。
④ 谭克绳、欧阳植梁主编:《鄂豫皖革命根据地斗争史简编》,解放军出版社1987年版,第348页。

四 报刊

报刊的创办与发行，是鄂豫皖苏区文化动员的重要手段之一。早在1929年3月12日的《鄂东特委给中央的报告——关于政治、组织、宣传及工作布置对中央的请求》中提到"黄安县委编辑出版刊物《群众》，已出三期，每版六百册。用民众化的方式编辑，农民颇欢迎，效力很大"①。中共在不断总结经验中，提出"1. 篇幅要短。2. 文字要浅而通俗。3. 内容要实际事实，忌空泛论文。4. 材料的收集，应用通讯员办法——红军中、农委会中、党部中间通讯员，经常供给材料。5. 散布到各地，尤其斗争未发动区域"②。随着苏区斗争条件的逐步改善，出现了各种报刊。如表二所示：

表二　　　　　　　　　苏区创建的各种报刊

刊名	主办单位	创刊时间
《英特尔那雄纳尔》	中共鄂东特委	1929年春
《我们的路线》	中共鄂豫皖边特委	1930年
《工农兵》（后更名为《苏维埃》）	中共鄂豫皖边特委	1931年初
《党内生活》	中共鄂豫皖边特委	1931年2月
《苏维埃三日刊》	鄂豫皖区苏维埃政府	1931年5月
《列宁三日刊》	中共鄂豫皖中央分局	1931年夏
《火花》半月刊	中共皖西北特委	
《红旗》双月刊	中皖西北特委	
《赤色儿童》	中共鄂豫皖中央分局	
《赤色先锋》	皖西北共青团	1931年7月
《群众》半月刊	中共黄安县委	1928年7月（1930年秋更名为《火线》，不久又更名为《战斗》不定期刊
《战斗》	中共麻城县委	

---

①《鄂东特委给中央的报告——关于政治、组织、宣传及工作布置对中央的请求》（1929年3月20日），中国工农红军第四方面军战史编辑委员会编：《中国工农红军第四方面军战史资料选编》（鄂豫皖时期·上），解放军出版社1993年版，第228页。

②《鄂东北各县第二次联席会训练与宣传决议案》（1929年6月9日），中国工农红军第四方面军战史编辑委员会编：《中国工农红军第四方面军战史资料选编》（鄂豫皖时期·上），解放军出版社1993年版，第301—302页。

续表

刊名	主办单位	创刊时间
《火线》	中共孝感县委	
《咆哮》旬刊	中共商城县委	1931 年
《红日》画报	中共商城县委	1931 年
《捷报》	鄂豫皖根据地各县苏维埃政府	
《红军周刊》	中共红四军党务委员会	
《红军战士》	鄂豫皖革命军事委员会政治部	1931 年
《红军党的生活》	红四军政治部	1931 年
《红军生活》	红四军政治部	1931 年
《消息汇报》	鄂豫皖革命军事委员会	1931 年

这些报刊大多登载的是中国共产党和苏维埃政府的工作决议、通令、政治消息、国内外大事、战况等。由于苏区纸张困难，并且印刷设备缺乏，各种报刊多为油印且张数极为有限。另外更重要的原因是苏区民众普遍识字水平低下，报刊的影响范围有限。

五 学校与培训班

鄂豫皖苏区学校与培训班形式主要包括红军学校[①]、干部培训学校、社会教育学校[②]、普通学校。鄂豫皖苏区学校与培训班发端于红军随军学校，而在根据地教育结构中，干部培训学校摆在首位，社会教育重于普通教育。

一是苏区干部教育包括党政干部教育系统和群众团体干部教育系统。各系统根据不同的培养目标和任务，办有不同层次的学校和训练班。苏区干部教育的形式是多种多样的，大致可以分为两种形式，即干部学校和各类训练班。不过一般来说，苏区的干部教育最初是从训练开始，但总的来看，这两种教育形式，往往是同步进行的。干部学校教育的学习期限从两个星期到一年不等。学习内容是根据形势和任务而定，主要是进行政治思

[①] 红军教育包括红军的干部教育和士兵教育。红军干部教育的最初形式大多是随军性质的训练班或教导队，到建立比较巩固的根据地之后，才创建比较正规的军事学校。

[②] 苏区的社会教育是工农的业余教育，其对象是成年的不脱离生产、不脱离战斗岗位的工农广大群众。

想教育、军事知识教育及文化知识学习。尤其注重学习、讨论党的方针政策，研究苏区革命斗争的实际问题，从思想、理论、政治和文化等方面提高干部素质。

例如鄂豫皖苏区规模最大的干部学校——新集列宁高级学校，它成立于苏区极盛时期，从学校设备、师资力量、教学内容和教育质量诸多方面都反映了苏区干部教育的发展水平。列宁高级学校是土地革命战争时期鄂豫皖苏区培养革命干部的最高学府，在新集办校的半年多时间内为道、县、区苏维埃政府和红军培养教育出了300多名领导骨干。人们根据它的培养目标又称这所学校为"鄂豫皖苏区工农干部学校"。

二是普通教育。普通教育包括师范班和各类小学。

1930年左右，由郑位三同志领导，在新集中共中央分局有师范班。该乡无专门教师担任课程，而是请首长代课，如政治常识，就经常请师政治委员张琴秋（女）同志来讲，校内工作由程（成）仿吾同志负责。学习课程有：国语、算术、地理、政治常识（专门教授革命道理、国内外形势）、历史等。此校教课非常重视同现实斗争的联系，如讲历史课就不是按历代皇帝纪元来讲，而是着重的（地——笔者注）讲黄巾、李自成、张献忠的起义，以及鸦片战争、太平天国、洪秀全的起义。具有高小文化水平、阶级成分好、历史清白的青年，有各级党政保送入学，六个月为一学期。[①]

鄂豫皖苏区的小学通常被称为列宁小学，包括列宁初级小学、列宁高级小学、列宁模范小学等。以列宁小学为例，如表三所示小学教育的普及达到一定的水准。

表三　　　　　　鄂豫皖苏区部分县列宁学校统计　　　　（单位：所、人）[②]

地区	学校总数	学生总数	列宁模范学校	列宁高级小学	列宁模范小学	列宁初级小学
红安	670	28260	2	8	110	550
大悟	369	12850	1	6	60	300
英山	609	18710	1	8	40	460

---

① 红安县革命史编辑委员会编：《红安县革命史汇编》（草稿）（中册），湖北省档案馆，GMC-62，第101页。

② 霍文达、王如、刘卫东等：《鄂豫皖苏区教育史》，河南大学出版社1988年版，第143页。

续表

地区	学校总数	学生总数	列宁模范学校	列宁高级小学	列宁模范小学	列宁初级小学
麻城	549	23590	1	90	81	450
孝感	186	8150	1	5	30	150
新县	315	13580	1	14	51	225
商城	703	19070	2	14	60	625
六安	282	12470	1	4	52	225
霍山	667	24920	1	6	112	550
霍邱	75	3320	1	2	12	60
总计	4425	164920	12	157	608	3595

列宁初级小学是苏区中最普通的一种小学。鄂豫皖苏区规定：年满6—12岁的工农子弟必须入学，教育学校规模因村庄大小不等，学生少则二三十人，多则六七十人。根据鄂豫皖苏区的规定，列宁高级小学每区设立一所，至少每县设一所。高级小学的学生来源于红军、赤卫队、革命烈士、工人、雇农、贫农的子女等，他们年龄在16—26岁之间。学校为学生提供免费入学，在校住宿，它担负着为红军和党政团及群众组织培养输送干部的任务。在列宁初小和一般高中，都设有模范小学。这些学校的教学质量、师资条件和教学设备等都好于一般小学。它们是作为一区或一县的样板学校而设立的。列宁小学教育的具体任务是提高苏区少年儿童的文化知识和政治认识，"使他们的伟大创造能力和新的思想尽量发展，以完成整个革命任务"。根据这个教育目的和任务，规定了列宁小学的教育原则，即学校教育必须按照政治化、军事化和生产化的原则进行教育。另外列宁小学的学制为5年，初小3年，高小2年。具体课程和课外活动安排如表四所示。

表四　　　　　　列宁小学课程和课外活动安排[①]

初等列宁小学		高等列宁小学	
课程	周时数	课程	周时数
国语	6	国语	6
算术	5	算术	4

---

① 霍文达、王如、刘卫东等：《鄂豫皖苏区教育史》，河南大学出版社1988年版，第142页。

续表

	初等列宁小学		高等列宁小学
课程	周时数	课程	周时数
音乐	3	政治常识	4
图画	2	社会常识	3
体操	2	自然常识	3
社会活动	6	唱歌	2
劳作	6	军事	2
		社会活动	5
		劳作	5
总计	30	总计	34

对于教师和学生的资格问题，《鄂豫皖苏区文化教育委员会巡视纲要》做了详细的规定："无反动嫌疑及富农思想者；无封建思想及宗教迷信者；无恶劣嗜好者；有劳动能力者；有阶级觉悟信仰共产主义者"是苏区教师的上岗标准；"有无反动子女在校读书；认识共产主义否；晓得劳动意义及将来的责任否"则是苏区学生的入学标准。①

早在1929年6月，鄂东北特委就规定了苏区的"教材由苏维埃文化委员会编订"。鄂豫皖苏区第二次苏维埃代表大会所通过的《文化教育政策》中也规定："要审查各种教材，严格反对三民主义的、孔孟之道的、耶苏（稣——笔者注）教会的，以及一切地主资产阶级思想的材料，统一教材的内容，严格以马克思列宁主义为根据，同时编订各种模范课本，供给学校使用。"② 1932年5月，《鄂豫皖省苏维埃文化委员会决议案》（草案）中针对苏区"出现了缺乏教材和教材不统一的混乱状态"，进一步强调省文化委员会"必须领导各县学校把教材有系统地编好。同时各县应当马上执行供给各种课程的材料。为了完成这一最迫切的任务，在目前各种教材还未完成的时候，各县应把省文化委员会最近出的各种教科书大批地翻印出来，同时用

---

① 《鄂豫皖苏区文化教育委员会巡视纲要》，中共中央秘书处材料科存，湖北省档案馆，GM2－1－290，1931年8月13日。

② 《鄂豫皖苏区第二次苏维埃代表大会文件》（文化教育政策），中共中央秘书处材料科存，湖北省档案馆，GM2－1－283－7，1931年7月。

报纸上的材料充当临时教材"①。这些教材,既反映了革命斗争的需要,又适合儿童的特点和兴趣。当时,鄂豫皖苏区编写的教材有:《列宁初级小学国语》《列宁高级小学国语》《工农业余课本》《政治课本》《社会常识》《自然常识》和《算术》等。例如在革命时期红安县第五区翻印的《列宁初级小学校国语教科书》中提到:

  一、人,大人,小孩。二、你是人,我是人,他也是人。三、你是工人,我是农人,他是红军。……十、种田的,是农人;做工的,是工人。十一、地主压迫农人,资本家压迫工人。十二、地主,资本家,都是我们的敌人,我们要打到(倒——笔者注)他。十三、我家三口人,分得六斗田,爸爸妈妈很喜欢。……我问妈妈,为什么要拥护红军,妈妈说,红军是我们自己的军队。二十四、王小二,是雇工,他参加红军,大家开会欢送他。二十五、推翻衙门,推翻衙门,杀贪官,杀贪官,实现工农专政,实现工农专政,苏维埃,苏维埃。二十六、高保田,家中有三条(头——笔者注)牛,雇了两个长工,他是富农,不能参加革命团体。二十七、今天开大会,纪念二七,个个手举红旗,高声喊着"打倒军阀,打倒帝国主义"。二十八、童子团,小宝宝,要读书,要习字,要站岗,要放哨。二十九、吴定保,是个工人,他做革命的工作,很能吃苦,大家选举他,参加苏维埃工作。……三十三、姐姐缝了一个布袋,绣上拥护红军四个字,悬挂墙上,每日抓米一把,积少成多,预备送给红军。三十四、节省粮食,拥护红军,红军家属,我们时常要去慰问。三十五、红色五月到来了,大家准备着,开会游行示威,团结起来,配合红军。三十六、我们工农创造人类食住衣,不做工的资产阶级反把我们欺,起来起来同心协力,坚固我团体,争斗争斗最后胜利定是我们的。三十七、我村苏维埃,成立了一个俱乐部,供人玩耍,里面有图画,有音乐,有新剧,每天晚上,识字识报,热闹得很。……四十七、妈妈,红军打了胜仗,今天学校开庆祝会,我在学校里吃午饭,下午回来,请老大人放心。②

---

① 《鄂豫皖省苏维埃文化委员会决议》(草案),1932年5月10日,霍文达、王如、刘卫东等:《鄂豫皖苏区教育史》(文献部分),河南大学出版社1988年版,第227—235页。
② 《列宁初级小学校国语教科书》(第一册),红安县第五区翻印,藏于红安县党史办。

在列宁小学学生的课外活动方面，提倡学生要积极参加校内外的各种教育活动：一是配合赤卫队站岗放哨，学生手持红木棍，在交通要道建立固定哨位，由童子团团员、少先队队员轮流值班，盘查来往行人；二是开展宣传，组织宣传队广播重大新闻，发送报刊，宣讲革命文件，宣传党和苏维埃政府的方针、政策、法令以及各项中心工作任务；三是编演新剧目，例如《武装夺取政权》《暴动》《送郎参军》等；教唱革命歌曲，如《穷人歌》《工农革命歌》《保卫苏维埃》等。这些剧目和歌曲一般都是就地取材，形式多样，为群众喜闻乐见。

党和苏维埃政府为了解决教员缺乏的困难，从以下途径来扩大教员队伍：开办大量的教育培训班、教员训练班和师范学校，大力培养列宁小学的师资。转变一部分私塾教员，对那些地主富农出身的，有反动思想言论，并拒绝改造的私塾教员予以清洗，但对一般成分好，接受改造的私塾教员，都是采取团结教育的方针，使他们为苏区教育事业服务。广泛吸收非苏区的文化工作人才到苏区来创办学校。各级苏维埃政府文化委员会或学校都聘请党、政、军干部兼任教员。同时对教员的待遇做了详细的规定。

第三节　鄂豫皖苏区文化动员的来源、特征及其原因

在革命的初期，中共的力量还十分弱小，如何通过文化动员整合民众力量参加激烈的战争，并且还需注重提高民众文化水平，加强其对中共革命的认识。

一　鄂豫皖苏区文化动员的来源

鄂豫皖苏区文化动员的来源主要有两个方面：一是中共将传统文化形式进行有意识地改编，使原有的文化形式成为中共文化动员的手段，其中包括原官方的一些宣传歌谣，例如据调查，《黄安谣》有两个不同的发展阶段。清咸丰年间，太平军克武昌，入黄、麻。黄安县知事许赓藻令乡绅组织团练抵御，虽屡次被太平军击败，但太平军亦有时被团练败之。于是

有"小小黄安,实在难缠。铜锣一响,四十八万"。之谣流行。1923年冬,董必武在武汉派共产党员回黄安领导人民闹革命。1927年11月13日举行著名的"黄麻起义",数万农军一举夺取了黄安县城。起义时,男的冲锋在前,妇女支援在后。为了宣传"黄麻起义"这一革命壮举,党的宣传部门便将原来流行的《黄安谣》改为:"小小黄安,真不简单。铜锣一响,四十八万。男将打仗,女将送饭。"50年代末,郑位三撰写革命回忆录《红色黄安》时,又将此谣订正为"小小黄安,人人好汉。铜锣一响,四十八万。男将打仗,女将送饭"。这首歌谣原本无标题,新中国成立后有关单位收集歌谣时将它标为《黄安颂》。收录《红安革命歌谣选》时订为《黄安谣》。①

二是中共将苏俄的宣传手法引入文化动员中。中国的苏区文化动员,无论是从整体机构的设置而言,还是体系框架的建立来说,甚至连细微的运作方式,都深深地留下了苏联模式的烙印。苏联的文化动员主要是由政党和政府这两个系统来实施的,在运作策略上,它侧重于宣传与教育两大方面。除了政党和政府两个主要的实施者外,军队亦是重要的实施者。在这一点上,中共苏区时代的红军承担了很多宣传和教育的任务。

二 鄂豫皖苏区文化动员的特征评析

(一) 战时动员目标指向

鄂豫皖苏区从建立到发展,一直处于不间断的战争状态,其文化教育模式有着鲜明的特征——以战时动员为首要目标,主要表现在:

一是动员广大群众参加红军,如"加紧组织地方暴动,与扩大红军以争取暴动的胜利"②。

二是强调其文化教育工作的最终目的是为目标群体服务的,及声明了处于革命战争中的特殊情况。如在1930年3月22日《中央给鄂豫皖边界特委的指示信》中提到:"只有工农自己的苏维埃政府能够发展真正广大的文化教育工作,去为广大工农群众谋利益,依靠革命的伟大创造

---

① 红安县革命史编写领导小组办公室编:《红安革命歌谣选》,武汉大学出版社1986年版,第1页。
② 《中央给鄂豫皖边界特委的指示信》,中共中央秘书处材料科存,湖北省档案馆,GM2-1-231-4,1930年3月22日。

力，我们要在革命战争中的枪弹烟火中，去创造鄂豫皖苏区的文化教育工作……"①

三是大力培养革命干部来领导革命运动，来满足当时革命的需要。如在 1931 年 8 月《鄂豫皖区赤色教师学生代表大会决议案》中写道："在苏维埃运动日益发展，工农红军日益加强的情形之下，一切反革命的进攻，必定更加残酷，我们必须加紧培养为阶级作战的工农干部，来坚强阶级的领导……文化工作必须在这样艰苦的斗争中建立起来，才能答复目前的革命的需要。"②

四是规定了反帝反封建的文化教育内容，反对国民党的旧三民主义、孔孟之道、宗教教义及一切腐朽的封建思想和帝国主义奴化思想。在苏区内部，由于共产党具有实际的政治领导权和社会管理权，有条件实行马克思主义意识形态的一体化。由于苏区根据地建立在农村地区，文化动员的对象 90% 以上为农民，确立马克思主义意识形态的领导地位必须破除农村社会中传统的以农耕宗法观念为中心的旧文化空间③，建立起以共产主义价值观为核心的新的文化象征，通过文化形式的同一化使农民重新建立一种新的集体认同感和价值归属。如："总之，我们的敌人（帝国主义、封建地主阶级和资产阶级——笔者加）在进行经济剥削和政治压迫的同时，也很巧妙地运用了文化的欺骗方法来达到他们的目的，这套办法在他们手里起过很大的作用，这证明文化和教育是一种有力的武器。所以我们工农劳苦群众也要拿起这个武器来加强我们自己的战斗力。"④

五是通过群众喜闻乐见的方式宣传苏区的文化教育思想，苏区的文化动

---

① 《鄂豫皖区第二次苏维埃代表大会文件》（文化教育政策），中共中央秘书处材料科存，湖北省档案馆，GM2-1-283-7，1931 年 7 月。
② 《鄂豫皖区赤色教师学生代表大会决议案》，中共中央秘书处材料科存，湖北省档案馆，GM2-1-290-7，1931 年 8 月。
③ 在近代中国乡村社会，庙宇、祠堂、牌坊、墓地、家谱等构成了地方传统文化载体和区域公共文化空间。为彻底破除旧文化传统对于基层群众的思想禁锢，苏区政府"艰苦地去加紧反封建习俗和破除迷信的宣传工作，使群众深刻地了解封建习俗和迷信，是压迫欺骗劳苦群众的封建工具，都一致热烈地起来拆毁神坛、社庙、菩萨、节孝牌坊等一切封建遗物"。在苏区地方政府的引导和鼓动下，"毁庙堂、打菩萨、挖祖坟、焚家谱"一度成为风气。参见《文化教育问题决议案——永新县四次代表大会通过》，1932 年 6 月 3 日。
④ 《鄂豫皖区赤色教师学生代表大会决议案》，中共中央秘书处材料科存，湖北省档案馆，GM2-1-290-7，1931 年 8 月。

员尽管在思想内容上以马克思主义为统一标准，但在形式上却注重大众化、民族化和通俗化，使农民喜闻乐见，使妇女小孩能懂，显示出极好的文化动员效率。① 如在鄂豫皖苏区，《工农兵三字经》中写道：

> 有钱的，压迫人，不做事，吃现成，此等事，最不平；
> 无可忍，团结心，入共党，组红军，打土豪，铲劣绅；
> 对军阀，莫容情，阶级敌，一扫清，世界上，一样人；
> 人类中，永无分，大同现，享安宁；此等事，非现成，
> 全靠的，工农兵，努力干，齐动劲；工友们，成工会，
> 减时间，增工银；农友们，立农会，打土豪，把田分；
> 士兵们，团结起，拿起枪，入红军；工农兵，携手行，
> 革命事，工业成，享极乐，唱太平。②

（二）非常态的文化教育功能

正如上文所述，鄂豫皖苏区的文化动员是为战争服务，因此其本身的功能在非常态的情况不能得到充分的体现。例如曾中生在给中央的汇报中指出："文化教育工作这是谈不上的，各地只有很少的小学校（小学——笔者注），都是老夫子教书（许多能教书的做了改组派，走的走了，杀的杀了），最近特苏印发许多革命教科书，内容没有经过党审定，故有许多的唯心话，是必需（须——笔者注）要经过修改的。在现在的农村当中，许多的儿童得不到读书的机会，如果能够从上海派一些文化工作人员来，也得到不少的帮助。"③

在学生日常的学习生活中，亦以军事化的管理。如："在目前我们与阶

---

① 参见戈丽《苏维埃剧团春耕巡回表演纪事》，载江西省文化厅《江西文艺史料》（第十辑）1991年5月；胡建军、林若宇《江西苏区音乐史》，欧阳雅、万叶《江西苏区舞蹈史》，林道福《江西苏区美术史》，载江西省文化厅《江西文艺史料》（第十一辑）1991年12月。

② 董纯才主编：《中国革命根据地教育史》（第一卷），教育科学出版社1991年版，第318—319页。

③ 《鄂豫皖特委曾中生给中央的报告——特区政治经济形势，反"围剿"斗争，苏维埃运动，土地、军事问题，党务、工运、农运、青运、兵运、财政等情况》（1931年2月10日），中国工农红军第四方面军战史编辑委员会编：《中国工农红军第四方面军战史资料选编》（鄂豫皖时期·下），解放军出版社1993年版，第69页。

级敌人作战的过程中,使学生在学校里受军事纪律训练是非常重要的,所以在管理上要严格地使学生执行一切规约,不许有随便的浪漫行动。"① 再如:"……励行全体党员军事化,施行普遍的党内军事训练,特别提高一般干部的军事知识。加强党内的军事共产主义教育,提高一般党员的文化政治水平和培养大批的工作干部。反对青年工作的取消主义倾向,改造青年团的工作,励行全体青年团员军事化,发展青年与儿童的文化政治军事教育,健全少先队工作,建立青年团与青年群众的健全领导,使青年团成为革命的国内战争中的一个有力指挥。"②

三 文化动员的实际效果及形成的原因

（一）文化动员的实际效果

苏区文化教育工作在苏区各方面的共同努力下取得了一定的成绩,如:

说到苏区的文化教育的情形,那苏区群众的文化程度,比国民党统治时代提高得多了。县城里设有列宁中学或马克思中学,农村里设立了许多列宁小学、工余学校、识字班、夜校等。男的、女的、老的、少的、入学的非常拥挤。此外俱乐部亦设立得很多。识字的人数比从前增加了百分之四十至五十。有些从前本来一字不识的,现在能够写信,写"打倒帝国主义"、"打倒国民党"的标语。有些从前本来不大会说话的,现在能够在群众会议上演说。他们现在不再相信菩萨了,他们是相信马克思列宁主义了。学校里、俱乐部中都高挂列宁和马克思的相片,即农民家中,许多从前是供奉菩萨的,现在都是被列宁马克思驱逐出去了。一切菩萨的庙宇,都变作列宁学校了。年老的男女,对于菩萨的信念,还是依依不舍,可是青年群众则高喊"打倒菩萨","马克思列宁主义万岁"。对于婚姻问题,老的与少的冲突更厉害。老的主张维持旧的婚姻制度,少的则主张婚姻

---

① 《鄂豫皖省苏维埃文化委员会决议》（草案）1932 年 5 月 10 日,霍文达、王如、刘卫东等:《鄂豫皖苏区教育史》,河南大学出版社 1988 年版,第 227—235 页。

② 《鄂豫皖省第一次扩大会议案——关于反国民党第四次"围剿"下的总任务》,中共中央秘书处材料科存,湖北省档案馆,GM2-1-260,1932 年 12 月 11 日。

自由，结果恋爱自由战胜了旧式婚姻制度。这一冲突当中，妇女特别表现出积极。①

在每个乡苏维埃之都，设立农村小学三、四所，学校的学生在七八十至一百二十人之多，有些乡村小学还附设有夜校，专收成年男女来校读书（在七邻湾还有四十余岁农妇来读书）。六区曾办过师资训练所及女子识字速成班各一所。县苏维埃政府也办过师资训练所和女子识字速成所各一所，但学校所用的教本完全是新编的，不用统治阶级的旧课本。其外，各级苏维埃政府还设立政治理论讨论会一所。②

张国焘在回忆中记载道："我们通过岗位时，要出示路条，答复盘问。那位交通往往指着我说：'这位是中央！'指着陈昌浩说：'这位就是你们小鬼队的总头目'那些天真的农家孩子，年龄多不满十六岁，颈上系着一根红布带子，手里拿着木棍，听见'中央'二字时，肃然敬礼。我拉着那些孩子，笑着问他们：'甚么是中央？'他们所知的，似是最大的管他们的，甚至比总司令还大的就是'中央'，我故意问：'是不是蒋介石呢？'他们都知道蒋介石是他们所要打到（倒——笔者注）的反动派，而中共中央才是他们所拥护的。"③ 由此可见，中共的宣传在青少年中起到了一定的效果。

从国民党方面的资料中亦可看出，1934 年国民党《湖北特教半月刊》第一卷第二期中写道："匪（共）党赤化宣传，不遗余力，故极重视教育，小学数量极多，每村必置一所。""匪（共）党因其教育之精神，全注重与儿童之陶冶。以达其赤化之目的。故影响所及，自幼童以至村夫农妇，莫不悉受传染。"④

---

① 《鄂豫边苏区的实况》（苏区通讯）（1931 年 4 月 6 日），中国工农红军第四方面军战史编辑委员会编：《中国工农红军第四方面军战史资料选编》（鄂豫皖时期·下），解放军出版社 1993 年版，第 99 页。

② 《舒传贤关于六安中心县委工作情况给中央的报告》（1930 年 12 月 10 日），中国工农红军第四方面军战史编辑委员会编：《中国工农红军第四方面军战史资料选编》（鄂豫皖时期·上），解放军出版社 1993 年版，第 849 页。

③ 张国焘：《张国焘回忆录》（第三册），内部发行，东方出版社 1980 年版，第 26 页。

④ 董纯才主编：《中国革命根据地教育史》（第 1 卷），教育科学出版社 1991 年版，第 307—308 页。

中共在教育方面的努力，颇令蒋介石折服，他不无心仪地谈道："匪区里面最紧张的，就是教育！最有纪律的，就是教育！最有精神的，也就是教育！而我们现在各地方的情形却不然，比方崇仁地方，所有的高小学校就完全停下来了，土匪他们什么经费可以少，教育经费一定要筹到，我们却反而要常常拿教育经费来做旁的用。"①

但是苏区文化教育工作实际效果在一次次反"围剿"的紧逼和国民党的封锁中，其实际效果并不明显。如：

> 文化教育工作：团做的（共青团做得——笔者注）非常缺乏，很多小学，下级团部并没有切实去领导去改造他。许多成年人禁止青年、儿童读书，团没有设法去宣传。苏维埃不注意这一工作，团并没有大力量的经过苏维埃、党、团或团组提议去推动这一工作。文化娱乐简直不堪言，婚姻问题紊乱异常，疮痂满身疾病流行，这问题的教育卫生工作，团很少去领导，这都是团莫大缺点。②

> 在文化教育方面，青年团只将四书五经烧了，菩萨大了，这样非常不够，苏维埃文化教育委员会没有建立起来，有很多小学，但教师有些不良和物质的缺乏还是不够到文化教育工作，总之是忽视的。③

> 对于广大劳动青年文化政治的教育工作，过去还做了一些，现在可以说完全放松了，游戏娱乐工作可以说没有，因此不能提高青年来积极参加斗争的热情，反把许多很活泼的青年弄成了一种老大死气的现象，结果形成了青年儿童慢慢的（地——笔者注）离开了我们的领导。④

---

① 蒋介石：《以自强的精神剿必亡的赤匪》，《先总统蒋公思想言论总集》（第11卷），第130页。
② 《中国共产青年团鄂豫皖中央分局第一次扩大会议决议》（1931年8月9日），中国工农红军第四方面军战史编辑委员会编：《中国工农红军第四方面军战史资料选编》（鄂豫皖时期·下），解放军出版社1993年版，第346页。
③ 方英：《宣传与煽动皖西北特委报告（鄂豫皖中央分局第一次扩大会议文件之四）》（1931年6月），中国工农红军第四方面军战史编辑委员会编：《中国工农红军第四方面军战史资料选编》（鄂豫皖时期·下），解放军出版社1993年版，第269页。
④ 钱文华：《CY鄂豫皖中央分局给团中央的综合简报》（1931年11月29日），中国工农红军第四方面军战史编辑委员会编：《中国工农红军第四方面军战史资料选编》（鄂豫皖时期·下），解放军出版社1993年版，第561页。

  过去各地的小学是建立了许多,但是因为没有好的教师(多半是老先生)和没有课本读,教授的方式完全是旧式的,儿童不爱读书,不爱到学校去,所收的成绩是很少的;同时苏维埃对于文化教育工作不注意,教员没有饭吃也教得不起劲了,学校倒台的不少。……但是教师以及教材问题,使苏维埃政府感到许多困难,因此,在文化教育上不能获得如苏维埃所预期的百分之百的发展。①

从这些材料中可以看出,虽然鄂豫皖文化教育委员会成立之后,取得的成效并不明显。甚至鄂豫皖文化教育委员会发文要求各级组织建立文化教育委员会,基层组织却因各种原因并未执行,如1930年12月《鄂豫边特委综合报告(续)》和1931年8月6日发给苏区各县的《鄂豫皖区苏维埃政府文化教育委员会第二号通知——关于建立文委会、教师联合会、学生会等问题》中可以看到:

  赤区教育真成问题,群众知识逐渐进步,工作人的训练材料缺乏,群众对会议生活感觉着讨论的一些问题都是陈腐的,没有什么大的趣味。特别是学校教育问题,更其严重,农村里比较新进一点的知识份(分——笔者注)子,统统在参加党或苏维埃的工作。各校教员,都是一般老秀才或道之流,教材都没有新的,有的学校还有四书五经,其余多半是国民党化的课本。因此赤区教育不独(但——笔者注)没有打(大——笔者注)的进步,并且指(只)有怀(坏——笔者注)的影响,群众要求改订课本,又没有好新的教材来代替。宣传工作,文字宣传较为普遍一点,除经常出标语传单外,特区苏维埃经常出版群众看的刊物,行销在二千份以上,又出有一种报纸,每周出版发行在二千份以上。各乡苏维埃也出有一些刊物,只有口头宣传、化装宣传等,工作不充分。②

---

① 《鄂豫边苏区的实况》(苏区通讯)(1931年4月6日),中国工农红军第四方面军战史编辑委员会编:《中国工农红军第四方面军战史资料选编》(鄂豫皖时期·下),解放军出版社1993年版,第99页。
② 《鄂豫边特委综合报告(续)》(1930年12月),中国工农红军第四方面军战史编辑委员会编:《中国工农红军第四方面军战史资料选编》(鄂豫皖时期·上),解放军出版社1993年版,第900页。

第一号通知发下已半月多了,还没有作报告来,这种现象充分证明各级负责人没有将上级的通知拿来讨论和执行,是非常不对的,现在有以下几件事,望接到后马上讨论执行办法:1. 建立文委会——若已有的必整顿起来,要制定具体工作的计划呈报回来。2. 须以区为单位,召集各校教员联合会,若一区人数太少与邻区合开,开会时必须请党和苏维埃机关负责人做一场目前政治形势的报告,并续讨论学校管理以及教育方法等的实际问题。①

(二) 文化动员效果不好的原因

一是不间断的战争以至于苏维埃政府和中共无暇全心致力于文化教育的应有之义,而优先考虑的是取得战争的胜利。在战争期间,物质条件等各方面的紧缺给文化教育工作造成了极大的困难。

反革命的进攻和破坏。因为苏维埃运动时根本消灭一切反革命的势力,求得工农群众的彻底解放,所以他(苏维埃政权)是与一切旧势力相对立的。目前苏维埃运动的发展,工农红军猛烈的扩大,动摇了帝国主义、国民党军阀的统治。他们为延长他们的生命起见,屡次向我们赤区和红军进攻,破坏苏区的物口(原文如此,似为"资"),对苏区四面八方的封锁,企图消灭革命运动,使我们在敌人的"包剿"中发生许多困难,特别是经济的缺乏,对文化教育工作的发展是有很大的关系的。假如我们真正来实现生产化的教育,就必须有很大的设备和参考(注:原文如此),这都是需要很大的经费才能完成的。但是我们现在正处在敌人不断的进攻中,要执行这个任务,自然不是很容易的,是要有极大的克(刻——笔者注)苦精神与这些困难做斗争,要在这个困难中建立我们的工作。②

---

① 《鄂豫皖区苏维埃政府文化教育委员会第二号通知——关于建立文委会、教师联合会、学生会等问题》(1931 年 8 月 6 日),中共中央秘书处材料科存,湖北省档案馆,GM2-1-290。

② 《鄂豫皖区赤色教师学生代表大会决议案——发展苏维埃教育文化事业的任务与政策》(1931年 8 月),《鄂豫皖革命根据地》编委会编:《鄂豫皖革命根据地》(第二册),河南人民出版社 1989 年版,第 485 页。

二是封建文化的影响深重，正如原有文化的形成需要一个漫长的过程一样，新的观念和思想在推行的时期，原有文化的历史惯性会显露出来，二者相互影响，随之走向各自的历史轨迹，并且这个时间同样是一个较长的时间段。"因为几千年封建制度的统治，中国的文化教育沉沦在黑暗的地狱中，一旦要来建立新的文化，而那些封建的余毒还没肃清，他不明白这新文化的实质，所以不能迅速地来拥护这一政策使他实现。相反有时要遇着他们的反抗，例如现在有人说我们的新教科书是说白话，没有用的，这样的现象无疑对于我们是有很大的防（妨）碍。"①

三是过去苏区民众的文化水平低下，革命知识分子十分匮乏，以致苏区教育人员相当不足，影响了文化教育的执行。"在苏维埃政权之下都是工农群众，过去因为受了压迫没有受到相当的教育；而在资产阶级社会里所谓教育人员都是为了资产阶级当走狗，赞扬资产阶级的，他们在苏维埃政权之下是丝毫没有作用的。所以目前苏区教育人员缺乏，也是我们在执行文化教育工作中的困难之一。"②

四是资产阶级文化教育的影响。诚然，苏区的文化教育的宗旨是服务于广大劳苦民众的，但是国民党方面推行的文化教育依然得到了相当一部分人的认可，国共两党不仅在军事上敌对，而且在文化教育上亦是如此。

资产阶级为维持本阶级的利益起见，不得不培养出许多干部，例如帝国主义在中国开办许多教会学校，他并不是觉得中国的文化落后来提倡中国文化的，而是为培植（培养——笔者注）他在中国压迫中国民族革命运动的忠实走狗，实行他的文化侵略政策，所以有许多青年完全为他们欺骗。现在国民党军阀一样的是在到处设立学校，实行三民主义的教育，教育大批的地主资本家的子弟，压迫工农群众以维持他们的统治。③

---

① 《鄂豫皖区赤色教师学生代表大会决议案——发展苏维埃教育文化事业的任务与政策》（1931年8月），《鄂豫皖革命根据地》编委会编：《鄂豫皖革命根据地》（第二册），河南人民出版社1989年版，第485—486页。

② 同上书，第486页。

③ 同上。

他们的教育方针,在一般看来好象(像——笔者注)是很进步的,因为他们看到了过去那样死板的教法,使学生死读诗书,是没有用处的。所以他们现在为要使他(培)养出来的真正能够起得作用,就采取了所谓设计教育,叫学生一面学习,一面参加实际去做,什么道尔顿制,要学生自己研究,教师在旁边指导,这种方法自然可以发展学生自动研究的能力。可是我们要明白这不过是资产阶级在玩弄一般所谓受教育的青年,实际上他们决不会叫学生自己来参加一切教学的计划,而是他们已有了一定的规定,拿来欺骗一般青年。所以资产阶级在这种情形下培养出来的学生,是真正能够执行他的任务,压迫工农剥削工农的,对于我们工农群众的革命的利益是丝毫没有利益的。①

第四节　小结

文化教育改革之功需要一点一滴持续不断地努力,不是单纯政治力量和文化动员的推动就可以一劳永逸地解决,对于当时中国社会的文化教育现状,并非毕其功于一役,需要长时间的不断灌输和民众文化水平的逐步提高。在某种程度上,过早地提出一些过激的行动,未必能起到相应的效果。上述总结是中共经过多年摸索后的经验之谈。正如黄道炫在其文中提到:"对于中共苏区时期尚年轻的中共党人而言,他们考虑更多的还是革命理想的实践,社会革命是共产革命中应有之义,而中共党人通过社会革命在实现自己革命理想的同时,也相当程度上赢得了民众的好感与支持。然而,正如中共自己后来意识到的,由于社会的运行呈现出无限多样的复杂性,社会革命的掌控和把握相当微妙,其效果利弊参半。"②

另如前文所述,这个时期的文化动员形式中最富有效率的手段莫过于革命歌曲,然其主要为熟悉当地情况的中下层领导人(多为传统知识分子),

---

① 《鄂豫皖区赤色教师学生代表大会决议案——发展苏维埃教育文化事业的任务与政策》(1931年8月),《鄂豫皖革命根据地》编委会编:《鄂豫皖革命根据地》(第二册),河南人民出版社1989年版,第486—487页。
② 黄道炫:《张力与界限:中央苏区的革命》,社会科学文献出版社2011年版,第143页。

和懂得编曲的普通农民所创,其内容取自于本地的传统歌谣,加上富有革命色彩的语句,通过有意识地改编和诠释,不自觉地实现将马克思主义与中国传统文化进行了初步的融合,取得了一定成效。

正如前文绪论中所述,文化动员是意识形态宣传的手段,中共在鄂豫皖苏区的文化动员背后蕴含着怎样深远的意义,这些实践中所包含的内容都是基于中共的意识形态建构的政策指导之下的,下章将就鄂豫皖苏区意识形态究竟是怎样建构及应对了哪些时代主题等方面的问题进行探讨。

第三章　鄂豫皖苏区意识形态的建构

在社会革命中，意识形态主导着人们的认知模板和话语体系，革命政党在其意识形态的指导之下，通过政治理念、政策主张和言论宣传来塑造政治权威和精神权威。苏维埃时期中共在运用文化动员手段唤醒民众进行革命的过程中，将自身的意识形态植入文化动员的内容之中，在动员的过程中，逐渐让民众接受意识形态的熏陶并积极参加革命斗争中，形成对中共和其意识形态的认同和拥护，从而在争夺文化领导权的领域取得应有的影响。中共的意识形态究竟是由哪些内容组成的，并且是如何建构起来的，与传统文化的关系如何，是否取得成功？这些问题，都是本章着重探讨的。

意识形态是社会制度正当性的根据和指导社会行动的思想体系，是由无数观念排列组合而成的观念系统。正如图四所示，意识形态是由多个观念排列组合之后进一步整合而成的观念系统，而观念则由相应的关键词所代表。故要厘清意识形态的内涵先须考究观念的起源、社会化和演变。进而言之，观念作为用关键词表达的可社会化的思想，研究其形成，就必须去探讨该观念的关键词的出现，并分析其在不同时期的意义[①]。本书对鄂豫皖苏区意识

[①] 金观涛、刘青峰认为：因为观念是用固定的关键词表达的思想，它比思想更确定，可以具有更明确的价值方向。与观念相比，思想显得较为抽象、含混，它可以纯粹是思想者的体验和沉思默想；观念则必须是可以用相应关键词或含该词的句子来表达。因此，任何观念的起源、社会化和演化，也就是表达该观念的相应关键词的起源、传播和意义变化。当然，思想亦离不开语言，但它和语言（特别是关键词）的关系远不如观念明确简单。以往，思想史研究主要以某一人物、某一著作或某一流派的分析为基础；而且，因思想和语言之间的关系不那么明确，不同的研究者对同一文本的分析，往往会得出相差很大的结论。观念则不同，它在社会化后具有普遍意义的确定性。正因为如此，人们可以凭借若干观念建立社会化的意识形态。金观涛、刘青峰：《观念史研究：中国现代政治术语的形成》，法律出版社2010年版，第4页。

形态的分析界定在对其组成部分——观念的分析进一步细化到对关键词的分析，从而进一步对中共所建构的革命话语体系进行探讨。

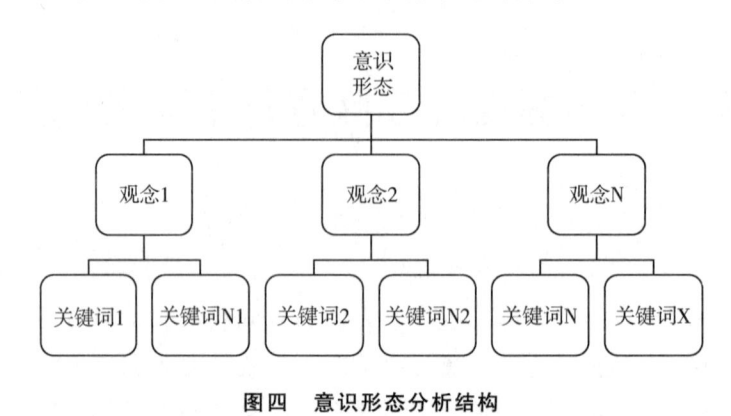

图四　意识形态分析结构

第一节　基层传统意识形态的解构与新的意识形态兴起

新意识形态的建构往往与旧意识形态的解构过程是处于同一时间段，二者相互作用，最终影响其发展轨迹。旧意识形态的解构意味着其意义的逐步消失，但其组成要素大多仍然存在。意识形态的解体表现为组成意识形态的基本观念的重要性排序和它们之间的关系的变化，以及用这种关系论证的意义系统之消失。作为其组成要素的观念则被游离出来，继续在生活中起重要作用。意识形态的重新建构则表现为基本观念的重新诠释和排序，其间的关系亦发生新的变化。① 因此本书试图通过对重要观念的分析来探讨基层传统意识形态的解构与新的革命意识形态兴起的发展路径。

邹谠在《二十世纪中国政治：从宏观历史与微观行动的角度看》中提出"五四"之后，中国之所以开始广泛吸收各种外来意识形态是因为中国传统文化面临着崩溃的全面危机。

---

① 金观涛、刘青峰：《观念史研究：中国现代政治术语的形成》，法律出版社2010年版，第3页。

关于意识形态，马克思主义认为它是一个阶级的经济利益在思想上的表现；而西方一般社会科学家，则根本否认意识形态有正面的作用。他们认为，意识形态和科学不同，它妨碍了个人、政治家、政党、政治运动对现实政治的了解和选择，并会把它们引向歧路。吉尔兹（Glifford Geertz）的看法完全不是这样。他认为，意识形态可以有正面的、积极的作用，甚至可能在社会生活中扮演举足轻重的角色。具体地说，当一个社会的传统文化和日常生活方式不能够指导那个社会的人们如何组织其社会、政治生活，不能够成为他们行动的依据，换句话说，当这个社会的传统文化面临着彻底崩溃的时候，这个社会中的成员就要寻找一个新的意识形态，来作为他们简单的、不很正确的蓝本，指导他们去了解不能用老观点去了解的新情况，并作为他们行动的依据；不仅如此，这种意识形态还可以变成人们相互之间结成团体、形成某种运动的基础。意识形态也就变得格外重要了。上述观点，完全属于西方文化学的理论；但是，这个学说和理论，正好能够解释五四时代中国广泛吸收各种外来意识形态的历史现象。①

西达·斯考切波（Theda Skocpol）同样认为新意识形态的出现来源于社会系统本身出现了危机，他说"当革命者取得成功之时，革命所首先改变的就是社会的核心价值取向。在实现这一目的的过程中，之所以要采取以价值取向为形式的意识形态运动，只不过是为了用暴力反抗当局而做准备。但是，这种意识形态的运动并不会首先出现，除非现存的社会系统遇到了危机"②。

一　基层传统意识形态解构的时空背景

基层传统意识形态的解构是在特定的时空背景下引发的，20世纪初期中国传统意识形态开始逐步解构，归根结底是因为整个中华民族在那个时间段

---

① 邹谠：《二十世纪中国政治：从宏观历史与微观行动的角度看》，（香港）牛津大学出版社1994年版，第42—43页。

② [美] 西达·斯考切波：《国家与社会革命对法国、俄国和中国的比较分析》，何俊志等译，上海人民出版社2007年版，第12页。

遭遇了前所未有的全面危机。全面危机①来自于两个方面，一是外部危机，二是内部危机。如图五所示：

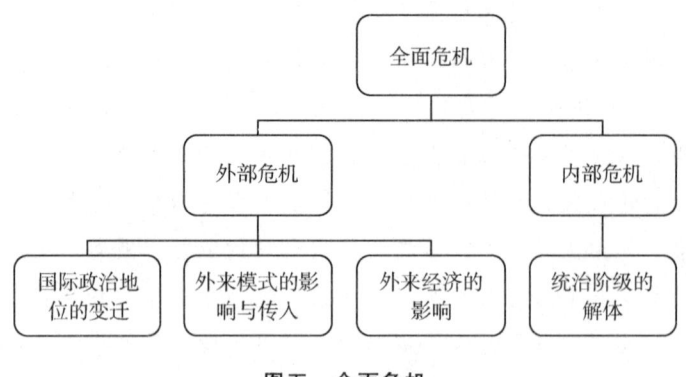

图五　全面危机

（一）外部危机

外部危机大致表现为三个方面，第一是中国在世界政治体系中的地位发生了急剧变化。1840年之前，中国一直处于一个以自身为中心的政治体系中，这一点可以从以往的历史发展历程看到，自秦汉以来，虽然不时受到游牧民族的侵扰和出现魏晋南北朝和五代十国的乱世，但是都能大致印证这一观点。1840年之后，新的世界体系逐渐形成，而其主宰是以欧洲为中心的资本主义体系，中国在被纳入这个体系的过程中，沦为被主宰和控制的国家。具体表现为对外战争的失败和随之而来的巨额赔款及一系列不平等条约的签订。随着代表着中国的清王朝无论政治环境、经济和社会状况出现巨大危机，中国人已经感到了"亡国灭种"的威胁。第二是外来模式的影响和传入。随着国门的打开，西方的政治、经济，乃至意识形态的模式也传入国内。无数精英知识分子在寻求富国强兵的过程中，击败中国的西方国家成为了被模仿和借鉴的对象，从追求坚船利炮到制度的革新，西方政治发展模式逐渐成为国人推崇的救国之道。这些

---

① "全面危机"这个概念的解释借鉴了邹谠的解释，他认为"全面危机"有着比较严格的定义。所谓"危机"，是指面临着生死存亡的问题，而这个问题又不能用传统的方法、或从传统中引申出来的方法来解决。"全面危机"就意味着危机不仅仅发生在某一个方面，而是政治、经济、社会、文化各个方面共同发生了危机。用马克思主义的理论来说，这种危机不仅产生在意识形态领域，而且产生在政治社会，产生在公共社会，也产生在经济基础之中。邹谠：《二十世纪中国政治：从宏观历史与微观行动的角度看》，（香港）牛津大学出版社1994年版，第50页。

模式的影响不是立竿见影的，亦不是转瞬即逝的，它们对近代中国的历史进程产生了长期与持久的影响，例如本书所讨论的马克思列宁主义及苏联模式，时至今日依旧对中国产生着深刻的影响。第三是外来经济的影响。西方资本主义经济在20世纪对中国的影响一直存在，后来又引入社会主义经济。经过中共建国以及后来的改革开放，两种经济依然影响着中国。

邹谠认为中国政治地位的变迁是最根本的，并且在某一关键时期会产生决定中国命运的作用，比如鸦片战争、中日甲午战争、抗日战争等，都在某种意义上成为中国历史的转折点。① 本书则认为三个方面相辅相成，缺一不可，若无政治模式的引入和共产国际的革命输出，则无国共两党所领导的革命，至少不会将中国引向今日之状况；如无经济方面的影响和支撑，政治方面的影响亦不会如此深刻和持久。三者之间的联系如图六所示，相互联系支撑构成一个牢固的社会结构。

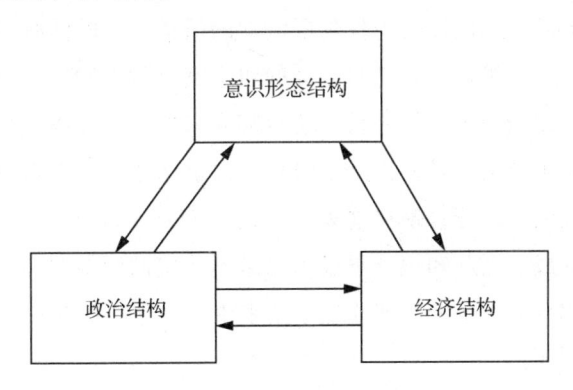

图六 社会结构分析框②

（二）内部危机

内部危机则表现为统治阶级的解体。统治阶级的解体包括带有主动意愿的改革和被动的革命两个方式。统治阶级的改革在某些时候同样也会带来统治阶级的解体，虽然这种意愿是基于改良原有统治的基础上，但是正是这种

---

① 邹谠：《二十世纪中国政治：从宏观历史与微观行动的角度看》，（香港）牛津大学出版社1994年版，第52页。
② 该图借鉴了金观涛和刘青峰的设想，金观涛、刘青峰：《中国超稳定封建社会结构分析》，湖南人民出版社1982年版，第11页。

改变推动了统治阶级的解体。在风云变幻的20世纪，中国原有统治阶级在内外冲击之下，已经处于奄奄一息的状态，如白莲教、太平天国等农民起义给清王朝带来了沉重的打击，特别是历时十四年之久的太平天国运动严重地动摇了中央集权的政治运行模式，中央政府和地方势力之间的力量对比发生了变化，中央政府的政治权威进入消解通道。另外一个重要方面，清王朝的自我革新并不成功，如戊戌变法和清末新政的失败，不仅未能挽救中央政府，反而加速了其政治权威的消解。

（三）解体过程

随之发生的解体过程，大致分为三个阶段。第一阶段具有代表性的事件是1905年科举制度的废除。科举制度的废除给统治阶级造成了巨大影响，因为明清以降，科举制度将统治阶级中重要的三个部分官僚—知识分子—地主阶级联结起来，加之国家与宗法制的同构性，形成一个牢固的政治结构。如图七所示，三者之间相互流动，形成社会中各阶层流动的通道，与此同时相互支撑形成整个统治阶级的基石。维持三者之间流动的纽带就是科举制度，当科举制度被废除之后，这个纽带断裂了，新的联结纽带却尚未形成，造成了统治阶级结构的分裂。其中受打击最大的是知识分子阶层，以前通过科举考试可以从政，并可以成为统治阶级的一部分，现在这条路已经行不通，而安定知识分子的方法和现实政策尚未形成，因此知识分子成为了最不稳定的阶级之一，亦成为革新运动的推动者和倡导者，他们意图通过革新来改变自身在政治上不稳定的地位。

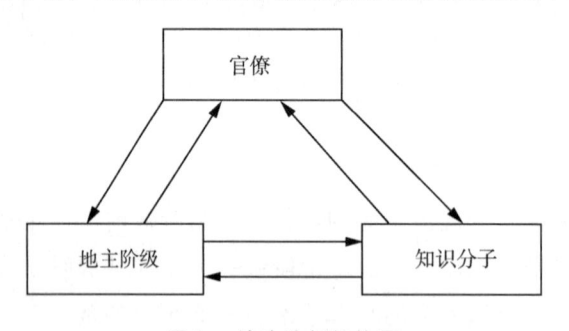

图七　统治阶级结构图

第二阶段是受到清政府改革失败的影响，一部分人认为革命成为了拯救国家的诉求，极具代表意义的是辛亥革命。辛亥革命的爆发，打倒了象征着统治阶级总代表的帝王和推翻了清王朝。如图七所示中的官僚这个阶层被暴力打碎，整个统治阶级结构已经不可避免地处于崩溃状况。

第三阶段是由于政治力量的虚弱或处于真空状态，统治阶级出现混乱和旧的政治制度崩溃，与此同时新的政治制度并未真正地建立起来，知识分子思想空前活跃。加之西方意识形态的传入，已经逐步影响了一部分知识分子。"五四运动"应运而生，影响了整个思想界的发展进程。

综上所述，正是因为内外危机的共同影响，原有的意识形态开始了其解构的过程，与此同时新的意识形态亦开始兴起，随着苏俄革命的胜利和共产国际开始积极开展输出革命，其中中共所推崇的马克思列宁主义也在此时开始深入知识分子的心间，并开始被一些知识分子视为解救中国于苦难的指导思想。

二 新的意识形态兴起——马列主义的被接受

正如前文所述，20 世纪中国面临着前所未有的全面危机，无数精英知识分子面临的首要问题是救亡图存——重建一个强有力的、集权的政治权力，以便能够重新统一中国、保持政治稳定，同时也能够增加其渗透与控制社会经济的能力。为何有很多激进的知识分子选择了马列主义作为解决中国问题的方法？针对这个问题，马列主义对中国知识分子具有吸引力，这是因为，正如史华慈恰当地指出那样，它为中国知识分子提供了"从西方观点来评价并批评资本主义西方的可能性"[1]。"马克思主义也是一种全面危机（total crisis）的理论。它预见在不久的将来社会的全面转型。这样，它就同中国人的全面危机意识和感觉，同仍然模糊不清，尚未成型的对全面转型的要求，以及中国激进知识分子立即采取政治行动的欲望产生了共鸣。"[2]

---

[1] Benjamin Schwartz, *Chinese Communism and the Rise of Mao*, Cambridge: Harvard University Press, 1952, 15. 陈公博在哥伦比亚大学的硕士论文（写于 1924 年，1966 年发现并出版）也支持史华慈的结论。陈是 1921 年中国一大十三位参议者之一，也是最早对党失望并离开党的领导人之一。Ch'en Kung-po, *The Chinese Communist Movement in China*, ed. C. Martin Wilbur, New York: Octagon Book, 1966. 以下引为 Ch'en, *Communist Movement*. 邹谠：《中国革命再解释》，（香港）牛津大学出版社 2002 年版，第 10 页。

[2] 张国焘曾回忆他与陈独秀关于为什么组织中国共产党的一次谈话。他写道，"我们觉得孙中山领导的革命运动和他的三民主义原则不够彻底，无政府主义过分理想主义，缺乏实际操作的手段，其他社会主义派别倡导的议会制度在可见的将来不可能在中国实行"。不管张的回忆是否准确，他的说法可以被视为他对中国需要的分析。Chang Kuo-t'ao, *The Rise of the Chinese Communist Party*, 1921—1927, Lawtence: University Press of Kansas, 1971, 100. 邹谠：《中国革命再解释》，（香港）牛津大学出版社 2002 年版，第 10 页。

本书认为马列主义之所以对于中国知识分子的吸引力，很大程度上在于俄国革命胜利的示范效应，之前中国尝试君主立宪（清政府的改革）和民主共和（中华民国的建立）两种尝试并未改变或减缓全面危机的延续，共产国际对中国的输出革命亦是值得重视的原因。接受马列主义意识形态并予以实施是一个发展的历史过程，其中在其初期中共更多的是接受外来意识形态作为革命行动的"符号样板"或对苏俄革命的"原样照搬"，遇到了很多困难并导致了中共在1927年的惨痛失败。中共在从失败走向成功的过程中，其中出现了许多问题，如自身地位的问题——作为共产国际的支部还是拥有独立性的党、马列主义意识形态与中国传统意识形态之间的关系等。1927年"八七"会议之后，中共以马列主义为指导开始了新的革命斗争，并在一段时间内取得了一定的成绩如在全国范围内建立了多个苏区。中共在这段短暂而动荡的执政时期下，如何进行积极地宣传，改变广大民众原有的价值取向，转而接受中共倡导的革命价值观。下文重点对鄂豫皖苏区的意识形态的建构及内容分析进行探讨。

第二节 鄂豫皖苏区意识形态的建构及内容分析

正如前文对意识形态组成要素的分析，本书对鄂豫皖苏区意识形态的建构过程及内容分析是基于对一些观念的关键词进行诠释。

一 关键观念的选择

中共在20世纪20年代至新中国成立进行的社会活动以"革命"为名，其所建构的话语体系亦以"革命"为旗帜，因而首先应从对"革命"二字的分析出发。中共社会革命的出发点在于阶级的划分和从中设定阶级斗争的对象，中共的革命以阶级斗争为手段，首先以经济上的利益和政治上的权益为驱动，进而通过文化动员来发动广大的弱势群体，特别是农民及贫苦大众。"中国社会革命以阶级斗争为指导思想，从阶级观念中'引申'出群众的观念，中国政党以其严密的组织和逐渐强大的组织能力，去发动群众，组织群众，引导群众参与政治，所以在革命的过程，中国人民参与政治的格式引起了数千年以来第一次的根本变化,农民及贫苦大众下层阶级都变成政治生活中的重要角色,不少上升为干部,最高层的政治领袖也以他们为'参考群体',这是共产党战胜国民党的最根本的原因。"① 同时"社会革命的独特之处在于,社会结构和政治结构的根本性变化以一种相互强化的方式同时发生。而且,这些变化的发生要通过剧烈的社会政治冲突来实现,而阶级斗争又在其中起着关键作用"②。因此,"阶级"二字起源、演化及其社会化的考察成为解析中共意识形态建构的重要路径。

中共在阶级斗争中将社会各个阶层界定为具有相应特质的政治团体,这些团体因为对于革命有着不同的愿景和期望即存在着对于革命的认知差异,因而在革命中会表现出不同的态度和付诸各异的行动,直接导致整个社会被划分为支持革命的、中立的、不支持的阶层,因此代表支持革命的"群众"二字应运而生。"新中国的成立,实际上是以'群众'的观念而不是以'公民'的观念为指导思想。'群众'的观念着重社会某些阶层的社会和经济上的权利,而忽略了个人的自由权利。"③ 本书认为"群众"二字的诠释直接影响了中共在苏区的各种社会活动和各个阶层的命运。与此相关的"群众运动"则成为联结"群众"社会化的手段。如图八所示,"群众"在中共的思想训练下或称之为"文化动员"下,在体验和参与政治活动的过程中,通过"群众路线"进行"群众运动"来成为中共的利益共同体——革命的同盟军。这个流程在革命中,随着实际情况的不同变化发生着相应的变化。

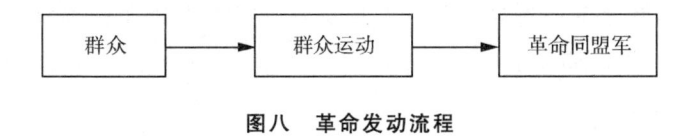

```
群众 → 群众运动 → 革命同盟军
```

图八 革命发动流程

---

① 邹谠:《二十世纪中国政治:从宏观历史与微观行动的角度看》,(香港)牛津大学出版社1994年版,第4—5页。
② [美]西达·斯考切波:《国家与社会革命对法国、俄国和中国的比较分析》,何俊志等译,上海人民出版社2007年版,第5页。
③ 邹谠:《二十世纪中国政治:从宏观历史与微观行动的角度看》,(香港)牛津大学出版社1994年版,第8页。

阶级斗争与群众、群众运动的观念之间的关系①主要体现为：虽然"群众""群众运动"与"阶级"之间并非简单的关系，然而不可否认的是三者之间有着紧密的联系，很多时候同时出现在中共的政治活动和宣传文本之中。因此，本书认为在中共的革命语境下，"阶级"和"群众"是了解中共文化动员的宗旨内涵——意识形态的重要观念。

二　观念的诠释及其现实意义

（一）革命

冯天瑜在《新语探源：中西日文化互动与近代汉字术语生成》中认为"'革命'是由汉语古典词衍生而成的，历经了从古典义向现代义的转换，而外来概念对固有语的意义渗透和改铸，是导致这种转变的重要助力。'革命'意义的转换大致分为三个方面。第一方面，'革命'的古义。第二方面，孙中山等中国近代革命者对'革命'的认同与改造。第三方面，日本人以'革命'对译 revolution"。

"革命"这一概念经历了"中国创制的古典词—传入日本并发生演变—近代日本借以意译西方词汇—日本译名'革命'从日本逆输入中国这样一个跨国度、跨文化的迁衍过程。……现代义及世界义的'革命'一词在19、20世纪之交输入中国后，迅速播散开来，但并非和平展开，围绕其词义曾发生激烈论战。""五四"后，中国人汲纳苏俄的"革命"论，暴力夺权意义上的"革命"一词影响更形张大。② 如毛泽东在《湖南农民运动考察报告》中说："革命不是请客吃饭，不是文章，不是绘画绣花，不能那样雅致，那样从容不迫，文质彬彬，那样温良恭俭让。革命是暴动，是一个阶级推翻另一个阶级的暴烈行动。"③

---

① 邹谠认为：首先，阶级斗争概念和群众、群众运动以及群众路线的观念之间的关系比人们通常理解的更为复杂。群众路线并不仅仅是或专门是贯彻阶级斗争的一种方法。实际上，这一观念与实事求是观念的结合——加之江西和延安时期政治、经济与军事现实的影响——导致毛在许多方面日益提倡温和政策。它使共产党得以争取更多的群众而削弱中国社会中与它对立的势力的规模和力量。在这两个方面，它都起到制约阶级斗争概念的作用，后者必然导致最激进的政策。邹谠：《中国革命再解释》，（香港）牛津大学出版社2002年版，第15页。

② 冯天瑜：《新语探源：中西日文化互动与近代汉字术语形成》，中华书局2004年版，第526—530、536、539—540页。

③ 《毛泽东选集》（第1卷），人民出版社1991年版，第17页。

李博（Wolfgang Lippert）在《汉语中的马克思主义术语的起源与作用：从词汇—概念角度看日本和中国对马克思主义的接受》中提出"由于'Revolution'一词的汉语对等词'革命'在19世纪的汉英词典和英汉词典中均未出现，但字形相同的'kakumei 革命'却见于明治初期的几部英日词典中，所以这个词肯定是日本人的创造。……'革命'这一术语首次引入汉语是在1896年的《时务报》杂志上"①。文中进而提出，中国人当时不乏抵制吸收"革命"这一新术语者，并以梁启超从抵制使用"革命"一词到容忍为例，说明"革命"被中国知识分子接受的发展过程。"革命"一词具有重要的政治意义，是随着1905年孙中山革命同盟会的建立，并号召进行"民族革命"和"政治革命"。李博还认为"直到中国革命胜利，中国的共产主义者主要将'革命'理解成社会和将阶级斗争推向顶峰的社会不同阶段间的暴力冲突"②。

金观涛、刘青峰认为："'革命'既然对应着天道循环，透过推翻腐败的、不道德的政府，重建符合儒家意识形态的政治秩序，因此，在传统中国社会，'汤武革命'的意义就是给出这类改朝换代的正当性。革命观念在中国近现代思潮中的涌现，始于戊戌变法失败以及此后发生的一系列事件，显示出清王朝的腐败无能，出现改朝换代的要求。1903年，少年邹容写出气势磅礴的《革命军》，获得社会极大反响，意味着在激进知识分子心目中，清廷已成为腐败、无能、卖国的象征，中国只有先改朝换代才能抵抗西方冲击，革命遂成为激进知识分子的共识。"③ 并在进一步的分析中提出新文化运动对革命观念重构的表现："正因为新文化运动对革命观念的重构，一方面，使它具有传统改朝换代的隐结构，表现在国、共两党在争夺中国政权时，总是把对方的道德腐败作为取而代之的理据；另一方面，两党的革命目标虽然都是追求平等和取消一切差别（这与中国的大同理想有内在关联）的新道德，但由于国、共两党其他意识形态主张上的差异，转化为两党的不同社会实践。"④

而黄宗智则认为："在我看来，革命之所以和造反或王朝更迭区分，最终是因

---

① ［德］李博：《汉语中的马克思主义术语的起源与作用：从词汇—概念角度看日本和中国对马克思主义的接受》，赵倩等译，中国社会科学出版社2003年版，第141页。
② 同上书，第151页。
③ 金观涛、刘青峰：《观念史研究：中国现代政治术语的形成》，法律出版社2010年版，第19—20页。
④ 同上书，第20页。

为革命不仅只是从一个国家机器的过渡,而且同时是大规模的社会结构变迁。"①

对于革命中各个阶层应对革命的反应,费孝通认为一部分的原因是各个不同阶层对于革命的期望不同,因此出现各种不同的反应和行动。

> 当一种制度不能满足人民的需要时,甚至可能还没有替代它的其他制度。困难在于社会制度是由人际关系构成的,只有通过一致行动才能改变它,而一致行动不是一下子就组织得起来的。另外,社会情况通常是复杂的,参与改革的一个个人,他们的期望也可以各不相同。所以在社会变革的过程中,为组织集体行动,对社会情况需要有一个多少为大家所接受的分析和定义以及一个系统的计划。这种准备活动一般都需要一种语言形式。最简单的形式如一个船长在指挥一条船航行时,对他的船员们发出命令。又如在议会或国会里进行一场有准备的辩论。对形势或情况的不同解释和关于结果的各种期望形成辩论的中心。无论如何,这样的准备活动总是会在有组织的革新活动中出现的。②

而中共在鄂豫皖苏区的革命是从发动农民进行革命开始的,通过各种文化动员来激发农民的革命热情,使之认识到革命对于他们的意义。"……引起农民革命的热情。凡是有工作的地方,农民因为认识了土地革命的意义,遂日趋于革命化,相率起来,杀戮土豪劣绅大中地主,以求土地问题之解决。鄂南区虽暂时屈服反动势力之下,但农民群众革命的热情并未因此消灭;因对驻军压迫之反感,对于反动政府,更有'与汝皆亡'之势。黄、麻人民之自动起来大杀土豪劣绅,更是对于鄂南暴动的响应。"③

在苏维埃革命时期,出现了一些非理性的行动和思想,例如"……革命已成为神圣的权威,革命便成了衡量一切是非的最高标准。……在革命法庭面前,人们由于对革命态度的不同,而被划分为革命的、不革命的乃至反革

---

① [美]黄宗智:《经验与理论——中国社会、经济与法律的实践历史研究》,中国人民大学出版社2007年版,第91页。
② 费孝通:《江村经济:中国农民的生活》,商务印书馆2001年版,第20页。
③ 《湖北省委关于湖北农民暴动经过之报告(摘录)》(1927年10月),中国工农红军第四方面军战史编辑委员会编:《中国工农红军第四方面军战史资料选编》(鄂豫皖时期·上),解放军出版社1993年版,第121页。

命的。只赞成革命，有利于推进革命，一切手段都受到肯定；而只要不赞成革命，或仅对革命有疑虑、有保留，更无论反对革命，他们的主张与行动不管是否具有合理性，都要被斥责，被否定。革命本来只是实现理性目标的手段，而当它成了神圣权威之后，理性反过来成了进行革命的工具，革命本来追求的目标，倒因此变得模糊起来。理性准本与理性基础不足，使革命经常为狭隘的功利与实用主义的思维所支配"[1]。

正如法国著名学者雷吉斯·德布雷所言，"革命首先不是一种造反，而是一种哲学，一种关于建立新社会的理性计划。革命首先是一种思想，一种世界观，革命者们确信拥有历史的意义，追求人民的幸福，然后找到一种物质力量，一种军事技术，掌握政治权力，建立一种新的道德秩序"[2]。

在鄂豫皖苏区，革命与再造的成效在苏区时期的显现并不是十分明显，旧的秩序和观念的形成是经历很长的一个历史过程，在摧毁和重建的过程并不是一日之功，需要从日常生活的点滴开始渗透，同样是一个漫长复杂的过程。有上述对"革命"的诠释可知，"革命"在苏维埃革命时期的流行，被中共赋予了新的内涵，这个内涵尚未被明确，很多党员和干部都尚未能真正地理解在马列主义理论体系下的"革命"，而仅仅是以自身原有的认知体系所包含的内容来理解"革命"，对于这个情况在本书下一章会进行具体的阐述。

（二）阶级

中共领导的土地革命是以阶级斗争为出发点的暴力革命，因而要考察苏区意识形态的建构，须从"阶级"二字说起。"阶级"在英文中称之为"class""rank""order""steps"等，"class"译为人们在社会上由于所处地位不同和对生产资料关系不同而分成的集团，"order"译为等级，"steps"为台阶。列宁的定义为"所谓阶级，就是这样一些大的集团，这些集团在历史上一定的社会生产体系中所处的地位不同，同生产资料的关系（这种关系大部分是在法律上明文规定了的）不同，在社会劳动组织中所起的作用不同，因而取得归自己支配的那份社会财富的方式和多寡也不同。所谓阶级，就是

---

[1] 姜义华：《理性缺位的启蒙》，上海三联书店2000年版，第70页。
[2] 夏榆、陈卫星：《"革命不是选择，而是一种哲学"——专访法国著名学者雷吉斯·德布雷》，《南方周末》2010年6月10日。转引自何友良《苏区制度、社会和民众研究》，社会科学文献出版社2012年版，第122页。

这样一些集团，由于它们在一定社会经济结构中所处的地位不同，其中一个集团能够占有另一个集团的劳动"①。

中共对中国阶级的诠释与分析最著名的莫过于毛泽东，他在 1925 年 12 月 1 日《中国社会各阶级的分析》中，对中国当时的阶级状况进行了详细的分析，并随之成为中共革命的指导原则进行推广实施。毛泽东在文中将中国社会划分为几个阶级，并详细说明其范围与指出这些阶级与中共革命之间的关系。如图九所示：

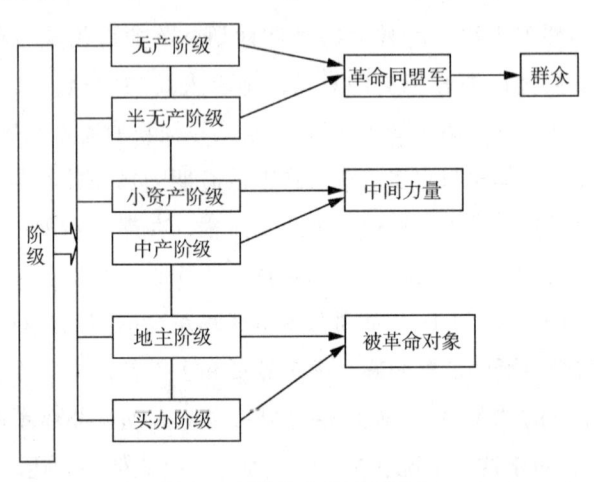

图九 中国社会各阶级分析

如图九所示，可知在毛泽东构建的革命话语体系中支持革命的"群众"或"革命的同盟军"主要指无产阶级和一切半无产阶级。② 小资产阶级和中

---

① 中共中央马克思恩格斯列宁斯大林著作编译局编译：《列宁全集》（第 2 版第 37 卷），人民出版社 1986 年版，第 13 页。

② 半无产阶级。此处所谓半无产阶级，包含：（一）绝大部分半自耕农，（二）贫农，（三）小手工业者，（四）店员，（五）小贩等五种。绝大部分半自耕农和贫农是农村中一个数量极大的群众。小资产阶级。如自耕农，手工业主，小知识阶层——学生界、中小学教员、小员司、小事务员、小律师、小商人等都属于这一类。这一个阶级，在人数上，在阶级性上，都值得大大注意。自耕农和手工业主所经营的，都是小生产的经济。这个小资产阶级内的各阶层虽然同处在小资产经济地位，但有三个不同的部分。第一部分是有余钱剩米的，即用其体力或脑力劳动所得，除自给外，每年有余剩。"……"第二部分是在经济上大体上可以自给的。"……"第三部分是生活下降的。"……"以上所说的小资产阶级的三部分，对于革命的态度，在平时各不相同；但到战时，即到革命潮流高涨、可以看得见胜利的曙光时，不但小资产阶级的左派参加革命，中派亦可参加革命，即右派分子受了无产阶级和小资产阶级左派的革命大潮所裹挟，也只得附和着革命。《中国社会各阶级的分析》（1925 年 12 月 1 日），《毛泽东选集》（第 1 卷），人民出版社 1991 年版，第 5—6 页。

产阶级则成为中间力量,由于小资产阶级和中产阶级的摇摆不定和软弱性,在革命中是应该团结的力量,同时二者对革命的忠诚度也是应该被谨慎认同的和时常提防的。一切勾结帝国主义的军阀、官僚、买办阶级、大地主阶级以及附属于他们的一部分反动知识界,则是革命的敌人和被革命的对象。

阶级的划分,将原有的社会设定为敌对的两个集团,通过政党的政治、文化动员民众进行阶级斗争。"阶级斗争在国民革命中的出现,与其说是源于社会内部的冲突,还不如说是源于国民革命者们所欣赏的国家形态和政治风格。1912年中华民国成立后不久,孙中山就对自由主义政治中的你争我斗表示不满,并在随后10年中宣告,他只对一种国家满意,即建立在高度纪律性和高度集权化的革命政党模式之上的国家,简单地说,就是一个列宁主义的党治国家。在国民革命中,孙中山和共产党人共同合作,在广东省建立了中国第一个党治政权。他们首先设计出了各种程序,以便通过大众宣传和革命纪律,来实现意识形态的统一和政治的中央集权化。"[1]

中共面对"沉睡"且"无知"的民众,为了"唤醒"民众采用通过开展阶级斗争的手法。郑位三对于苏维埃革命中阶级斗争有着清醒的认识:"中国的农民运动,在外国也一样,是以阶级仇恨为主,不是以政治觉悟为主。三年游击战争时,连领导干部在内,不晓得社会主义是什么东西,无产阶级专政怎么办,不懂这一套,是什么东西作主要的呢?是阶级仇恨作主要的,当然政治觉悟也有。抗日战争时农民运动是民族仇恨为主,政治觉悟在第二位。现在农民是社会主义政治觉悟放到第一位。那时不是阶级仇恨达到顶点,那些事如何做得出来!三年游击战争的军队政治上最坚强,人人坚强,现在几百万军队只有部分人坚强,不是人人坚强,那就是有阶级仇恨这个东西,抗美援朝也是人人坚强,是民族仇恨,斗争厉害得很,中国几十年阶级斗争,阶级仇恨提到最高度是三年游击战争,其余都没有达到这种程度。"[2]

在鄂豫皖苏区中共常用革命歌谣来动员广大民众进行阶级斗争,如当时流行的《赤色苏俄歌》中提到:"工人农人万众一条心,一个人一个心一盘散沙,尽所能所需共产主义,推翻反动的统治建立苏维埃。资产阶级力量不

---

[1] 费约翰:《唤醒中国——国民革命中的政治、文化与阶级》,李恭忠等译,生活·读书·新知三联书店2004年版,第25页。

[2] 《郑位三同志谈话记录》(第6次),湖北省档案馆,SZA-2998,1959年4月29日。

多大，人又少势又弱我们不怕他，他有钱我有人努力去交战，想个法子消灭它宣传我赤化……"①

由此可见，中共区分阶级的标准是依照经济状况来划分的，并将资产阶级和有钱人设定成被革命对象，并采取严厉的手段，如在《湖北省委关于湖北农民暴动经过之报告（摘录）》中提到：

>……摧毁了乡村封建势力的基础。此次斗争中，各区杀土豪劣绅之爪牙走狗，虽无精确的统计，估计至少一千人左右，对于乡村封建势力之打击，较过去长时期中的儿戏的农民运动为严重（过去将及一年的长时期中，较过去长时期中，所杀土劣至多不过百人），所以，汉川等县之土劣，也慑于这种声威有时不敢蠢动。

>……促进了农村阶级斗争的剧烈的发展。鄂南暴动失败后，土豪劣绅勾引反动军队，到处屠杀农民，并向反动军队说："宁肯错杀一千，不肯误放一人。"反动阶级之阶级的意识之明显，斗争的进行，亦愈剧烈。在乡间，只要提起打到土豪劣绅，绝对没有农民反对；农民对于土豪劣绅，也不似从前采取儿戏手段，绳子政策，而直接处死，并没收其财产，焚毁其房屋，杀戮其家人，即为阶级意识明显与阶级斗争剧烈之铁证。②

从上述内容可知阶级革命中敌对双方采取的都是极端残酷和恐怖的暴力行动，在革命的大旗下，阶级的属性将整个鄂豫皖苏区的社会划分成几个对立的集团，阶级成分成为决定其命运的重要依据。"社会革命的独特之处在于，社会结构和政治结构的根本性变化以一种相互强化的方式同时发生。而且，这些变化的发生要通过剧烈的社会政治冲突来实现，而阶级斗争又在其中起着关键作用。"③

---

① 《赤色苏俄歌》，红安县革命史编写领导小组办公室编：《红安革命歌谣选》，武汉大学出版社1986年版，第29页。

② 《湖北省委关于湖北农民暴动经过之报告（摘录）》（1927年10月），中国工农红军第四方面军战史编辑委员会编：《中国工农红军第四方面军战史资料选编》（鄂豫皖时期·上），解放军出版社1993年版，第121页。

③ ［美］西达·斯考切波：《国家与社会革命对法国、俄国和中国的比较分析》，何俊志等译，上海人民出版社2007年版，第5页。

与此同时，我们应该看到通过对"阶级"成分的划分而进行革命斗争，同时亦具有很大的破坏性和不足。由于"主要原因是农村阶级分化并不明显。从主观去划分阶级，本是极困难的。一般说来，中国农村中，大地主为数不多，土地分得很零碎；中小地主占相对的多数。有一片很小的土地出租，不能不说他是小地主，可是他的境况，也是贫苦的，甚至还是靠出卖劳力为生的。农民贫苦与否，有时也不能单凭有无土地来划分的，往往一个自耕农甚至有点土地出租，家境却不是富裕的；而另一个佃户虽无土地，但租种大片土地，要雇用一些雇农代为耕种，家境却是比较富裕的。还有乡村中商贾小贩和一些手工业者，也附带经营农业，有的被视为农民，有的又被视为商人或手工业者。就由于这些复杂的经济因素，要去划分地主富农中农贫农雇农，确非易事。"① 另外仅仅通过阶级划分，平分土地，亦不能完全解决苏区农民的问题，例如"中国农民历来所希望的，是买田置地安居乐业。平分土地的口号，对于占农村人口百分之七十的贫苦农民，确实富于吸引力。可是，受过革命洗礼的鄂豫皖苏区的农民，对于平分土地，了解得更清楚。我曾询问过许多农民关于平分土地的观感，他们多数说到要苏维埃站得住，土地分了才能算数。有的却说单分得一块土地，没有耕牛农具和本钱，还是不济事。这些简单的答话，道出了这一问题的症结所在，没有政治保障和必需的经济条件，单凭分土地，不能改善农民的生活状况。"②

（三）群众

"'群众'二字跟日语完全没有关系，而是完全是来自于中国本土的话语体系，并以严复的译著《社会通诠》对'群众'的使用为论据，因严复是古风风格的拥护者，推断'群众'二字来自于中国古代的典籍——《荀子》中"。③ 李博在文中提出"群众"并没有出现在任何一部供研究19世纪汉语词汇的双语词典里，直到清末，人们才将"群众"用于新的目标，赋予新的

---

① 张国焘：《张国焘回忆录》（第三册），内部发行，东方出版社1980年版，第76—77页。
② 同上书，第77页。
③ "君子……使目非是无欲见也，使耳非是无欲闻也，使口非是无欲言也，使心非是无欲虑也。及至其致好之也，目好之五色，耳好之五声，口好之五味，心利之有天下。是故权利不能倾也，群众不能移也，天下不能荡也。"《荀子集解》（291），卷1，第11页。[德] 李博：《汉语中的马克思主义术语的起源与作用：从词汇—概念角度看日本和中国对马克思主义的接受》，赵倩等译，中国社会科学出版社2003年版，第404页。

含义；这个词在 1918 年首次为李大钊所用以说明"Bolshevism 是一种群众运动"，自此以后 20 世纪 20 年代开始，"群众"一次成为列宁主义文献里被广泛用于翻译术语"die Massen"，俄文为"massy"的词了。① 在其理论体系中政治术语"大众"和"群众"之间没有区别，认为在毛泽东的文章中，"群众"和"人民"二词是可以互换的并经常组合在一起，组成"人民群众"或"人民大众"。毛泽东在《关于目前党的政策中的几个重要问题》中提出："所谓人民大众，是包括工人阶级、农民阶级、城市小资产阶级、被帝国主义和国民党反动政权及其所代表的官僚资产阶级（大资产阶级）和地主阶级所压迫和损害的民族资产阶级，而以工人、农民（兵士主要是穿军服的农民）和其他劳动人民为主体。这个人民大众组成自己的国家（中华人民共和国）并建立代表国家的政府（中华人民共和国的中央政府），工人阶级经过自己的先锋队中国共产党实现对于人民大众的国家及其政府的领导。这个人民共和国及其政府所要反对的敌人，是外国帝国主义、本国国民党反动派及其所代表的官僚资产阶级和地主阶级。"②

毛泽东对"群众（人民大众）"的定义充分说明了在中共革命语境下，"群众"即是参加革命的社会阶层的集合，"群众"之外的阶层则有中立和敌对之分，中共所有的政治行动和目标都是围绕这些划分进行的，"在目前反帝斗争开展的形势之下，特别要指出只有工农兵的民众革命，才能打倒帝国主义，取得中国民族独立解放与中国的统一。要把工农兵民众的政权，与地主资产阶级国民党的政权，明显地对立起来，说明帝国主义国民党几次进攻苏区与红军以及它们失败的意义，以开展反对帝国主义国民党对于苏区与红军的新的进攻与拥护苏维埃政权的斗争"③。

"群众"在苏区时代被定义为工农联盟和红军，在拥护苏维埃的宣传中反复提及的亦是这三个阶层革命活动，如在《拥护苏维埃》："看啊，工人

---

① [德]李博：《汉语中的马克思主义术语的起源与作用：从词汇—概念角度看日本和中国对马克思主义的接受》，赵倩等译，中国社会科学出版社 2003 年版，第 404 页。
② 《关于目前党的政策中的几个重要问题》（1948 年 1 月 18 日），《毛泽东选集》（第 4 卷），人民出版社 1991 年版，第 1272 页。
③ 《中共中央致鄂豫皖中央分局信》（关于敌人加紧"围剿"鄂豫皖区问题）（1931 年 12 月 4 日），《鄂豫皖革命根据地》编委会编：《鄂豫皖革命根据地》（第 1 册），河南人民出版社 1989 年版，第 141 页。

们,战争开始!抛弃我们的锤子,到战场上去!向前作战,拥护苏维埃,万众头颅拼一掷,奋勇不顾身。看啊,农民们,战争开始了!抛弃我们的镰刀,到战场上去!向前作战,拥护苏维埃,万众头颅拼一掷,奋勇不顾身。看啊,士兵们,战争开始了,严整我们的武装,到战场上去!向前作战,拥护苏维埃,万众头颅拼一掷,奋勇不顾身。"① 特别是对红军的重视,在战争时期显得尤为重要,如:"红军是土地革命与苏维埃政权的保卫者,是我们工农手中的武器,我们要消灭蒋介石的进攻,我们就要起来拥护红军。我们要节省我们的食粮来供给红军,我们要节省我们的衣服来供给红军,我们要帮助红军作战,我们要帮助红军作战,我们要帮助红军的家属,我们要慰劳为保卫土地革命利益而英勇作战的红色中国战士,我们要尽心地看护英勇作战而受伤的战士。鄂豫皖的劳苦兄弟们!中国共产党号召你们起来参加光荣与勇敢的工农红军,拥护红军,每个劳苦群众不论在前线与后方都要给红军做事,帮助红军。"②

在苏维埃革命时期,随着"在莫斯科负责领导中共的苏共党内又不断地发生路线斗争,政策变来变去,中共中央领导层也因为内部和外部问题换来换去,影响到新政策层出不穷,一年一个样,苏区内部的阶级斗争政策及方法也就必然不断更新。像富农的政策就经历了几度变化,先是在1927年8月以后规定不分地富一并打击,到1928年中共六大以后又规定要中立富农,反对打击富农,到1929年以后根据苏联集体化运动的政策变化,转而又规定必须加紧反对富农,把富农从农民组织,特别是党组织及政权内驱逐出去,富农只能分坏田"③。"群众"所涵盖的阶层也不断发生变动,造成阶级身份的变化,加剧了苏区内部的阶级斗争。

三 关键观念的灌输者及主要内容

革命意识形态及其追随者,无疑是重大社会革命的必要组成部分。革命

---

① 《拥护苏维埃》,红安县革命史编写领导小组办公室编:《红安革命歌谣选》,武汉大学出版社1986年版,第48页。
② 《中共中央告鄂豫皖工农群众书》(1931年12月4日),《鄂豫皖革命根据地》编委会编:《鄂豫皖革命根据地》(第1册),河南人民出版社1989年版,第145页。
③ 杨奎松:《"中间地带"的革命:国际大背景下看中共成功之道》,山西人民出版社2010年版,第279页。

意识形态的宣传体现在其话语体系之中的关键观念之灌输，在苏维埃革命中，这些工作很多都是红军和宣传队完成的，这种特殊的现象是与中共处于长期的军事斗争环境中密不可分的。在国共相互竞争争夺文化领导权的态势之下，双方都做出一些反宣传活动。

（一）关键观念的灌输者

1. 红军

中共在领导土地革命的过程中，各级领导人最最重视的工作仍然是军事工作，并且军队的工作在一定程度上代替其他组织的工作，特别是在政治宣传中向民众灌输革命观念。

> 红军中政治工作，必须特别注意。红军兵士不仅为战斗员，并应为战地宣传组织人员，红军应由苏维埃派政治委员监督军官，并负责进行政治工作。政治委员应即为党的代表，最好由工农分子充任，能了解军事的更好。政治委员在党内属于师委，同时即为支部或支分部党的负责人员，对党员应有秘密特殊之训练，但对外不得用党代表名义，应代表苏维埃进行兵士群众的政治教育。利用红军兵士集中施行政治教育是非常必要的。这不仅是可使红军兵士的政治认识与宣传组织工作能力增高，而且在退伍之后，乃至于在偶尔失败之时，均能使他们回到乡村中成为群众中最积极最勇敢的分子。[①] 加强士兵或队员的政治教育，使他不仅是一个武装兵士，而是一个群众的宣传者和组织者。[②]

同时强调红军区别于普通游击队的特征便是作为中共意识形态的宣传员和组织员，并且承担向群众灌输的重任。"红军与普通游击队不同的地方，就是红军需要有更高的组织，更高的政治认识。红军中的一切生活应当完全在无产阶级政党的领导之下。每一个红军中的士兵，都应当明了他自己在阶

[①] 《中央通告第五十一号：军事工作大纲》（采用广东省委扩大会议军事问题决议案内容）（1928年5月25日），中国工农红军第四方面军战史编辑委员会编：《中国工农红军第四方面军战史资料选编》（鄂豫皖时期·上），解放军出版社1993年版，第194页。

[②] 《鄂东北各县第二次联席会议扩大游击战争决议案》（1929年6月9日），中国工农红军第四方面军战史编辑委员会编：《中国工农红军第四方面军战史资料选编》（鄂豫皖时期·上），解放军出版社1993年版，第299页。

级斗争上负担的任务。红军士兵应当明了革命中的根本问题,每一个士兵不仅是一个武装的战斗员,并且要是群众中之宣传员、组织员。要使广大的劳苦群众都自愿地承认红军是他自己的武装力量。"①

关于红军既是战斗员,又是宣传员同样可以在下面资料中看到:

> 红军战士都是中贫农,就是由国民党军队中哗变过来的士兵也是中贫农出身。党教育他们认识了自己的三大任务。如歌曰:"红军三大任务,打到帝国主义,铲除封建势力,实行土地革命,从新建立无产阶级,各尽所能各取所需",因此,作战时非常勇敢,能以少胜多,败而不溃;能吃苦耐劳打到突袭敌人的目的,即使一夜也能行百余里,有时几天只吃点什粮、野菜也行。遵守纪律,爱护群众。除打仗外,红军还要做以下一些工作:帮助地方建立党、政、武装以及群众组织;每个战士都负责有向群众宣传的任务,做到既是战斗员,又是宣传员;帮助群众劳动。每到一个地方,都要帮助群众挑水扫地、洗碗、抢种、抢收。②

而真正的文化教育组织却没有贯彻中共意识形态的推广与宣传,其教化的功能却并没显现出来。例如文化教育委员会,"文化教育工作——皖西北的文化教育没有注意到各乡学校,至今尚在读三民主义的课本及五经四书,改组派及反革命分子亦弄到学校教书,这非常的错误。代表大会认为皖西北的文化教育工作,不仅是要注意列宁小学的改造,工农学校、社会教育的设施,亦应同时加紧建立。婚姻的无政府状态,梅毒的发展,亦应从教育中来纠正"③。

再如1931年10月8日钱文华在《CY鄂豫皖中央分局给团中央的综合报

---

① 《中央给鄂东北特委并全体同志的指示信》(1929年7月14日),中国工农红军第四方面军战史编辑委员会编:《中国工农红军第四方面军战史资料选编》(鄂豫皖时期·上),解放军出版社1993年版,第326页。
② 红安县革命史编辑委员会编:《红安县革命史汇编》(草稿)(中册),湖北省档案馆,GMC-62,第31页。
③ 《鄂豫皖区第二次苏维埃代表大会给皖西北特苏的指示信》(鄂豫皖区第二次苏维埃代表大会文件之十五)(1931年7月),中国工农红军第四方面军战史编辑委员会编:《中国工农红军第四方面军战史资料选编》(鄂豫皖时期·下),解放军出版社1993年版,第309页。

告》中提到：

> 过去各地的小学是建立了许多，但是因为没有好的教师（多半是老先生）和没有课本读，教授的方式完全是旧式的，儿童不爱读书，不爱到学校去，所收的成绩是很少的；同时苏维埃对于文化教育工作不注意，教员没有饭吃也教得不起劲了，学校倒台的不少。自特苏二次代表大会以后（七月一号以后）才开始建立苏维埃内文化委员会的工作，各级苏维埃也设有文委会，但是实际建立工作还是很少。现在特苏文委会已在开始编课本，并且印发了许多，但不够需要。学校，各县每个县苏都建立一堂模范小学，每乡都建立有两堂以上的初小，特苏文化委员会建立有一堂高级小学，在苏区内还要算顶高的一堂学校了。
>
> 各县虽建立有这许多学校，但是十分之七八还是老秀才先生，教授方法是老到了极点，儿童还是有许多不爱读书的。现在苏区对于这样的人材（才——笔者注）真困难到一万分，好点的知识分子都负着工作或者当秘书。①

1931年11月29日钱文华在《CY鄂豫皖中央分局给团中央的综合简报》中依然提到："对于广大劳动青年文化政治的教育工作，过去还做了一些，现在可以说完全放松了，游戏娱乐工作可以说没有，因此不能提高青年来积极参加斗争的热情，反把许多很活泼的青年弄成了一种老大死气的现象，结果形成了青年儿童慢慢地离开了我们的领导。"②

2. 宣传队及其相关组织

宣传队其实亦是作为意识形态灌输的组织，如："宣传队的任务，是要使每一个苦于国民党军阀压迫忍饥挨饿，耽（担——笔者注）心春收不能到自己手里的男女老少群众都晓得他自己的红军已经为他们自己的利益开始击破了他们的生死敌人国民党土匪，并且更要使他们懂得因为有了许多他们自

---

① 钱文华：《CY鄂豫皖中央分局给团中央的综合报告》（1931年10月8日），中国工农红军第四方面军战史编辑委员会编：《中国工农红军第四方面军战史资料选编》（鄂豫皖时期·下），解放军出版社1993年版，第501页。

② 同上书，第561页。

己的爹妈哥老弟兄姐妹拥护了红军，配合了红军的行动，才争得这一次的胜利。所以要争取反'围剿'的彻底的胜利，真要春（夏）收能到我们自己手中，不饿死，收了再不要有土匪来抢去，我们就必须要更大动员来拥护红军，配合红军的行动。在'五卅'举行庆祝红军胜利的大会。"① 例如在红四军中，团以上的宣传队（妇女或少年）受政治部或政治处领导。政治部下还有宣传科，具体领导宣传队的工作。部队每到一处，便在墙上写标语和口号，召开群众大会，唱歌跳舞，宣传与解释党的政策，并帮助调查本地地主富人以及民团等反革命分子的情况，发动群众，找出积极拥护共产党的人组织苏维埃；行军时，沿途唱歌、宣传，以鼓励士气。平时也检查军风军纪，监督士兵执行纪律情况。打仗时常至火线上向白军喊话，给自己队伍打气，送茶送水。②

宣传的方法及内容主要表现为：

一是随军宣传。红军或赤卫队攻下一地后，宣传队立即搭台，乐队吹打，吸引群众出来，人多了就开始宣传活动，要人民不要跟国民党走，共产党不杀人，共产党是为穷人的，跟共产党有吃、有穿、有田种。讲完后发衣服、粮食给最穷苦的人。有时事先由宣传队员通知群众，晚上在某地方开会，并有粮食与衣服发给参加开会的人。③

二是个别宣传。挨家挨户宣传，由于国民党进行反宣传，使许多人对共产党存在不正确的看法。因此，宣传队员到白区去，首先态度要好，这样容易与群众搞好关系。如看见老人叫干妈、奶奶，向她们说："我离开家里，很念家，你们这里就是我的家，你们就是我的妈妈。"宣传时还印一些好歌和传单，传单内容说国民党是欺骗群众，共产党好等，把这些歌与传单发给群众。在路上碰见人就宣传。④

三是标语宣传。每到一处就在那里贴标语，内容有："要百姓回了，不要跟国民党跑反，国民党只是为自己的利益，跟他们永远不能翻身，共产党

---

① 《鄂豫皖中央分局万急通知——组织群众宣传红军的胜利及拥军工作》（1931年5月29日），中国工农红军第四方面军战史编辑委员会编：《中国工农红军第四方面军战史资料选编》（鄂豫皖时期·下），解放军出版社1993年版，第175页。

② 红安县革命史编辑委员会编：《红安县革命史汇编》（草稿）（中册），湖北省档案馆，GMC－62，第29页。

③ 同上书，第102页。

④ 同上书，第102—103页。

是为穷人的，领导穷人翻身的，跟着共产党有吃有住有穿有田种等。"

再就是通过群众性集会进行宣传。每逢"三八""五一""五四""五卅""六一""七一"等节日，政府都集会庆祝，在大会上演讲，向群众进行传统的革命教育。编写革命歌曲、民谣、戏剧、双簧等，如当时有"我夫革命本是真""穷人歌""庆祝苏维埃成立"，在群众大会上演唱。

但是，宣传队的实际情况并不是很好。如一些地方宣传队处于停滞或临时性质，更有甚者是一个空头招牌，并不能真正实现其正常运行。例如："宣传队的组织过去在苏区内各地都有，但无经常的生活，而且还有许多是临时性质。如某一纪念节群众大会则组织宣传队，会后即解散。现已规定各苏维埃各群众团体普遍组织宣传队，建立经常生活，找较聪明而善说话的人充当队员。宣传队不仅要进行宣传工作，还要把宣传队看成是培养宣传干部的训练班，各地已有部分的开始执行。……过去各地党部苏维埃都把俱乐部看成是点缀机关，门口贴着招聘，门锁着或仅一座空房子，无人经常负责，或不把他看成是宣传教育群众的重要机关，现已改变（见特委通知第二十八号），如流波疃、麻埠等处均已切实建立。"①

3. 敌人的反宣传

针对中共的宣传，作为敌对方的国民党进行了反宣传，但是国共两党在统一战线时期，二者存在着相当多的相似之点，因此国民党方面的反宣传主要是从道德伦理等层面对中共进行攻击，如"南京国民政府曾训练了五百宣（传）队员出发鄂豫皖苏区周围进行反宣传工作，携带小册子传单甚多〔我们现仅见到传单一种，估计他（它——笔者注）的作用很小〕，并召集群（众）会议等进行口头宣传。五保团匪、罗麻匪军对苏维埃区多有传单标语等反宣传品，各该地尚能针对着敌人反宣传给以答复。敌人反宣传至要材料是说红军怎样失败，说红军抽丁。利用我们工作弱点扩大宣传，说农民粮食多系苏维埃没收去了。群众能脱离'共匪'（敌人说）改过自新不追究，说共产党'焚杀'、'共妻'等。各地党部虽然能以批拨（驳）敌人的反宣传，但很迟滞，而且不够"②。

国民党方面的反宣传能够取得一定的效果，一部分原因是中共在宣传方

---

① 《皖西北特委报告之四》，中国工农红军第四方面军战史编辑委员会编：《中国工农红军第四方面军战史资料选编》（鄂豫皖时期·下），解放军出版社1993年版，第218页。

② 同上书，第220页。

面的工作不力造成的。如："过去他们乘着我们工作的不深入，就此提出一些似是而非的口号（如说土地革命就是均田，打到土豪劣绅打倒帝国主义，民主主义就是共产等）和一些改良口号（如二五减租，劳资协调等），同时寻找我们工作的缺点，加紧造谣、挑拨离间群众的情感，破坏党的信仰（如说共产党会吹牛皮，一个小城市还没有得着，还说夺取武汉），又时常造谣威吓群众。以后因为斗争深入了，他们的改良口号行不通，如是大部分用阴谋破坏的方法（如对分配土地，他公开的不反对，暗中鼓动富农反抗，鼓动赤区富农到白区告密，勾结反动军队来。并加紧造谣、挑拨等宣传）。"① 另一方面的原因是各个苏区之间的联系较少，信息不畅通造成的。如"由于消息隔绝，江西苏区胜利的消息，我们隔了很久才知道。反之，我们的不幸又往往被敌人利用来发动宣传攻势。敌人宣扬中共中央是被摧毁了，甚至造谣说周恩来也已投降了。敌人利用赤区与白区的通商关系，派遣一些奸细到处造谣：不是夸说国民党已调集主力军携带大批飞机大炮，不久要来进攻这个苏区；就是离间人民与苏维埃政权的关系，号召军民人等反正。国民党这些做法，生效虽然不大，但对这个尚未稳定的苏区，确有动摇人心的作用。"②

以国民党方面编写一些歌曲混淆民众视听，营造反共的氛围，而中共方面毫不示弱，亦编歌予以反击。如陈赓雅在霍山的见闻：

国军四次围剿，赤军自相杀伐外，一方面更加紧编组童子团、赤卫队、妇女慰劳队等、每将天伦叙乐之农家，立成劳燕分飞之残窠，尤其鼓励壮丁当赤军，更易引起春闺之不满。有所谓"牧羊歌"者词为"我夫革命本是真，革命两三春，闹散一家人，夫在南，妻在'北'，二人两泪分"，句虽俚浅，但极风行，亦可见当时赤区人民骨肉分离，私衷愤懑之一斑。但赤军格于情势，殊不示弱，亦为歌云："白军才是真土匪，跟着土劣乱杀挥乱七和八糟，耀武扬威，我们工农个个都吃亏！"

---

① 《鄂豫边特委综合报告——边区政治经济情形，党、政、军工作及工运、妇运、青运情况》（1930年12月），中国工农红军第四方面军战史编辑委员会编：《中国工农红军第四方面军战史资料选编》（鄂豫皖时期·上），解放军出版社1993年版，第875页。
② 张国焘：《张国焘回忆录》（第三册），内部发行，东方出版社1980年版，第95—96页。

用以诽谤国军,并以为有徼工农自觉自决之意。一为寡妇年纪轻,一心要嫁人娘婆二家,没有说明山后有一人,他本年纪轻,我也合他心,手里无钱娶不成,来到大路边,两眼泪不干!抬头看见共产党员,党员说的好:平等女,亲自找,找一个好男子,会种田,也会骑马和坐轿!此乃劝年轻寡妇自动择夫而嫁。此外尚有许多采茶调及儿谣,惟不如上三歌流行之盛给人印象之深,虽自新年余支农夫农妇,尚多能笑而诵之。惟闻紧要句,未敢诵出。①

当时发展苏区的工作是很困难的,国民党的反宣传起了恶劣的影响,如他们向群众说:"共产党共妻,打菩萨,把小孩的眼睛挖出来作千里眼。男女同睡一张床,秩序不好,姑娘不与别的垸子的人结婚。"红军或赤卫军所到的地方,青年人、中年人都跟着国民党跑了,剩下来的都是老年人,他们不相信共产党,你向他宣传,他不听,开会也不去,就是去了他只站一下就回来了。因此,宣传时要耐心地谈,慢慢劝说。在王家店时,群众说:"共产党好是好,就是秩序不好,开一个大铺要男女同睡。"宣传队员解释说:"没有着这样的事,这是国民党说来吓你们的,男女平权不是这样平的,是从政治、经济各方面平权的,妇女可参加机关作事。"②

有时宣传员在村中宣传,有人暗地告发。如1931年张则军在许家垸宣传时,刚进村就碰见一个人,拉着他进行宣传,那人要去挑水,张则军等他回来,过来好久还不见他挑水回来,就有些不放心了,于是跑到井边一看,只有一对空桶,而他去搬清乡团去了,清乡团边走边放枪,张则军等掉头就跑了。③

(二)灌输关键观念的主要内容

中共在革命过程中已经充分认识到意识形态的宣传需要采用通俗化的手段,并且内容要贴近群众生活,揭示群众苦难的根源,号召他们起来斗争,并提出:"在一切群众中须作广大的政治宣传。宣传的方式与材料,例如用几句很简短通俗的白话或滑稽画,在工人区域及商业繁盛街市一带的墙壁、厕所上

---

① 陈赓雅:《赣皖湘鄂视察记》,(台北)文海出版社1968年版,第122—123页。
② 红安县革命史编辑委员会编:《红安县革命史汇编》(草稿)(中册),湖北省档案馆,GMC-62,第103页。
③ 同上。

描写军阀混战所给人民一切经济方面的痛苦,工贼、厂主压迫工人、店员的情形,各地工农反抗的事实情绪。……找出每个厂各业工人群众斗争的主要口号,及一般的总口号,向群众作广大的宣传。同时加紧宣传正确的暴动策略(不是临时鼓动),使群众懂得暴动是什么,在什么条件之下才能实现,因而自觉地注意日常斗争和本身组织的工作,彻底明了过去对于暴动观念的错误、充分准备将来总的斗争。"①

在宣传手段上强调:"宣传与煽动应分别清楚,才不致混乱了群众的行动,或使群众畏缩而不敢行动。宣传是注重总的政治口号,这些口号是要使群众认识,要群众知道必为这些口号而斗争,但不应要群众马上要实行这些口号。鼓动是根据群众目前迫切的要求而提出的斗争的口号,这些口号是立即要实现的,宣传的口号是要群众知道他的阶级使命,鼓动口号是发动目前的斗争。"②

在宣传的目的上,则称:"加紧在宣传上扩大我们的政治影响。鄂东北是很有进行广大宣传的可能,扩大宣传是发动群众的重要方法,我们党之总的政治口号,必须经过宣传才能达到最广大的群众,尤其是宣传可以说明目前斗争与总的政治口号的联系。我们必须根据当地所发生的一切事实,来宣传我们的政治主张,才能使群众更易于加紧斗争的情绪。假使不能有定期刊物,则必须有经常的传单、标语、图画,尽量在群众中散布,虽然在我们没有组织影响的地方,我们也要尽量想方法使宣传品能以达到,在有机会与群众谈话开会的时候,更要视为最方便的宣传机会。"③

在鄂豫皖苏区,对苏维埃政权的宣传是关键观念的灌输体现之一。"在城市与乡村广大地宣传工农兵苏维埃政权的意义,以矫正群众中农民政府的观念,并且一有群众起来的地方立即组织苏维埃,实行一切权利归苏维埃,

---

① 中国工农红军第四方面军战史编辑委员会编:《中国工农红军第四方面军战史资料选编》(鄂豫皖时期·上),解放军出版社1993年版,第205页。

② 《鄂东北各县第二次联席会训练与宣传决议案》(1929年6月9日),中国工农红军第四方面军战史编辑委员会编:《中国工农红军第四方面军战史资料选编》(鄂豫皖时期·上),解放军出版社1993年版,第301—302页。

③ 《中央给鄂东北特委并全体同志的指示信》(1929年7月14日),中国工农红军第四方面军战史编辑委员会编:《中国工农红军第四方面军战史资料选编》(鄂豫皖时期·上),解放军出版社1993年版,第322页。

无论哪一级苏维埃，一经成立即毫无怀疑，议决公布，执行一切：杀反动派，没收土地，焚烧田契、债券等，事实地成为乡村的政权机关，在黄安须立即由乡苏维埃组织，进行区、县苏维埃的组织。"①

土地政纲是中共重点推广和灌输的另一内容，并且强调土地政纲与被革命的对象反动统治阶级和帝国主义相联系，和限制革命活动中的烧杀行为。

> 加紧土地政纲的宣传。土地政纲是争取农民群众的最好工具，加紧土地政纲的宣传，是发动农民运动最好的方法。不但口（对——笔者注）于土地政纲的文字宣传应特别普遍，并且应动员全体同志向农民解释土地政纲。在各种刊物上，在各种会场中，务须注意报告苏维埃区域分配土地的实际情形，对农民的一切宣传都要联系到土地政纲上去。宣传土地政纲必须联系到"驱逐帝国主义和建立苏维埃"两个主要口号上去，要实现土地政纲必须要苏维埃政权，要实现苏维埃政权就要驱逐帝国主义，这一点总要使农民认识。……禁止单纯的烧杀政策：单纯的烧杀政策，最容易使农民吓退，在客观上足以破坏争取群众的总策略，给农民接受改良主义的机会，各级党部应悬为厉禁。②

> 要做广大的宣传鼓动工作，将群众武装与农民最切身的问题、新收问题以及援助中央苏区的任务密切地联系起来。说明只有靠群众武装的力量才能得着新收的胜利，给中央苏区实际的帮助，这样才能使每个党员了解群众武装的意义，激起他们自己的精神。③

---

① 《湖北省委致黄麻特委信——关于过去工作的缺点和今后工作的方针》（1928年1月），中国工农红军第四方面军战史编辑委员会编：《中国工农红军第四方面军战史资料选编》（鄂豫皖时期·上），解放军出版社1993年版，第162页。

② 《鄂东北各县第二次联席会农民运动决议案》（1929年6月9日），中国工农红军第四方面军战史编辑委员会编：《中国工农红军第四方面军战史资料选编》（鄂豫皖时期·上），解放军出版社1993年版，第293页。

③ 《鄂豫皖中央分局党团联字通告第四号——武装广大工农群众，巩固并扩大苏区》（1931年7月29日），中国工农红军第四方面军战史编辑委员会编：《中国工农红军第四方面军战史资料选编》（鄂豫皖时期·下），解放军出版社1993年版，第330页。

另外一个重要方面的实践在红军的兵运工作和对待俘虏的政策上,党不仅在农民群众中而且也在敌军士兵中展开宣传、组织工作,做士兵运动,使敌军投向人民,或是瓦解。士兵运动的方式有三种:

一是内部的鼓动:即是把优秀的、经得起考验的忠实于党的党、团员派到敌军中去。在敌军中进行政治鼓动与宣传。鼓动士兵对军官的不满,揭露军官刻薄压迫士兵(如打骂、扣军饷等)与官兵不平等的情形。同时大力宣传共产党的士兵政策,以争取国民党士兵。或团结一部分较开明的军官,有目的地排挤和打击另一部分军官,来争取军官向左转,或是由此而取得党在士兵中的领导权,从而改变军队的性质。派去做这种工作的同志可以几年不回来。

二是外部的宣传:最常见的为贴标语、阵前喊话与唱士兵哗变歌。

贴标语、喊话,成立有"白兵宣传队""白兵宣传小组",向敌军营房丢标语,如宣传:"你们不要为地主军阀卖命,不要做他们的工具,他们是吃人肉喝人血的家伙,应该打倒他!""红军是为了穷人的,为的是打富济贫,红军是穷人的军队,天下穷人是一家,自己人不打自己人。"在阵地上喊:"伙计,不要打枪啦,投到我们红军这边来吧,你们挨打受骂,挨冻受饿,我们官兵平等,同吃同住,不打不骂。"在追击国民党时喊:"老乡,不要跑!我们穷人不打穷人,你们过来愿意干的就干,不愿干的,给钱让你们回家。"①

编哗变歌,向白军唱弃暗投明道理的歌。如"兵变歌""告团丁们"。像兵变歌:

莫打鼓来莫敲锣,听我唱个兵变歌,同志们仔细听着;
出得门来去当兵,只望当兵有出声,那晓得糟糕万分;
当兵当了十几年,身中还是没有钱,家屋的饿得很;
从前队伍到乡中,不该随便杀工农,原来是一样的穷;
他打你来我打他,打的都是我丘八,军阀们嬉笑哈哈;
大家造福大家享,大家加入共产党,齐暴动同谋解放。

---

① 红安县革命史编辑委员会编:《红安县革命史汇编》(草稿)(中册),湖北省档案馆,GMC - 62,第 33 页。

同时，也将一些哗变白兵事例立即编成歌作宣传。如："廖棚卖柴歌""十八军十一连的哗变""反动派与白色士兵吵咀歌"等。①

三是红军的俘虏政策可说是一个最好的宣传鼓动："红军对俘虏采取宽大政策，凡放下武器者，不杀不打不骂，不准搜荷包。对排长以下的俘虏进行宣传，愿当红军的，我们欢迎，把他安插至各排，不愿的，或分给土地留当地生产，或回家，自由选择。回家的，并按路途远近，发给路费。有时，也故意放一些俘虏回其兵营，让他们向国民党匪军讲一讲红军的官兵平等、优待俘虏政策，让他们活生生地向白匪士兵讲明他们官长说红军残杀俘虏纯系骗人的谎言。同时，通过他们使匪士兵渐渐了解红军的真相而觉悟起来。每次战斗中，敌军倒戈之事经常发生，有个士兵缴枪几次，带来几百人投诚，就可证明我俘虏政策所取得的极大效果。由于我们兵运工作做得好，敌人缴枪投降与哗变者很多。比如1931年，红四军的一个连在河南天台山中的卡房与刘善青匪部作战，由于对敌军士兵展开了宣传，红军战士可以不带武器而在敌营中自由出入。最后敌兵百余人杀了他们的长官，全部投奔红军。②"

第三节　传统文化与苏区革命文化之关系分析

中共领导的苏维埃革命其场所大多处于数省交界的地区，这些地区多是相对封闭，大部分民众都是农民，并且文化水平相当低下，受到传统文化的影响非常深。中共在共产国际的指导之下，开始建构自己的革命话语，亦是建构意识形态，通过对中国的过去、现在和将来的解释来推行革命文化。

一　苏区革命文化对传统文化的冲击

中共通过动员广大贫困民众进行阶级革命，极大地动摇了地主阶级的统治。虽然早期的农民不甚了解"土地革命"的真正意义，但是中共政治宣传的魔力已经初步呈现出来，新的愿景和希望通过多次的呐喊和描述嵌入了醒悟者的脑海。

---

① 红安县革命史编辑委员会编：《红安县革命史汇编》（草稿）（中册），湖北省档案馆，GMC-62，第33—34页。
② 同上书，第34页。

原有的社会结构与关系在反复激烈的阶级斗争中被摧毁殆尽，新的体系尚未形成，但是阶级仇恨的种子已经播下，更加激烈斗争的态势已经不可逆转。在这个过程之中，作为统治阶级思想体现的传统文化亦受到了巨大的冲击。

二 苏区革命文化对传统文化的传承

革命文化虽然加入了很多苏俄革命的因子，并以铲除旧有传统文化为己任，如在苏区时期确实存在"烧古书旧书、全盘否定知识分子、毁寺庙、拆城墙、挖祖坟、烧族谱"等极左的政策与做法，客观上给传统文化造成了强烈的冲击与破坏；但是在很大程度上传承了传统文化，并没有造成中华文化的断裂，而是其发展链条中的重要一环，诸如传统曲艺、戏剧、歌谣等苏区的绝大部分民间文艺样式都得到了很好的保护与传承，并且经过革命化改造，获得了新生。正如前文所述五四新文化运动是中华文化发展演进从"外在冲击"到"内在转化"的转折点，但文化传统的形成和认同需要长时间的灌输和不断调整，同样新的文化被真正认同和理解非一日之功，实现真正的文化变革尚需要千千万万群众的实践和从日常的点滴之功开始。

鄂豫皖苏区的意识形态建构即是这一关键的早期实践，受到五四新文化影响的革命知识分子带着新文化的理想与信念来到鄂豫皖苏区，他们面向苏区军民展开了一系列实践探索，使五四新文化运动的"说"转化为"做"。鄂豫皖苏区时期，中共对于传统文化的理论认识并非出于理性的考量，一方面，把传统文化简约为旧文化、封建文化等，并有针对性地制定了简单的否定性的文化政策；另一方面，把农民文化、俗文化、民间文艺等从传统文化中分离出来，倡导并鼓励它们的发展。

但是强调传统文化力量与新文化的动力具有同等重要性是必要的，因为中国文化生活变迁的真正过程，既不是外来文化直接转渡的过程，也不是传统的文化平衡受到了干扰。革命中所发生的问题是这两种力量相互作用的结果。在土地革命时代，如上所述中共试图在农村通过政治加工的意识形态建构消除一部分传统文化的影响，由于苏区的受众绝大部分都是生活在宗法体制下的农民，中共采取的文化动员实践又是容易被农民接受的传统形式的文化活动，从某种意义上说，苏区文化是近代以来全面自觉地建设中国新文化的关键起点,它促使中华文化在转轨的基础上延续了生机和活力。"传统制度的解体可能会导致社会心理上的涣散和沉沦颓废,而这种涣散和沉沦颓废又反过来形成新的认同和忠诚的要求。它可能和传统社会中潜在的或实际的集团重新认同,或者和在现代化过程中演变出来的某一套新玩艺或新团体挂起钩来。"①

三 二者之间的关系分析

中共的革命文化与传统文化是相互冲击与融合的,二者之间并无明显的界限。"大体上看,中国现代化文化在整体、内容、价值观念、目标以及显而易见的方针、政策、指导思想等方面基本上都是外来的,而部分内容与形式、具体的生活方式、方法(尤其是权术、人际关系)以及潜在的有利和无利条件则大都是从传统中来的。"②

维克托尔在《旧制度与大革命》中强调革命中人们的初衷是要扫除旧有的东西,实现全新的重建,例如"1789 年,法国人以任何人民所从未尝试的最大努力,将自己的命运断为两截,把过去与将来用一道鸿沟隔开。为此,他们百般警惕,唯恐把过去的东西带进他们的新天地:他们为自己制订了种种限制,要把自己塑造得与父辈迥异;他们不遗余力地要使自己面目一新"。但是革命者不知不觉从旧制度继承了大部分感情、习惯和思想,并以此来进行革命,"在这项独特的事业中,他们的成就远较外人所想象的和他们自己最初想象的要小。我深信,他们在不知不觉中从旧制度继承了大部分感情、习惯、思想,他们甚至是依靠这一切领导了这场摧毁旧制度的大革命;他们利用了旧制度的瓦砾来建造新社会的大厦,尽管他们并不情愿这样做;因此,若要充分理解大革命及其功绩,必须暂时忘记我们今天所看到的法国,而去考察那逝去的、坟墓中的法国。"③ 在这一点上,鄂豫皖苏区的革命同样呈现相似的情景。

---

① [美] 塞缪尔·P. 亨廷顿:《变化社会中的政治秩序》,王冠华等译,生活·读书·新知三联书店 1996 年版,第 35 页。
② 邹谠:《二十世纪中国政治:从宏观历史与微观行动的角度看》,(香港)牛津大学出版社 1994 年版,第 44 页。
③ [法] 维克托尔:《旧制度与大革命》,冯棠译,商务印书馆 1997 年版,第 29 页。

革命中的反复和旧有制度再现，在摧毁和重建的过程中，往往能发现二者之间千丝万缕的联系，而不是简单地一刀两断的隔开。很多发生在革命中的事件和思想，虽然有着特有的外在形式，但是中国历史上亦能找到类似的例子。在中共领导的革命有着两个截然不同的阶段，第一个阶段中共以所有旧有的文化和制度等之类为扫除的对象，第二阶段在重建新的文化和制度过程中往往不自觉地参照了原有的东西。例如前文中提到的著名革命歌谣《黄安谣》的创作，其来源便是当地民团对抗太平军所编的歌谣。

在中国，传统的革命精神与现代列宁主义在恰当的时间和地点发酵暂时融合，恰当的时间为占绝对统治地位的儒家意识形态和宗法制受到了前所未有的挑战和质疑，恰当的地点则为政治权力出现真空，中共领导的政治力量被强力推进至点燃整个区域的心。

国民党方面则认为，虽然中共宣传与意识形态灌输的工作成效颇深，但是中国传统文化的影响之深，并不是能够很快消除的。万耀煌在日记中记载道："黄安自匪董必武（用威）与郑位三培养黄安共党人才，由黄安作起点，发展为三省边区苏维埃，毁灭伦理道德，子弑父，女弑母，妻弑夫，杀人如麻，毒辣残忍惨不忍闻，真属恶极。然假名共产主义为世界最进步的理想政治，拥护苏联为祖国，以达成世界革命的目的，以此为新，为前进，民族亡了，人类灭了，黄安就是共产主义的一例。黄安既遭匪劫，县城内外凡受共匪残害者，家家户户设坛超度亡魂，道士念经锣鼓喧天，鞭爆香烛纸马到处焚化，乌烟瘴气，此虽属迷信之举动，但可测知中国人伦理观念之深也。"[①]

黄道炫认为："虽然，即便是国民党人的自省，也未必就一定可以奉为信史，但其说服力终究要大一些，民众在这其中感受到的压力和不平绵绵难绝。如果我们先定存在着一种革命趋势的话，或许就在历史的这些重重迷雾中，革命已经在不断添加着自己的砝码。"[②] 中共此时还正当幼年，各级领导对革命的困难认识较为模糊，更不用说新的词汇"土地革命""苏维埃政权"被民众理解并不是很短时间内能够实现的，不仅需要疾风骤雨般的呐喊，还需和风细雨的谆谆教诲。

---

① 万耀煌：《万耀煌将军日记》（上），（台北）湖北文献社 1978 年版，第 118—119 页。
② 黄道炫：《张力与界限：中央苏区的革命》，社会科学文献出版社 2011 年版，第 57 页。

第四节　小结

　　传统文化与中共革命文化如同维克托尔所述的新旧制度之间的关联，二者在融合的初期，其间的竞争多于融合；中共的革命文化如新生儿一般朝气蓬勃，并是从外国引进的意识形态，然同样在中国经受了传统文化的洗礼，这个洗礼的过程并不是一帆风顺的，特别是在苏维埃革命时期，照搬苏联的痕迹较为明显，中共的主要革命话语大部分来源于苏俄，自主的创造较少。"究其原因，是在大革命时期，中共与国民党共享'打到列强、除军阀'等一套革命话语，虽已包含反帝民族主义的内容，但是中国无产阶级革命者还没有自己原创性的、体现'中国'民族特征的、有关中国和中国革命的叙述。在这一阶段，中共的革命话语也未和党的领袖的名字相联系，换言之，陈独秀等并非革命话语的原创者，中共的革命话语基本上来源于俄式共产主义。即便到了1927年国共分裂后，'阶级'的主题虽已全面凸显，但在一个较长的时期里，中共革命话语还没产生自己的'民族'特征，中国无产阶级的有关革命的叙述，尤其是在建制架构等方面，都具有浓厚的俄式色彩。"①

　　由此可见，在苏维埃革命时期，鄂豫皖苏区革命文化并未完成与传统文化相融合的中国化过程，当然形成这个结果是多方面的原因所造成，并不能简单地进行假设和论断，其所构建意识形态并未实现马克思主义的中国化，然其中亦有关于马克思主义中国化的初步探索，这些为日后的文化融合提供了可借鉴的经验和理论范例。

---

① 高华：《在革命的词语的高地上》，《革命年代》，广东人民出版社2010年版，第207页。

第四章 鄂豫皖苏区文化动员与意识形态建构的作用及其影响

前两章讨论了鄂豫皖苏区文化动员的实践与表达和意识形态建构,二者究竟为中共领导的革命起到怎样的作用和造成了哪些影响?如何在民众的认知体系和价值观中留下深刻的印记?本章从不同时期鄂豫皖地区社会各阶层对革命的观感和国民党方面的应对和观感入手,试图分析和归纳苏区时期中共的文化动员和意识形态建构究竟有何作用和影响?

第一节 不同时期鄂豫皖苏区民众对革命的认知

一 苏区时期各方的认知(1927—1934)

在鄂豫皖苏区时期各方的观感,根据其身份属性的不同,大致可以分为以下几个方面:

(一)普通民众的认知

第一,普通民众对党组织的认知。苏区时期的普通民众对于中共的认识是经历了一个过程的,初期民众对中共的认识是非常模糊的,甚至是肤浅的,以为红军是土匪,甚至会出现很多低级的错误,如认为共产党是一个广泛的称呼,而不是一个政党组织;甚至由于苏区处于相对封闭的环境下无法辨认国共两党的区别;依然用传统思维来想象和描绘党员干部。

黄安部分农民群众认为党是他们自己的,他们参加农委或未参加组织,通常自以为是共产党员,到处称呼同志,如果党开会被他们察觉了,他即说"怎么?你们以为我是反动派吗?为什么不约我呢?"他是很发气的。在南部落后地方，农民群众是同情的态度，"共家的朋友是好的"常常都可听见。他们是希望我们能够替他创造出幸福来，双手送给他，自己参加斗争是太危险了，不划算。麻城除神（乘）马岗区和黄安进步地方相同外，其余或同情或尤有更不正确的观念，认为是几个党中领袖犯了法逼着造反的。柴山堡地方农民群众，初以我们为单纯的土匪，因接近较久看出实际行动来，知道是替他们谋利益的，但不知道应该自己参加，"你们黄安人是聪明些，这么多党员，我们光山人真蠢，总没考起一个！"（他误认为党员是科考考中来的）可以看出他们的心理；又对于反动国民党没有明了认识，"听说城里也在办党，和你们一样的贴着条子，要打到土豪"。以外还有"你们里头有的长着夜眼，一天能走三百二十里路的高人，是不是？""大队长是星宿下凡"（大队长是指吴光浩同志）。最近还有些地方认为我们为土匪，顶少。黄麻、柴山堡自整个说来，农民对我们的感情很好，我们到他家去宿食或红军去住，他是非常表示欢迎，但我们往往是给较多的钱的。①

不同区域内的民众对于中共有着不同的认识，例如"在赤色区域里，群众认党史（是）他们的'上级机关'，是带领他们去打土豪劣绅、打匪军[对清乡团和国民党军都称'匪军'，有时叫清乡团为'清匪'，亦（以）示分别]。光山文化落后一带地方，更以为他们替共产党员打江山，他们是共产党的老百姓。在非赤色区域里，有的以为党是打抱不平的侠义组织；有的以为是些妄想发横财的'共匪'②"。

一些县党的组织和武装因为各种原因，与本土民众隔离开来，使得民众无法真正地认识党，加之这些武装的作为，更加模糊了民众的认识。"有许多县党的组织和武装，虽仍旧保存一部分，但完全与群众脱离了关系——如黄冈、黄安、沔阳等地。这种流寇式的党，一方面使群众对党的认识更加模

---

① 《鄂东北特委何玉琳给中央的报告——黄麻地区政治、经济、军事状况，组织、宣传、工运、农运工作情况及今后意见》（1929年5月7日），中国工农红军第四方面军战史编辑委员会编：《中国工农红军第四方面军战史资料选编》（鄂豫皖时期·上），解放军出版社1993年版，第242页。

② 《何玉琳给中央的报告——鄂东北特区最近以来工作概况》（1929年9月8日），中国工农红军第四方面军战史编辑委员会编：《中国工农红军第四方面军战史资料选编》（鄂豫皖时期·上），解放军出版社1993年版，第354页。

糊;一方面党的自身也失掉了组织的意义与作用,甚至可以不自觉地变成真正的流寇。省委必须马上派人同他们接头,切实纠正这种现象,务使党的组织重新深入到群众中去;武装不应困守山上,而应指示他们实行游击战争,纠正过去毁灭城市与烧毁政策的错误。"①

第二,普通民众对于革命的认识。苏区民众对于中共领导的土地革命的认识是比较肤浅的,仅仅认为革命是杀尽土豪劣绅或是平分土地,无法真正体会土地革命的内涵和意义,这一点在中共的报告中亦有所体现:"关于这方面(土地革命——笔者注)的宣传,因为最近不久才积极注意起来的,所以仍是落后的形势。问一佃农:'你是革命的么?'他答'是的!'再问:'你怎样革命法呢?'答:'杀尽土豪劣绅。'问:'再呢?'许多就不能再答了,有的就答:'杀尽土豪劣绅以后平分土地'。还应当对于这加倍的努力。"②

第三,民众对苏维埃等组织的认识。"苏维埃"是如前文所述完全由苏俄引进的概念,对于处于封闭环境下且文化水平极其低下的苏区民众而言,这个概念是十分陌生的。例如"初时,群众只知道苏维埃政府是分配土地给他们,是保护他们的利益,尚不知道苏维埃就是他们自己的政府。现在不同了,他们对于苏维埃的选举是非常积极,了解苏维埃政府就是他们自己的政府,能够积极批评苏维埃的工作,时时向苏维埃政府提议要做些什么事情,他们都认为他们的出路时决定于苏维埃的命运上面"③。通过中共文化动员的反复灌输和不断熏陶,民众开始逐步了解和认识苏维埃政府是与其利益攸关的组织,并开始积极参加苏维埃政府组织的活动和主动向周边地区宣传苏维埃政府。

  大部分群众都知道苏维埃是保护他们利益,都知道与反动政府恰恰

---

① 《中共中央给河南省委的信——关于河南工作的指示》(1928年6月1日),《鄂豫皖革命根据地》编委会编:《鄂豫皖革命根据地》(第1册),河南人民出版社1989年版,第65页。

② 《鄂东北特委何玉琳给中央的报告——黄麻地区政治、经济、军事状况,组织、宣传、工运、农运工作情况及今后意见》(1929年5月7日),中国工农红军第四方面军战史编委员会:《中国工农红军第四方面军战史资料选编》(鄂豫皖时期·上),解放军出版社1993年版,第247页。

③ 《鄂豫边苏区的实况》(苏区通讯)(1931年4月6日),中国工农红军第四方面军战史编辑委员会编:《中国工农红军第四方面军战史资料选编》(鄂豫皖时期·下),解放军出版社1993年版,第98页。

相反，他们只有在苏维埃政权之下，才能得到解放。所以群众有时外出到别地，极力鼓吹他那地苏维埃办得怎样好。没有成立苏维埃只有农会的地方，群众对苏维埃非常羡慕，一到成立苏维埃群众就高兴万分，每一次代表会时，群众用音乐送扁（匾）幛、猪、羊和参观的人山人海。但在开始成立苏维埃时，群众只知道苏维埃是保护群众利益的，但不知道是他们自己创造的，不知道替苏维埃工作负责。所以苏维埃发现错误时，群众有（的）不敢批评，有的不愿批评（因为工作人不接受和怕工作人不接受）。有的以为是下级苏维埃工作人执行的错误，上级不是这样，向上级工作人报告的。是经过了大的改造以后，群众才知道他们对苏维埃有大的责任，才敢积极地批评苏维埃和撤换不好的委员。①

中共在革命时期新建了很多组织，如工会、雇农工会、贫农团等，这些组织都是以前没有出现过的，经过中共的不懈努力，苏区民众逐步了解和熟悉这些组织的功能和意义，开始有序地参加组织和积极参加相关活动。例如"群众的组织，有工会、雇农工会、贫农团、赤色互济会、反帝同盟、童子团等。群众尤其贫农、雇农及一般青年都是积极加入组织。童子团在打菩萨、反宗教、维持苏区的秩序上都是非常积极。说到苏区的妇女，她们的情绪特别是来得高涨。她们认为拥护红军是她们的中心工作，她们自动地组织了洗衣队、做鞋队，替红军洗衣做鞋；组织运输队，替红军搬运物件；组织慰劳队去慰问红军；组织看护队，来看护受伤的红军士兵。她们时常购买食物送给红军；并且时常去慰问红军的家属。组织守岗队、放哨队、侦探队等。此外，她们还参加一切群众的团体及武装的组织。选为各级苏维埃为委员的也不少"②。

相对政党而言，苏维埃政权和土地革命更难以被民众理解，这直接影响了认可度，新观念的产生和社会化是需要长时间的累积和推广。"这个在群

---

① 《鄂豫边特委综合报告（续）》（1930年12月），中国工农红军第四方面军战史编辑委员会编：《中国工农红军第四方面军战史资料选编》（鄂豫皖时期·上），解放军出版社1993年版，第897页。
② 《鄂豫边苏区的实况》（苏区通讯）（1931年4月6日），中国工农红军第四方面军战史编辑委员会编：《中国工农红军第四方面军战史资料选编》（鄂豫皖时期·下），解放军出版社1993年版，第99页。

众对于党的关系和认识中,就可看出在群众是很深影响,影响较浅的是苏维埃政权和土地革命意义,但已经可以看出很快的进步了。这两点本来不是易懂的,过去不久有农民还认为苏维埃是人或者地名呢?"① 例如民众对"苏维埃政府"的理解,建立苏维埃政权是一件更艰难的事,这个区域的人们大多不知什么是苏维埃政府,他们的了解是相当可笑的。少数知道苏维埃是工农政府,"苏维埃"这个字是由俄文翻译过来的。有的说到苏维埃政府是共产国际创立起来的,总机关在莫斯科,中国的总机关在江西,鄂豫皖区苏维埃政府只是一个分机关。更可笑的,当我和一些普通同志谈到这个问题的时候,有的猜测着说:"苏维埃就是苏兆征的别号,苏兆征是广州暴动中苏维埃政府主席,因而我们的政府以苏征兆的别号来命名。"另一位则反驳他说:"苏兆征同志已经死了,鄂豫皖乃是苏兆征的儿子。从前皇帝死了,便由儿子继承;现在我们的苏兆征主席死了,也由他的儿子'苏维埃'继承,因此,我们的政府叫作苏维埃政府。的确,这个由俄文翻译过来的名词'苏维埃'是太生硬了,一般农民不易懂得。不用说,一个政府的命名,是有重大影响的。苏维埃政权在这个区域已经有了约三年的历史,仍不为一般人们所了解,不能不说是一件极大的憾事。由此,我们也可以推知这个政府的名称,在更广泛的中国乡村中是如何的陌生;甚至在城市中,也不为多数工人所了解。一般人只觉得这不是中国固有的名字,而是从俄国输入来的。他们既不能了解这个政府的真正意义,更说不上有什么同情了。"②

张国焘在考察鄂豫皖苏区民众的革命觉悟和认识中曾经坐访过苏区民众,并将所调查的情况向中共中央报告,主要分为几个方面:

一方面,经过中共几年的宣传和动员,民众对于党、苏维埃、红军等有了初步的认识,明了这些名词都是给自身带来利益的组织,因此广大苏区民众对于红军是十分拥护的,但是同时也出现一些不良现象。

    我曾在高桥区第一乡苏维埃坐着,围着许多的男女在那里,我问他

---

① 《鄂东北特委何玉琳给中央的报告——黄麻地区政治、经济、军事状况,组织、宣传、工运、农运工作情况及今后意见》(1929年5月7日),中国工农红军第四方面军战史编辑委员会编:《中国工农红军第四方面军战史资料选编》(鄂豫皖时期·上),解放军出版社1993年版,第246页。

② 张国焘:《张国焘回忆录》(第三册),内部发行,东方出版社1980年版,第84—85页。

们说，你们如何才能保障土地革命的胜利？他们一致回答说："男子去当红军，女子参加生产，童子站岗放哨。"我问他们苏维埃是什么，他们说："苏维埃是我们穷人自己说话的机关。"一切气象，都证明乡苏维埃是得到群众拥护的。苏维埃的错误是误认苏维埃是单用命令统治农民的，有些地方，证明农民群众的了解政权，是我们重要的武器。一切地方党部不知发动农民自觉地建立苏维埃。

群众对于红军都是非常拥护的，到处都有农妇替红军缝衣、洗衣、做鞋等。昨天军委还接到七里区送来的一百双鞋子，乡间的老太婆甚至将好吃的小菜留起来，说等红军来送给他们吃。征募红军新战士时，有数百小足女子和小孩要求参加红军，经苏维埃劝阻不听，一定要走六七十里路问军委是否可以要他们到红军中去。现在红军中已有少数小足女子和小孩做宣传工作。

赤色区群众对红军如此拥护，可是白色区群众是在反动势力影响之下，他们不知听了多少关于红军的谣言。第二（原文无"第一"），从前有一时期有些地方捉了白色区的人，不管是农民是地主，胡乱杀起来。第三，红军到了白色区，赤区农民就去运输粮食，有些运输队，甚至红军到了那里，他不管是农民的是地主的，什么东西拿了就走，形成赤白对立的现象。红军打下光山十几个寨子，运输队乱拿当地农民的东西，虽然督促很紧，立即进行解释工作和检查监督的工作，但这种现象还是有。①

另一方面，张国焘在报告中还提到红军与苏维埃之间的不正确关系，这个问题从苏区建立初始便一直存在，虽然中共早就已经察觉，但是始终未能真正的解决。"红军和苏维埃之间存在着不正确的关系，现举两个例子：一个红军军官向苏维埃要一双鞋子，苏维埃的执委说没有，他回说'你们生成是驼皮鞭子的'。商城区乡苏维埃写信给四军军长称：'哀求军长大人'。同区某乡苏带领一些女子到红军许师长马前，跪求红军代他们打寨子。这些都

---

① 《张国焘关于鄂豫皖区情况给中央政治局的综合报告》（1931 年 5 月 24 日），中国工农红军第四方面军战史编辑委员会编：《中国工农红军第四方面军战史资料选编》（鄂豫皖时期·下），解放军出版社 1993 年版，第 166 页。

证明苏维埃红军是怎样受着国民党军队的流毒的影响,同时并证明我们的党还要做许多的教育的工作。"①

从上面的资料可见,普通民众虽对中共和中共领导的革命有一定的认识和认同,然远未到真正的理解,这些情况是多方面原因综合作用下出现的,如中共所构建的话语体系和建立的组织很多都是从苏俄直接移植过来的,并未进行中国化的处理,使得很多普通民众很难真正地理解。

(二)中共党员的认识

革命的初期,不仅是民众对共产党的认识很肤浅,就连很多共产党干部都对党和所进行的革命持有相当模糊或是不正确的认识,甚至出现了很多错误的现象,革命同志的政治水平还处于相当低下的状况,党的宗旨、根本任务、政治主张基本不能被下级同志了解,下级同志简单地以为"革命"如同以往的起义一样的暴力行动。这些问题的造成很大原因是由于革命同志大部分文化水平极其低下,以致中央的指示很难得到真正的体会和切实的执行贯彻,而解决这些问题并非能在短时间内一蹴而就,需要在斗争中不断学习和培养。如何玉琳就鄂东北特区工作情况向中共中央报告:

> 同志一般政治水平线非常低落,下级同志只知道打土豪劣绅、打清乡团、土匪,军队就是革命,尤其到红军赤卫队托枪是革命,对于党的根本任务、政治主张都不知道,就是区委、县委中许多同志也不知道了解,就是一个"干"字可以代表。第六次全国决议案和中央通告传达到鄂东北区后,稍稍进步,但只有特委、县委、红军一部分同志看了一下,并没有正式的、郑重的和认真详细地讨论过,县委以下同志也不知道,了解更不消说。因此对于政治的了解和认识仍是异常薄弱,因此不能做广大深入的政治宣传和走上正确的政治路线。许多同志看见国民党军队大部前来压迫就以为革命无望,看见国民党军队退去就以为革命成功了。麻城县委书记(在其宣传大纲起草中)因报载和谣传中冯玉祥得到苏联接济,释放共党囚犯,主张我们可以放松反冯以加强我们的声势。政治

---

① 《张国焘关于鄂豫皖区情况给中央政治局的综合报告》(1931年5月24日),中国工农红军第四方面军战史编辑委员会编:《中国工农红军第四方面军战史资料选编》(鄂豫皖时期·下),解放军出版社1993年版,第166页。

水平线是渐渐提高，但是非常迟缓。①

党员对于阶级关系、土地革命的真正内涵不甚明了，党员缺乏极低限度的基本知识，"如党的组织、党的作用、党与团和群众组织的分别与关系，以及农村斗争中的一些策略，一般党员都弄不清楚，所以时常做出很多的错误。……党的政策，既没传到党员群众，到群众的影响，自然更其微弱。而且党的宣传工作，只在斗争区域较为普遍。许多重要的城市与乡村，几乎完全没有党的宣传……"② 出现这种情况很大程度上是由于党的政策没有深入群众，宣传工作太不普遍造成的。

  因宣传的指导和训练甚少，在红色区域里党员的宣传是简单的鼓动群众打土豪劣绅、打清乡团，实际上早应该前进到另一阶段了，这些话群众已经听够了。群众提出的问题，如土地政纲中的问题，一般党员不能给以解释，群众对于政治的了解认识与党员差不多，有些腐化了的落后的党员还不及群众的忠实、坚决和活动能力。在白色区域里亦因宣传教育缺乏，党员是多较群众更胆怯更不开口和动手做宣传工作，又不能提出中心口号，不能从小的联系到大的，提高群众的认识，从经济斗争懂得政治斗争。总结说来，宣传工作做得绝不可否的效果，而且效果是逐日增大，宣传工作是逐渐改善，但是增进的道路是走得太迂回了、太迟缓了——由于主观的努力不够。③

造成这种情况的另一重要原因是国民党方面不断释放敌对信息对于中共的宣传产生了抵消和干扰作用，使得中共的文化动员效果不甚明显，甚至给

---

① 《何玉琳给中央的报告——鄂东北特区最近以来工作概况》（1929年9月8日），中国工农红军第四方面军战史编辑委员会编：《中国工农红军第四方面军战史资料选编》（鄂豫皖时期·上），解放军出版社1993年版，第352页。
② 中国工农红军第四方面军战史编辑委员会编：《中国工农红军第四方面军战史资料选编》（鄂豫皖时期·上），解放军出版社1993年版，第300页。
③ 《何玉琳给中央的报告——鄂东北特区最近以来工作概况》（1929年9月8日），中国工农红军第四方面军战史编辑委员会编：《中国工农红军第四方面军战史资料选编》（鄂豫皖时期·上），解放军出版社1993年版，第359—360页。

民众一种错觉,直接导致舆论导向错乱。如:"过去他们乘着我们工作的不深入,就此提出一些似是而非的口号(如说土地革命就是均田,打倒土豪劣绅打倒帝国主义,民主主义就是共产等)和一些改良口号(如二五减租,劳资协调等),同时寻找我们工作的缺点,加紧造谣、挑拨离间群众的情感,破坏党的信仰(如说共产党会吹牛皮,一个小城市还没有得着,还说夺取武汉),又时常造谣威吓群众。以后因为斗争深入了,他们的改良口号行不通,如是大部分用阴谋破坏的方法(如对分配土地,他公开的不反对,暗中鼓动富农反抗,鼓动赤区富农到白区告密,勾结反动军队来。并加紧造谣、挑拨等宣传)。"①

据张国焘的回忆中提及"……党员的文化水准十分低落,我们的决议到达县一级的组织,便往往停顿下来,各乡村党和苏维埃的组织,甚至看不懂上级的决议。知识分子极感缺乏,命令的下达往往需要上级的委员步行到各乡村去,向下级负责人详加讲解。这样,工作效率大打折扣。"② 经过党务学校的培训,党员的政治水平有所提高。"党员群众的大多数对于工农关系有不正确的观念,以为农民是无产阶级,红军打进城里去革命就成功了,对于土地革命的意义也多不明了,大半是以为均分土地。但最近因党务干部学校系统的教育之后,一般政治水平线有显著的提高。"③

二 游击战争时期的情况(1934—1937)

1934年11月红25军长征以后,鄂豫皖苏区开始了艰苦的游击战争,国民党方面同样也对红军进行了战术调整,主要分为以下几种方式:

"追剿",有以下两种形式:一是三十二师的专门在后面追击,不分昼夜、不分省界,并专门组织追击团,紧紧追赶,一是分地区"追剿"。

---

① 《鄂豫边特委综合报告——边区政治经济情形,党、政、军工作及工运、妇运、青运情况》(1930年12月),中国工农红军第四方面军战史编辑委员会编:《中国工农红军第四方面军战史资料选编》(鄂豫皖时期·上),解放军出版社1993年版,第875页。

② 张国焘:《张国焘回忆录》(第三册),内部发行,东方出版社1980年版,第82—83页。

③ 《何玉琳给中央的报告——鄂东北特区最近以来工作概况》(1929年9月8日),中国工农红军第四方面军战史编辑委员会编:《中国工农红军第四方面军战史资料选编》(鄂豫皖时期·上),解放军出版社1993年版,第354页。

"围剿"亦有几种形式：一种是知道红军在某一地域行动，即集中四面八方所有力量实行包围；一种是表面上装不知道，待你进入该区域时，即四面突然包围；一种是待你驻在某地时，夜晚包围，清早突击消灭。"堵剿"：修筑封锁线、堡垒、封锁伐，在山路、要道及红军必经之途，修筑堡垒。"驻剿"：专驻在某一地区，待红军来时，即追击、堵击、围击等。"清剿"：对我老苏区、山区，采取搜山、烧山等形式，对我们工作有基础的村子、庄子，采取严格保甲制度，进行户口登记，清查户口，要群众自动报告，组织五家连坐、坐探、别动队、便衣队等。[1]

留守鄂豫皖苏区的中共审时度势，采取广泛游击战争的方针，跳到敌人后方去活动，化整为零，积极开展以营为主的革命斗争，并开始以便衣队的形式进行活动。在这种情况下，原有的政治部被迫分散到各个单位。

政治部下设组织、宣传、白军三科。组织科的工作是：与党务委员会密切联系，领导部队的党委会、团委会，进行党的工作，并了解下层情况反映上去，以及批准发展党员等。宣教科的工作是：组织红军教育工作。1935年曾印发过红军教材、红军须知等，以后着重以三大纪律、八项注意为课题，进行教育。宣教队下属三个队：一是粘糊队，负责贴标语，常贴"打倒豪绅地主""工农群众动员起来"等标语，负责插路标，在岔路口，用树枝等作下记号，使掉队士兵能找到路，负责分发捷报宣传品，今天打了胜仗，今天晚上都准备好了传单标语，第二天就到处粘贴、分发。一是宣传队，与尖兵一起，负责调查土豪，了解情况，部队打开寨子后，负责召集群众、讲话、分粮等。一是粉笔队，高敬亭在每个时期均有具体宣传口号，写成提纲，交粉笔队，由粉笔队负责到处书写。当时高对其所写口号特别注意，写错一个字，即有被逮捕危险。白军科负责组织在战场上向白军喊话等等。[2]

---

[1] 《红二十八军斗争史》（初稿），河南省地方党史编纂领导小组办公室、河南省档案馆、河南省中共党史学会编：《鄂豫皖苏区革命斗争史资料汇编》（内部资料），1981年，第86—87页。

[2] 同上书，第87页。

第二节 国民党方面的应对

1927年4月之后国民党方面开展了一系列的清党活动，很多中共组织被摧毁和大批中共党员被杀或被捕，中共的力量受到了巨大的打击。随着中共不断发动暴动到建立苏区，再到苏区的扩大初成规模，国民党方面对于中共的观感经过一个从盲目轻视到理性认识的过程。

一 国民党的"军事进剿"

（一）轻视中共领导的革命

因为中共在苏区农村发动暴动夺取政权进而建立苏区，国民党起初大部分人认为中共不过是流匪之类，不足为患，并以为很容易解决；不仅仅是国民党中下层领导如此认为，就连鄂豫皖剿总的高级官员亦有类似看法。万耀煌在日记中记载道："我这次奉命担任广济、黄梅剿匪，我自己估量能做到多少，尽力为之，若行营及总部命令限一月或三月肃清，似属过分轻视赤匪"[1]，"一周以来，各方面因红军远窜，认为不日可肃清残匪，故对匪情十分忽略，我不惮其烦对'共匪'之背景，组织，野心，发展路线等详为分析，说明匪决不可放弃鄂豫皖边区，其红四军他窜，似另图发展，如此下去，我们的困难更多，所以决不可忽略现在的残匪，以为只有残匪，否则养虎成患，势将不可收拾，朱一民钱慕尹范绍埭上官纪青杨揆一等深信不疑，曹浩森此亦无异言矣"[2]。

国民党方面由于缺乏对中共红军及相关活动的了解，以为采取单纯的军事手段即可解决中共的问题，导致一些剿匪官员过分轻视中共，更有甚者出现违法乱纪者。如"我们剿匪军以军事，不能以政治配合，不知对'共匪'之清剿，要有全般计划，要有步骤，以长时间各方面一致行动，逐步收复逐步前进，同时控置主力军进入赤区，纵横搜剿，对其红军主力穷追猛击，摧毁其各级组织，击溃其赤卫队，然后瓦解其群众，恢复其思想自由，最后方可获

---

[1] 万耀煌：《万耀煌将军日记》（上），（台北）湖北文献社1978年版，第59页。
[2] 同上书，第121页。

得成功。行营对匪情经我再三说明，仍未彻底了解，以为我故意张大匪势，我莫奈何！行营参谋长陈光祖、副参谋长科长秘书等如朱传经、徐绪文、华觉民辈所关心的是如何揽权，如何弄钱与吃喝嫖赌，且与某些部队长勾结，正人君子不敢接近，不屑与之接近，真正作事的人不肯信任，何先生以对付政客手腕方法治军治政，湖北前途可悲也矣"①。就剿总的军事人员亦对中共情况知之甚少，如："蒋委员长来电报频频催促，以后又电令我到汉口去述职。我到汉口谒之于怡和邨，在未晋见时，我先与何成濬的参谋长杨揆一谈过一次，杨是士官出身，对当时军事情况尚能了解，但是三省剿匪总部没有办法。杨建议我去见剿总参谋长曹浩森，我把匪情讲解之后，曹不相信，以为我夸大其辞。"②

国民党方面由于态度上轻视中共，以及对于红军的不了解，加之国民党内部之间的战争，使得南京政府无暇顾及中共在苏区的发展，造成数次"围剿"的失败，直接导致红军力量的不断强大和苏区范围的扩大。如万耀煌回忆道："在此一年中，官兵每日剿匪，疲于奔命，初期因经验不够，时常吃亏，尚且不见谅于行营，甚为灰心……"③

不仅是在鄂豫皖苏区，对于中央苏区，国民党方面因为各种原因未引起足够的重视，导致了失败。例如"闻江西剿匪军事中路军失利，第十八师损失一旅以上，师长张辉瓒无下落。我始终对赤匪看得不平凡，他有思想有主义有理论有做法，又有国际背景与支援，他的红军有严格纪律有精密训练，行军打仗静如处女动如脱兔，我们的高级将领坐镇武汉，轻裘缓带，电报指挥，即不明匪情又不研究方法，有些军队反纵匪自重，如此下去，不为匪所乘者几希，剿匪云乎哉，吉鸿昌、张辉瓒是一例"④。

（二）理性的认识和务实的"围剿"

前几次"围剿"的失败和苏区的不断扩大，加之国民党内部矛盾逐渐平息，使得南京国民党方面开始重新考量中共的力量，理性地分析和总结"剿匪"方法。在分析与总结红军特征大致包括如下几个方面：

---

① 万耀煌：《万耀煌将军日记》（上），（台北）湖北文献社1978年版，第63页。
② 沈云龙访问，贾廷诗等记录：《万耀煌先生访问记录》，（台北）"中央"研究院近代史研究所1993年版，第329—330页。
③ 万耀煌：《万耀煌将军日记》（上），（台北）湖北文献社1978年版，第139页。
④ 同上书，第66—67页。

第一，红军不同于以往起义的队伍，是具有信仰和纪律极严之队伍。"豫鄂皖三省地区赤匪已将匪区民众组成一个力量，虽非颠扑不破，但如要消灭必须必匪更有办法，更有力量。匪以欺骗为手段，以铺地毯方式展开扩张，匪之领导者似有坚信不移的精神，红军纪律亦严，红军所至之地，除我十三师之外，挡者披靡，以我的力量只能保卫一个地区，只能尽其在我，匪既退去，立即从事军队之整训与民众之组训，以待来日也。"①

针对红军队伍的特征，国民党军队同样采取了政治宣传、向士兵灌输三民主义意识形态的方法，并取得了一定的成效。"本师（注：十三师）七三团深入匪区，每日随时都有匪情顾虑，因此每到一地工事构筑非常坚固，既利于作战，又利于宿营，甚至在工事内有整洁之厨房厕所及教室，教室内土筑桌凳一应俱全，对不识字兵士推行识字教育，讲授三民主义、典范令等，收效甚大，其他战斗训练，则利用实地之警戒，小部队之游击，攻防追退，面对赤匪，收效亦大，同时组训民众，军民打成一片，构成生死与共的坚强战斗力量，官兵士气旺盛，殊为可爱。"②

第二，认为中共的统治以党为核心，来领导政府和军队，红军的行动由党来规划，红军善战的原因亦在于此。"共匪以党领政，以党领军，党权高于一切，军服从于党、党控制军，故军之行动，操之于党，匪党亦爱军，一切待遇军事第一，以故红军纪律之严，行动之速，作战之凶悍无不令人惊诧，我们今天剿匪，要以全力击破红军，彻底消灭红军，然后打破其控制民众之组织，除万恶之匪干不赦外，对一般胁从者应尽量宽大，得民者昌，赤匪终易歼灭，至于旧日地方所谓士绅者流以乡团之恶习，以我所见痛陈利害，并建议在军事剿匪时地方行政长官似可以有胆有识之军人充任……"③ 作为应对，国民党方面提倡先彻底消灭中共的军事力量，然后打破控制民众的社会组织，同时限制乡团的恶习，妥善处理赤区民众进行区分对待，重点在于惩首恶，轻胁从。

第三，固定军队参加"剿匪"，使得军队有时间和机会熟悉中共方面情况，达到知己知彼的状态再图进剿。万耀煌提出通过固定"剿匪"的军队避

---

① 万耀煌：《万耀煌将军日记》（上），（台北）湖北文献社1978年版，第70页。
② 同上书，第72—73页。
③ 同上书，第105—106页。

免造成混乱,来贯彻清剿任务成为国民党方面理性思考后的策略。并以其13师的"剿匪"历程为例进行说明,"我率军带鄂东麻城、黄安这一带已经是第三次,前两次来老百姓很帮助我们。但我们调走以后,老百姓吃足了共匪的亏。这一次我们再来,老百姓不敢与我们合作。所以我们组训民众的工作一个多月来毫无办法"①。"民十八年本师负责清剿,已见成效,因战争两次调离,乃失信于民,遂令共党猖獗,竟致杀人如麻庐舍为墟。去年蒋委员亲临汉上,督大军来剿,经一年时间始将伪组织摧毁无余。"②

万耀煌进而向蒋介石进言,采取固定军队剿匪的方法,持续对中共实施高压试图彻底消灭其军事力量和影响,得到了蒋的肯定。

> 次日至怡和村谒总司令蒋公,承慰问辛劳并询剿办情形,我详报匪红四军西窜后,匪区现有实力,匪军事组织即苏维埃组织,匪党组织权力以党支配一切,今日匪之力量,乃积下七年时间以红军组织民众,不论男女老幼一律编如赤卫队,再以共产主义思想与暴力手段加以控制,故匪军与共产党徒潜伏匪区,常不易发现,黄安为匪之发源地,为匪根深蒂固之处,我说:匪以红军支持组织的发展,以民众为掩护红军,其红四军虽他窜,但仍留有廿五军共三个师及各县独立团赤卫军等武力,为数不少,故须以一两个师纵横梳剿,击溃匪红军主力,然后以军队支持地方组织,逐渐缩小范围,最后自可一网打尽。总座首肯者再,并说只有如此只有如此。我又说:必须有相当时间,庶几有成,军队亦不可调动,如此民众始能安心。总座问我需要多少时间,我说至少一年,总座说:如此,我许你一年之内不调动,你可告诉民众。又询士兵生活及军纪情形,地方政治配合如何,我一一详答,自七时至八时廿分始辞出,临行嘱我早日回防。③

国民党方面通过上述方式进行"剿匪",加之中共在苏区采取一些极端

---

① 沈云龙访问,贾廷诗等记录:《万耀煌先生访问记录》,(台北)"中央"研究院近代史研究所1993年版,第326页。
② 万耀煌:《万耀煌将军日记》(上),(台北)湖北文献社1978年版,第140—141页。
③ 同上书,第120—121页。

的非理性的措施使得苏区内矛盾重重和"肃反"的扩大化使得很多有经验的军事干部及地方干部被肃清,使得国民党的应对措施取得了显著的成效,并提出联合进剿压迫红军的活动空间,将红军剿灭在狭小的区域内。

……匪区民众摆脱匪党控制,来归日众,以之组织铲共义勇队,光复区域日益扩大,加以友军汤恩伯之大举进剿,成效甚著,故红军主力不能潜伏黄安境内,民众始获安定,乃有今日之成就。至于地方政府之关系,我与仲苏相处融洽,师部与专署亦合作无间,官兵与民众打成一片,军队援助民众,民众信仰军队,有了互信能彻底合作,民众恨匪入骨,反共最为坚强彻底,然每次军队调走,匪风便猖獗,民众因无保障,自然苟且偷生为匪所用。因之我向民众保证匪不肃清我决不走,去年奉谕十三师在黄安可驻一年,今日有此成就,已可无愧于民众,此时调走恰如其时,不过境外尚有残匪未完全歼灭,仍有死灰复燃之机,我在未调以前,比尽心力予以歼灭,才能心安。①

(三)实行竭泽而渔战略

1932年红四方面军主力撤离之后,国民党方面通过详细地分析中共力量的特征后,决定实行竭泽而渔战略,意欲彻底剿灭中共力量在鄂豫皖的存在。万耀煌在其日记中写道:

……晋谒委员长,面陈了一小时零二十分钟,大意说:"共匪是一个有理想,有主义,有一定目标的集团。共产党是统一的,政治上采行苏维埃制度,军事指挥也是统一的,领导机构有中央有地方的,决不是普通土匪,不能拿剿土匪的办法来剿共匪。红四军走了,但是红二十五军未走,各县独立团赤卫队没有走。行政上有各级苏维埃——省苏、县苏、区苏,还有各级党部。"我拿出了一份共产党重要人员名单,上面省委会沈泽民,道委会徐宝山,游击总司令郑位三,继任者戴季英,江安县主席陈方五,红二十五军军长吴焕先,七十四师师长徐海东等人。

---

① 万耀煌:《万耀煌将军日记》(上),(台北)湖北文献社1978年版,第139页。

我用下面两份公式来表示共匪的力量，与我们的力量之对比：

"匪军"：红军＋地方武装民众（赤卫队）＋无武装有组织的民众＋主义＝总力量

国军：兵＋兵＋兵＝我们总力

我并且举出一实例作比喻："匪区好比一个大湖，民众就是湖水，红军是中之鱼，在水里来去自如，我们剿匪部队是渔船，水能载舟，也能覆舟。我们一网下去虽然能捕到水中少数的鱼，但是仍有大多数鱼在湖中。黄安县城有堤埂围着，城外便是沙滩，即灰色区，再外面就是湖水了。黄安对外交通是一条狭长的堤埂，那是兵力造成的，堤埂外全是湖水。"①

蒋委员长听我说，明白了匪情，反问我怎么办？我回答说："1. 军队无休止地到水中去捕鱼。2. 用农民车水的方式把湖水（民众）车到堤这边来使之干涸。3. 水抽完剩下的鱼再一网打尽。"我接着说："军队对民众已失去信用，必须长期车水才能生效。这种'竭泽而渔'的方式，也许是一种苛政，但剿匪却非此不可。"他问我："需要多久时间？"我说："至少一年。"蒋委员长认为可以办到，要我告诉老百姓说："在这一年内不调走。"我回到驻地，就照这样剿匪。本来蒋委员长想在十二月二十五日以前一定要肃清匪患，并且准备在十二月一日中央党部和国民政府由洛阳迁回南京以后召开四届三中全会上提出报告。听了我的话之后不再限期肃清，也不在全会中报告剿匪成绩了。②

国民党方面实行竭泽而渔战略之后，"剿匪"军队有了高层的认可和默许，更加有恃无恐，给苏区造成了极大的破坏。例如万耀煌在日记中称汤恩伯的部队给苏区造成了巨大的破坏。文中称"汤恩伯各师奉命进剿，自元月中旬至二月中旬，所经之处大火烛天，焚烧清野，一扫无余，有一次俘匪六百，处决一百六十人，余经审讯后处决，恩伯嗜杀未免太过分，至二月下旬仲苏计算各师搜剿，除将青年儿女纷纷携走外，某师携去耕牛一千头以上，

---

① 沈云龙访问，贾廷诗等记录：《万耀煌先生访问记录》，（台北）"中央"研究院近代史研究所1993年版，第330页。
② 同上书，第331页。

马某部三千头，汤某部二千余头。恩伯自云在老君山一地得四百余匹，紫云区之牛除携走外，全部宰食。我为黄安请命，以一部归还，恩伯不同意，我与恩伯私交甚笃，但他个性太强自视甚高。汤师送来匪区难民六七百人，全是老弱妇孺，骨瘦如柴，面无人色，与之谈话一无所知，三角山周围廿里焚烧净尽，百姓家破人亡，仅留此孑遗而已"①。

多年以后，万耀煌在接受采访时对汤恩伯部在鄂豫皖苏区的恶行仍然记忆犹新，虽有为汤恩伯饰过之嫌，但是亦公允地道明了事实。例如：

> 元月五日，总指挥卫立煌召集军事会议，决定由汤恩伯率领第三师及八十三师先剿黄安的七里、紫云两道共匪老巢，并由第十三师在西及第三十师在东，分头堵剿。展开一百里宽四五十里纵深，区分三线前进，士兵一手拿枪，一手持火把，见房即烧，遇匪即杀，这样的搜山进剿，只见漫山遍野的烟火，这些军队原都是好军队，叫他们"烧杀奸房"，军队拉走少年男女，耕牛几千头，这一次进剿，地方所受的涂炭真是不忍卒睹。军队是奉命这样干的，但是匪并未被搜干净，山深林密，共匪把壮丁都拉上山，留下老弱，军队只搜村庄。如此十余日，而清剿功效不大。汤恩伯第二次又去，格外的不像话。汤嗜杀，有一次抓了六百多人，不一刻就杀死了一百二十多人，国民党对共匪恨极了，才让军队这样干。②

二 国民党方面对原有苏区的反拨

（一）鄂豫皖苏区遭到了极大的破坏

鄂豫皖苏区从建立起到红四方面军主力西征的几年间，不断经历战争，使得苏区遭到极大的破坏。以黄安为例，黄安因受到极大破坏，亟须免除赋税安定民生，方可稳定人心，彻底消除"匪患"。"黄安连年遭受匪患，全境无一片净土，人民死亡田地荒芜，即令收复，仍是一无所有。政府对黄安应视作特区，须要大量救济，始能收拾人心，安定民生，才能根本消

---

① 万耀煌：《万耀煌将军日记》（上），（台北）湖北文献社1978年版，第128页。
② 沈云龙访问，贾廷诗等记录：《万耀煌先生访问记录》，（台北）"中央"研究院近代史研究所1993年版，第332页。

灭匪患，如果不顾地方实情，仍照其他各县一样收税，殊不合理，我前电三省剿匪总部请免黄安一切赋税，经总部交省府提大会议决照办，交财政厅办理。"①

数十年后万耀煌提到黄安县当时的情况："黄安全县人口，本来有六十万人，到程汝怀来专员时不到三十万人，我调离黄安府时，匪军还有一个团五六百人在黄安境内，但是旁的地方匪患依然，所以到二十三年二月，蒋委员长任张学良为三省剿匪副司令，一直至次年二月，撤销剿总，改为武昌行营，张又担任行营主任，仍是从事三省清剿工作，多少年来在此剿匪，用了多少兵，化（花——笔者注）了多少钱，死了多少人，历史上没有详细记载，大家只是注意到江西剿匪，多忽略了豫鄂皖边区，受祸之重，影响之大。"②

黄安县遭到极大破坏的情况，在申报记者陈赓雅的《赣皖湘鄂视察记》中亦有记载：

> 民二十一年国军进剿，克复县城，一般土著人民，流离转徙，无可觅食，恒至掘取草根树皮用餐食，饥馑情形，极为惨重！湖北省政府农民接待处，暨豫鄂皖三省剿匪总司令部农村金融救济处，对该地虽经贷款救济，究嫌粥少僧多，收效有限。今春二三月间，流为饿莩，无虑千百。其幸得苟延残喘，至秋稻熟者，然以菜色饥民，骤得玉粒，饱餐肆嚼，又染瘟疫。前则数惧于饥馑刀兵，今复病于瘟疫，侥幸不死，什难得一。每当战事杀伐最激烈之村乡，军民死伤逃亡，数均极大。犬以家人死亡，饥不得食，初食死尸，后则惯噬活人，往往孩童出门，鲜有全尸而归者，即大人熟睡不慎，其耳鼻亦多噬于狗。故四郊曾有征狗队之组织，而官厅亦视捕狗为唯一要政，县赏杀狗，一头一串。记者初闻此事，疑信参半，后车行遇犬，见其咆哮狂追四轮，凶恶实与常犬大异，始信犬食人肉，实非诳语也！③

---

① 万耀煌：《万耀煌将军日记》（上），（台北）湖北文献社1978年版，第134页。
② 沈云龙访问，贾廷诗等记录：《万耀煌先生访问记录》，（台北）"中央"研究院近代史研究所1993年版，第335页。
③ 陈赓雅：《赣皖湘鄂视察记》，（台北）文海出版社1968年版，第72—73页。

另外从红安一些地区的 1926 年、1927 年和 1933 年破坏情况的数据可见鄂豫皖苏区经历四次"围剿"之后的惨状，如红安七里区大斛乡在 1927 年至 1933 年间，全乡 1676 户直接下降到 367 户，下降了 78.10%；人口数由 6581 人下降到 1384 人，下降了 78.97%；房屋则由 4782 栋下降到 1458 栋，被摧毁了 69.51%。

表五　　七里区大斛乡 1927 年至 1933 年破坏情况简历[①]

	户数（户）	人口数（人）	房屋（栋）
1927 年	1676	6581	4782
1933 年	367	1384	1458

另以红安县永和乡为例，1926 年全乡总户数 866 户，人口 3662 人，房屋共有 2101 栋，耕畜 710 头，而到了 1933 年全乡总户数锐减到 163 户，下降了 97.76%，人口由 4092 人下降到 956 人，下降了 76.64%，耕畜由 810 头下降到 55 头，下降了 93.21%。

表六　　永和乡现有各社 1926 年和 1933 年情况[②]

社名	年度	户数（户）	人口数（人）	房屋（栋）	耕畜（头）
建新三社	1926	106	540	159	65
	1933	29	80	56	
建新四社	1926	338	1530	1110	420
	1933		约 250	285	1
建新七社	1926	154	881	442	119
	1933	54	197	92	35
建新八社	1926	138	711	390	106
	1933	42	158	38	19
建新一社	1926	130	430	300 左右	100 余
	1933	38	113	25	

（附：1926 年建新四社的房屋栋数似有误，故不予比较）

[①] 红安县革命史编辑委员会编：《红安县革命史汇编》（草稿）（下册），湖北省档案馆，GMC-63，第 21 页。

[②] 同上。

(二) 国民党对苏区的重建

国民党方面在取得对鄂豫皖苏区的第四次"围剿"胜利后,红四方面军主力撤离鄂豫皖苏区,苏区大部分地区重新被国民党控制,但是对于这些地区的重建,各方人士提出了各种方法:"善后办法,以当地人士,军政各界意见各殊,主张不同:有谓宜从解决土地问题着手者,以为民之赤化,非受感化,而奉公守法矣。有谓宜从移民政策办理者,以为赤区民众,赤化已深,若不新换环境空气,倘遇特殊客观条件,虽保不再故伎复作,故主张将曾赤化过之民众移出,另以地方团队,督率他处良民,迁入屯耕。前者究无妥善章法,可资援行,后者则正在努力试办中,惜为经费限制,尚未见有若何之成绩耳!"①

国民党方面对于鄂豫皖苏区重建大致分为以下两种途径。第一种途径是就地重建。第二种途径是将苏区原有居民移民到新的地区,组成了新的行政规划,如新建的经扶县②和立煌县③等。

1. 就地重建

随着红军主力的撤离,国民党通过竭泽而渔战略重新占领了大部分苏区,国民党在实行继续"进剿"的同时,已开始着手对苏区的重建,并提出要从政治文化上开始重建。万耀煌在其"剿匪"过程中,发现要重建苏区,首先是要起用受到中共极大打击的乡绅,来稳定苏区人心和秩序。他提出"民众根本不知什么叫主义,也不希望分田,看共匪挂的列宁像根本不顺眼,在乡村的共产党都是民众所鄙弃的流氓地痞,可是他们以杀人放火及没收田地屋

---

① 陈赓雅:《赣皖湘鄂视察记》,(台北)文海出版社1968年版,第107—108页。
② 经扶县为新县的前身。1932年10月,国民党蒋介石政府为了便于控制鄂豫皖边界的大别山区,对付革命力量,以当时河南省政府主席刘峙之字"经扶"为县名,以新集为县治,设立经扶县,划归河南省第九行政督察区管辖。将光山县南部五个里(八水里、五马里、沙城里、长潭里、青山里)、17个保(神留桥、朴风山、沙窝、永阳赟、五龙、杜横、夏陂山、长潭、朱向、董范店、墨斗关、潘殷冲、官堰、柴山、观音、沙城、千斤),湖北省麻城县三个区(仁美区的三分之二、择里区的三分之二、丰义区的二分之一,相当于现在泗店、田铺二乡中南部、周河乡南部)、黄安县的两个会(长水会、塔耳会,相当于现在箭厂河乡)等划归经扶县管辖。原属河南省的面积占93%。
③ 民国行政区划,因著名将领卫立煌而得名。即今金寨县所在。1932年9月,在红军第四次反"围剿"中,国民党军卫立煌部进占金家寨,国民党政府为加强对鄂豫皖边区的统治,于10月11日划鄂、豫、皖三省交界处的河南商城、固始县及安徽省的六安、霍邱、霍山3个县计5个县各一部分地区,在原属六安县的金家寨设立煌县。抗日战争时期,这里是国民党鄂豫皖大后方,安徽省临时省会驻地(1938年6月27日至1945年11月)。

宇财物等恐怖手段使人民恐惧受其驱使,但外示服从内含隐恨,故匪军一经离开,民众立起与赤卫队作战,搜山捕杀,为时不过一月,襄河左岸钟京原为匪之巢穴,今则居民安静异常,今后要在政治上用工夫,尤要用公平廉明为民众所信仰之道德之士为乡村领袖,此辈深知共匪之害,深受其痛苦,必能为社会造福也"①。

其次,万耀煌提出根除中共影响的不二法门,便是加强教育,向广大民众灌输三民主义意识形态,从思想上建立民众对国民党政权的认同。

五月十三日为私立武昌中华大学廿周年纪念大会,应邀与吾兄同往参观成绩展览,发现全国学校学生统计表,湖北学生人数仅高于贵州甘肃新疆三省,列为倒数第四,感慨万分。开会时省府全体委员厅处长均在座,我应邀讲演,即以所见之统计为题,说明清末张文襄督鄂,行新政办教育,一时风起云涌,冠绝全国,各省闻风景从,或派学生来鄂就学,或参观或考察,无不以湖北为楷模,湖北学者应各省之聘,或办学或讲学,亦遍于全国,自起义迄今廿年间,湖北教育竟居全国之末,风气在全国,之先而成绩如此,此乃湖北士绅学者之耻,亦历届省政及教育负责者之耻,今天乘省政府全体委员厅长在座,我以湖北人资格,提出请求;教育救国虽为全国一般要求,而复兴湖北教育更为当前之急务,况且赤匪遍地,许多青年无处读书,自然容易误入歧途,要想剿匪成功,不受共匪煽惑,一面在办教育,一面在指导青年入三民主义正轨。②

最后,在苏区建立各种反共组织,将民众与中共隔离开来,抓紧时间进行重建,使得中共处于较为封闭的范围,更易彻底剿灭。"黄安境内之匪,因铲共会与铲共义勇队的组织坚强,区内匪已绝迹,以武力剿匪是消极的工作,利用时机建设才是积极工作……"③

以黄安县为例,县长程汝怀在"光复"后制定的"安民政策"大致有四个方面:

---

① 万耀煌:《万耀煌将军日记》(上),(台北)湖北文献社1978年版,第105页。
② 同上书,第95—96页。
③ 同上书,第139—140页。

一是重划行政区。反动政府将七里坪与河南接界的一部分（长水会、割矛会的一部分）和光山的一部分组成经扶县，又将吕王城以西石顺会的上半会划到礼山县，县范围缩小以便实行其统治。

二是成立反动政权，实行保甲制度，建立反动地方武装。反动派在区一级有区公所，在乡设有联保办事处，联保处有反动地方武装一个大队，约百余人，主要从事搜扑审讯和屠杀革命者，反动派初期还在反动民团基础上成立了清乡团，1935年又将清乡团取消改为反动的游击队，设有鄂东、鄂西游击队，大量抽壮丁。

1934年，国民党实行"安民"政策，在两道桥建立联保办事处（办公的地方设在两道桥）。联保主任有曾文卿、李庆胜、李庆万，联保处下设有保长和甲长，国民党军队如到地方驻扎，军队所需要的柴米、马料、马夫等都由联保处负责，联保处再通知保长，保长又去找甲长，甲长就去找各户要东西，要人要钱。当时保长是三两个月换一次，联保处如认为谁在为"国军"收东西的工作中"积极负责"就要谁连任。甲长是一个月换一次，几乎人人都做过。①

跑反的群众在1934年联保处建立之后，便陆续回家，回家后必须到联保处去登记，然后由他们把回来的人编成甲，每人要领取布徽章一枚，布徽章上写明某甲、某某人，领取布徽章时候还得给钱，数目不定，由他们要四五角不等，国民党军队开至乡间，看见没有戴布徽章的人，就说你是"共匪"，把你吊起来，又打又杀，只有把布徽章带在身上，匪军才说你是国民党的良民。过去在革命中担任过乡政府或区级政府工作的干部，在外不能落屋，村干部回来还要强迫到联保办事处去自首，保证以后"洗手"不干共产党的工作，做个国民党的良民，这还不算，还要设法请联保办事处的人吃酒，有的一次还不能解决问题，要请他们吃几次才行。另外也有的人还要写"悔过书"。自首时还要罚款，对名声大一点的革命家属还要请保，并要请保人吃酒。②

三是碉堡政策。"敌人对我苏区实行层层封锁，步步为营的碉堡政策，

---

① 红安县革命史编辑委员会编：《红安县革命史汇编》（草稿）（下册），湖北省档案馆，GMC-63，第12页。
② 同上书，第13页。

在名山上、要道设立碉楼（匪军自己供认他们在红安修碉楼 127 座，碉堡 22 座，坪寨 27 座……但实数远不止这多），并每隔三里住一团人，十里一师人，强迫老百姓站岗放哨，见了共产党来就要打锣告警。"①

四是实行登记和清查户口。"反动派将户口登记上册，每人发一个'通行证'，几天查一次户口，发现一个生人，或没有'通行证'的人，马上抓去受刑或杀掉。"②

2. 移民新建

国民党方面对于鄂豫皖苏区的重建第二种途径是采取移民新建的措施，如经扶县，"经扶县治原为光山所属之新集镇，失陷二年余，于去年秋，经豫主席刘峙部汤师克复，蒋总司令以地势需要，改建县治，以刘号'经扶'，而名其县。该地四面皆山，北距光山、罗山，东距商城、立煌，南距麻城、黄安各百数十里。新县辖境，即由各该县划并一部而成"③。虽然将原赤化苏区民众移往他处安顿，以此切断中共剩余军事力量与民众之间的联系，试图彻底肃清中共的力量，但是移民新建需要大量的人力、物力及财力，而地方财政因为缺乏移民经费亦难以真正全面推行实施。"关于潢川新村建设事，曾往总部探询，未得头绪。承转介县府，始悉所谓新村计划，闻乃河南中远公司前股东胡石青所拟，当局虽有采纳，迄未实行。所传潢川设有新村办事处，亦全属子虚之谈。即以移民政策论，刘总司令预计经费需四百余万，现仅领获十万，故亦无法着手云。千里跋涉来此，突闻此言，一团高兴，顿成冷气冰心。国人素喜夸大虚张，常以白纸空言自炫，此次情形恰系如此……"④

国民党地方官员对于原苏区居民采取了安抚人心的一些措施，并向民众宣传当地政府的施政方针，以期稳定社会和使民众能恢复正常的生活。例如六安县政府通过修筑道路，针对时弊开展增加生产、强迫教育，并根据收效扩大宣传。"第三区行政督察专员兼六安县长秦振夫，自到任以来，对于安抚流亡，保卫地方修筑道路，增加生产实施强迫教育，检举土豪劣绅诸端，

---

① 红安县革命史编辑委员会编：《红安县革命史汇编》（草稿）（下册），湖北省档案馆，GMC－63，第 14 页。

② 同上。

③ 陈赓雅：《赣皖湘鄂视察记》，（台北）文海出版社 1968 年版，第 105 页。

④ 同上书，第 104 页。

均极努力推行。据当地人士所述,区内被赤军蹂躏各县,国军次第克复,为时虽已年余,然对散匪之肃清,邪说之辟除,善后之举办,农村之复兴,以及自治、自卫、建设等新颁要政,尚未根本收效。推其原因,实由于民众不明政府施政方法,未能协助进行,有以致之。现公署特成立宣传股,制订宣传大纲及各项宣传品,分组出发各县,深入乡村,讲解新政举办方法,晓谕协助剿匪事宜。并借考察各县施政情形,民众痛苦,地方需要,亟待应与应革者,无不分令各县迅速遵办。"①

各地政府对于恢复民生采取各种积极的手段,例如成立农村合作预备社为当地农民贷款以恢复生产,成立学校教育儿童恢复传统教育。"县境克复后之设施,对救济农村金融,已成立农村合作预备社一百余所,贷款三万九千余元,购买种子耕牛,以赈春荒。教育则照收复区民众教育设施纲要办理,统一教育经费收支,废除学田二重地主,规定各校恢复办法,如整理短期小学、调查失学儿童、改进私塾、提倡宗祠、会馆设私小、城郊各校设民教馆、并特办师资讲习所、以普教育,各村农民,则由壮丁队及铲共义勇队等组织,以担任清查匪类,保卫治安之责任。当前农民唯一要求,乃盼各处散匪肃清,轻赋税,俾得安居乐业。"②

地方重新开办学校,在初期取得一定的效果,但是由于经费匮乏,实际收效有限。"霍山教育,向不发达,识字人数,不如六安远甚。赤化时,会办列宁小学数百所,收复之初,军队改办短期义务小学及感化院,广罗自首自新分子,施以特种教育,成绩斐然。方期再改正式小学,乐育数万学龄儿童,巨料各校院仅办一期,即戛然而止。现城内只有公私小学二三所,四乡则概付阙如。县府迭令筹办,仍以经费无着,漠然视之。"③

更有甚者,由于苏区时期,中共广开列宁小学宣传其理论和宗旨,而国民党在原苏区重建时期,因为各种原因不能做到恢复学校,使得中共影响仍然存在。例如:"地方教育,县城仅有国民小学校一所,经费由县府政费拨充并由县府职员兼任教员,麻埠流波䃥各有国民学校一所,皆无确定经费,更乏教育人材(人才——笔者注)失学儿童,触目皆是。在昔赤党占据时

---

① 陈赓雅:《赣皖湘鄂视察记》,(台北)文海出版社1968年版,第116页。
② 同上书,第117页。
③ 同上书,第123—124页。

期,每一村落,据闻皆有列宁小学,而收复之后,竟未能广设学校,以纠正过去赤化之心理,终属难掩之疚慨。当地官绅,偶语及此,无不面呈愧色,自惭不如!无怪自首自新分子,变诈反覆,悍不畏法也。"①

第三节 对抗日战争、解放战争及新中国成立初期鄂豫边区的影响

一 对抗日战争时期鄂豫边区的影响

鄂豫边区和华北根据地不同,鄂豫边区是一小块一小块游击根据地,连一个县城都没有,陂安南一块是最大的,离敌人据点九十里。如图十所示:

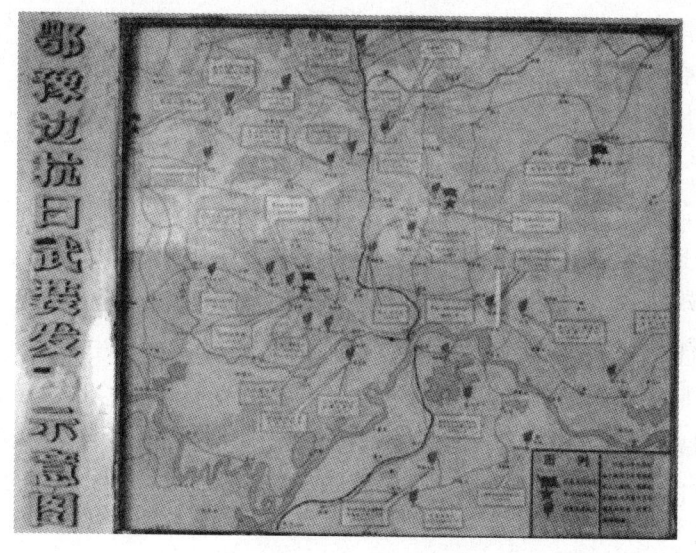

图十 鄂豫边抗日武装发展示意

(图片来源:黄麻起义与鄂豫皖苏区纪念园)

据作为边区领导人之一的陈少敏回忆道:"由于边区共产党是重新建设起来的,所以在边区沦陷后,不能及时地动员起广大群众,展开广泛的游击战争,不能及时地树立抗战的政府。因此,边区人民遭受的痛苦比任何

---

① 陈赓雅:《赣皖湘鄂视察记》,(台北)文海出版社1968年版,第127页。

地都要来得严重。同时，因为边区的群众运动一开始，即遭到了压迫，所以在武汉沦陷前，广大人民对抗战胜利缺乏信心，武汉沦陷后，依然存在着浓厚的保守性。怕打日寇后，日寇烧他的房子，尤其那些民团变成的'游击队'，以及后起的杨芝茂、李又唐、石修武、贺成慈、王寻南等游击队，投敌的投敌，当土匪的和日寇一样屠杀群众，敲诈群众，它给了群众一个极坏的印象。"①

由此可见，鄂豫边区创立初期遇到了种种困难。由于鄂豫边区并未形成大块稳固的根据地，根据地分为中心区、游击区和拉锯区域。陈少敏提到："若干中心区的土地我们是清楚的，群众交公粮也是积极的，群众发动得也较深入。游击区群众是二面来的，和中心区不同，还要打汉奸，地主不给我们就和他斗争。还有敌顽边地方，是拉锯地区，在这我们的工作时（是——笔者注）秘密的，农会也不敢公开，但群众基本是向着我们的。42、43、44年那么困难，群众还是用各种方法把粮食弄给我们，而且弄好的。"②

在抗日战争期间，鄂豫边区领导人对发动群众的认识经历了一个过程，并不是从一开始就得到了应有的重视。例如"42年8、9月在赵家朋开组织工作会，大大发动群众整党，因为当时有的地痞流氓混了进来，中贫农开会坐不到一起。对发动群众进行整党建党，杨学成当时是不同意的，他是军事第一，我说军事是重要，但没有组织就不能保证。王汉也是军事第一，胜利第一，强调发动群众，打游击有困难。后来中央决定出来了。43年10月在赵家楼开会，当时先念同志是区党委书记，这次会议争论比较大的问题，是军事第一，还是要发动群众的问题，王汉说群众没有觉悟，要等待。我说群众没有觉悟就要加强政治工作，我坚持发动群众，统一领导"③。

经过中共中央正确指导和边区的不断努力，发动群众和提高群众觉悟取得很大的效果。如：

---

① 陈少敏：《艰苦奋斗的三周年》，湖北省档案馆，GMC-230，1941年12月，第5页。
② 《陈少敏同志谈话记录》（第1次）（未经本人审阅），《湖北党史资料——访问贺龙、陈少敏、钱瑛同志记录》，湖北省档案馆，GMB-53，1960年5月9日。
③ 《陈少敏同志谈话记录》（第2次）（未经本人审阅），《湖北党史资料——访问贺龙、陈少敏、钱瑛同志记录》，湖北省档案馆，GMB-53，1960年5月20日。

44年位老来了，按中央指示的精神，搞试点乡，干部带头，党在群众中的威信，一天天的高了，帮群众作了不少的工作，在群众中出现了那些神话，44年工作抓得比较全面。群众的觉悟提高了，和党的感情很深，和党一心，和干部的感情搞得很深。那时有人造谣说我和先念同志都牺牲了，应城群众信以为真，干部和群众听了哭起来了。44年情况愈来愈艰苦了，但群众的支援工作热情更高涨了。4月开会总结发动群众的工作，全面开展。工作重点放在安南、江汉、区党委，抓了两个试点乡，各个地委、县委都有自己的试点乡。组织群众大多数的内容就是组织绝大多数群众搞生产、搞教育，基础好的地方就建党，扩大党的组织。①

提高群众的觉悟和加强党与群众的关系主要是以文化动员的形式进行的，通过组建文艺队伍特别是组建楚剧队宣传我党我军的政策和方针，如以歌咏形式进行宣传和动员民众。如《义勇军进行曲》《抗战歌》《延安颂》等歌曲，楚剧队则"自编自演了歌颂妻子送丈夫参军杀敌的《新十里凉亭》；争取伪军反正的《赶杀记》；揭露敌人罪行的《长沙沦陷记》；反映国民党顽固派祸国殃民的《反共害民记》等，还改编了一批传统大型历史剧，如《风波亭》《李自成》等"②。

鄂豫边区积极响应中共中央的号召，吸收了许多知识分子加入到革命队伍中来。"据纵队干部统计报告所列连营级干部478人，学生出身的就有216人，约占45%，其中有178人安排做政治工作。占学生干部总数的82.24%，占连营级政治干部（287人）的62%强。五师建军后，对知识分子干部更是放手使用，政工干部大部分是知识分子，其中不乏留学生和大学生。据1942年5月的干部统计报告中所列，全师排以上干部约2000人，学生干部计564人，占28.2%。其中，在具有初中以上文化程度的345人，安排在政治工作岗位和有关技术部门的计283人，占82%强。在24名大学生中，有23人担

---

① 《陈少敏同志谈话记录》（第2次）（未经本人审阅），《湖北党史资料——访问贺龙、陈少敏、钱瑛同志记录》，湖北省档案馆，GMB-53，1960年5月20日。
② 余题铭：《略论新四军第五师的文艺工作》，《雄狮奇观——纪念新四军第五师建军50周年论文专辑》，武汉大学出版社1992年版，第198—199页。

任政治工作。另对师政治部所属各部历任政府部长的学历调查,大学以上文化程度的占80%。"① 由此可见,新四军第五师的政治宣传和文化动员取得了一定的效果。

在抗战期间,抵抗日本的侵略被包容于革命之中,鄂豫边区所奉行共产主义体制,对当时的革命者有着巨大的意义,中共所倡导的极具平民意味的生活方式,如人人平等,使其在政治动员上极具感召力和凝聚力。更为重要的是中共总结了苏维埃革命时期的经验教训,开始全面调整了原先的过激政策和策略。② 这一点,在鄂豫边区的发展经历亦可见一斑。

二 对解放战争前后鄂豫边区的影响

抗日战争胜利之后,中共为了避免内战的爆发,积极进行中原谈判,谈判破裂后,国民党军队于1946年6月下旬进攻中原解放区,全面内战拉开了帷幕。由于敌我力量悬殊,中原解放军开始有计划的突围行动,突围后中原解放军在中共中央的领导之下,建立了豫鄂陕、鄂西北两个根据地。1947年8月7日,刘邓大军挺进大别山,中共中央之所以确定以大别山为中心的中原地区作为战略进攻的突击方向,一部分原因是大别山是老根据地,具有良好的群众基础。从苏维埃革命时期到抗日战争时期再到解放战争初期,这里的民众经受了战火的洗礼和严峻的考验,革命斗争一直延续。

从1959年9月武汉大学经济系所编的《湖北麻城革命根据地乘马人民公

---

① 鄂豫边区革命史编辑部:《新四军第五师政治建军的重要经验——为纪念五师建军50周年而作》,《雄狮奇观——纪念新四军第五师建军50周年论文专辑》,武汉大学出版社1992年版,第24页。

② 杨奎松认为:中共的成功,成就于抗日期间。这固然是由于国民党的统治力被日本人入侵严重削弱了,但最根本的,还是中共全面调整了自己的政策和策略。即从武装反对国民党的政策转向了联合国民党共同抗日的政策;从激烈的剥夺地主富农土地财产和打击资本家及一切中小商人的政策,转向了温和的减租减息和给一切中间阶层以利益的政策;从实行贫苦工农专政的政策,转向了通过"三三制"的办法寻求与各种非共产党力量合作建立联合政权的政策,这些做法显然适应了中国社会绝大多数阶层的基本的利益需要和政治诉求。再加上中共本身就是一个穷人的党,有着很强的社会革命诉求,它很善于做下层群众的工作,因此干群关系、军民关系、官兵关系远比国民党好得多。这些都有助于它把自己塑造成一个爱国、民主、廉洁、平等的崭新政治形象,在社会各阶层中赢得同情与支持。中共能够从抗战初期的两三万军队和党员,不过八年即发展到一百万军队和一百二十万党员,其政策的调整带来形象的改变,从而赢得了民众的拥护,无疑是最具根本性的一个原因。杨奎松:《谈古阅今》,九州出版社2012年版,第104页。

社地区经济发展史》中记载麻城乘马区一些村落在革命前后的文化情况,如表七所示:在革命前很多村子的学生数量非常少,革命后逐步普及了小学和提高了入学率。

表七　　　　　　麻城乘马地区一些村落革命前后文化情况①

村名	期别	户数	人口	小学数目	夜学数目	俱乐部	学生数
叶家湾	革命前	10	70	0	0	0	0
	革命后	10	70	1	1	1	13
土门湾	革命前	19	130	0	0	0	0
	革命后	19	135	1	3	1	18
盛家溻	革命前	12	78	0	0	0	2
	革命后	12	78	1	2	1	20
塔耳岗	革命前	13	100	0	0	0	0
	革命后	13	100	1	3	1	25
金家湾	革命前	7	56	0	0	0	1
	革命后	5	26	1	1	0	3
董家畈	革命前	15	65	0	0	0	3
	革命后	15	40	1	1	1	6
李家河	革命前	33	120	0	0	0	6
	革命后	20	82	1	1	0	16
王方溻	革命前	8	35	0	0	0	5
	革命后	7	31	1	1	1	7

苏区时期农民文化水平的提高,从一些采访中得知一二:

现在董家畈管理区李家河的李昌运,大革命以前,一字不识,苏维埃时期,通过学习和自修,从不识字到认字,从认字到掌握文化,后来能担任鄂豫皖财委会的秘书工作。西张店叶家湾叶元益同志,是苏维埃时期的小学生,由于那时基础打得好,今天是民办教师,还兼一个中队的会计工作,还有些老人,当年都有了一定的文化水平,后来历经艰辛

---

① 武汉大学经济系编:《湖北麻城革命根据地乘马人民公社地区经济发展史》(初稿),麻城党史办藏1959年版,第68—69页。

生活，大都"回生"了，但今天谈问题，还是有条有理，语汇熟练，反映了当年的政治水平和文化水平。另有一些老人，今天是一字不识了，但当年的革命歌曲，不仅背下来，而且能唱，也有不少的妇女老人家，早年学过或看过跳舞，如今还没忘掉。①

虽然经历几十年的磨难，期间经过国民党方面的重建、抗日战争时期和解放战争时期的混乱，苏维埃时期中共的文化动员仍然深深影响着鄂豫皖地区的民众，不仅表现在文化水平的提高上，更为重要的是中共的意识形态已经深深地嵌入了民众的认知中。

然而就整体而言，鄂豫皖革命老区在新中国成立初期民众的文化水平依旧十分低下，这一点可以从新中国成立初期对红安县几个革命老区的调查看出，例如在杨林乡，"该乡2779人，只有初中生3人，师范生1人，高校毕业生7人。青壮年1096人，只有57人识字（略能看报），占青壮年总人数5%。……识字的人少，加之经济困难，扫盲工作就难于开展，全乡虽有民校12班，但都有名无实，文化娱乐更谈不上"②。再如在福德乡，"文盲多，文化生活贫乏，影响到农业生产合作社的巩固、提高和群众的思想情绪。据高潮社统计，青壮年文盲达95%，全乡合计不称职者占90%以上，14岁的初小毕业生当会计组长，账目混乱，影响秋收分配和农业社巩固"③。另外在谭河乡，"在该乡有着特别的情况，如全乡没有一个高小班，四十岁以下的成年人很少有识字的。因此，他们都感到缺乏文化的痛苦，特别是干部方面，没有文化，对工作有很大的影响，如会计算不到账，干部认不清一个通知……"④

---

① 武汉大学经济系编：《湖北麻城革命根据地乘马人民公社地区经济发展史》（初稿），麻城党史办藏1959年版，第68—69页。
② 《红安县杨林乡革命老根据地调查报告》，湖北省档案馆，SZ34-3-86-007，1956年9月20日。
③ 《红安县福德乡革命老根据地调查报告》，湖北省档案馆，SZ34-3-86-010，1956年9月26日。
④ 《红安县谭河乡革命老根据地调查报告》，湖北省档案馆，SZ34-3-86-008，1956年9月26日。

第四节 小结

综上所述，从1927年鄂豫皖地区开始革命的星星之火，其中经历十年苏维埃革命、八年抗日战争及后来的解放战争，该地区的革命斗争一直没有停止。在苏维埃革命时期，中共领导的文化动员和所着力构建的意识形态为提高该地区的民众政治觉悟和革命热情起到了一定的作用，但是就其深度和广度而言，同样是有限度的，并不能过分拔高其成效。其中国民党方面在原苏区的重建，对于消除中共的影响做了很多工作，虽未能彻底消除其影响，然亦在很大程度抑制了中共在鄂豫皖地区的发展。

第五章　鄂豫皖苏区文化动员与意识形态建构的经验教训

爱德华·W. 萨义德（Edward W. Said）根据马修·阿诺德（Arnold Matthew）在 19 世纪 60 年代对"文化"的诠释，认为"文化"在特定的情况下，可以成为身份的来源，并且因此具有排外性。"在某一个时候，文化积极地与民族或国家联系在一起，从而有了'我们'和'他们'的区别，而且时常是带有一定程度的排外主义。文化这时就成为身份的来源，而且火药味十足，正如我们在最近的文化和传统的'回归'中所看到的。与那种提倡多元文化与文化杂交的自由主义哲学所具有的容忍态度相反，这种'回归'伴随着一种知识与道德上的强烈规范。在一些曾经是殖民地的国家里，这种'回归'造成了各种形式的宗教和民族主义的原教旨主义。在这第二种意义上来说，文化成为了一个舞台，各种政治的、意识形态的力量都在这个舞台上较量。文化不但不是一个文雅平静的领地，它甚至可以成为一个战场，各种力量在上面亮相，互相角逐。"[①] 国共两党不仅在军事方面展开斗争，在意识形态和文化领导权方面同样展开竞争，而在民主革命时期二者所追求的政治主题相差无几[②]，只是它们回应的方式不同。中共倡导的是激进的面向社会底层的社会改造路径；而国民党则选择的是面向社会中间阶层的渐进式改造路径。苏维埃革命时期是中共领导革命的一个部分，虽然不甚成功，但是

---

① ［美］爱德华·W. 萨义德：《文化与帝国主义》（前言），李琨译，生活·读书·新知三联书店 2003 年版，第 4 页。
② 考察 20 世纪中国的革命话语，离不开 19 世纪半叶以来的中国的大背景，这 100 多年的中国的基本主题就是争取民族独立和进行深刻的社会改造，国共两党为了追求建立一个现代民族独立的国家。高华：《在革命的词语的高地上》，《革命年代》，广东人民出版社 2010 年版，第 216 页。

无可置疑的是鄂豫皖苏区文化动员与意识形态建构为中共日后的胜利积累了宝贵的经验。

第一节　鄂豫皖苏区文化动员与意识形态建构的经验

亨廷顿在《变化社会中的政治秩序》中指出"革命"与"叛乱""起义""政变"和"独立战争"的本质区别，强调"革命"是对一个社会的全面变革。

"革命，就是对一个社会居主导地位的价值观念和神话，及其政治制度、社会结构、领导体系、政治活动和政策，进行一场急速的、根本性的、暴烈的国内变革。因此，革命有别于叛乱、起义、造反、政变和独立战争。政变就其本身而言，只改变领导权，可能还改变政策；起义或造反可能会改变政策、领导权和政治制度，但不改变社会结构和价值观；独立战争是一个政治共同体反对外来政治共同体统治的斗争，它未必在这两个共同体的任何一方引起社会结构方面的变更。"[1]

中共领导的革命，正是要对传统中国社会的价值观念、政治制度、社会结构、领导体系、政治活动和政策进行彻底的变革，中共领导的文化动员和意识形态建构是基于此种政治宗旨下的实践，其中既有积极的经验，亦有严重的教训，对经验成果的总结和教训失误的记取，都成为中共逐渐成熟壮大不可缺少的道路。更为重要的是，这些经验与教训使中共充分了解和把握中国社会和中国革命的真正面貌，对日后中共的胜利奠定了实践基础，甚至在某种程度上影响了中国未来历史的走向。

一　个人社会身份的重塑

孙中山曾经指出中国人好似一盘散沙、不团结的根源所在：即中国人向来的社会身份是从属所在的家族和宗族，从来没有上升到国家的高度。"按

---

[1] ［美］塞缪尔·P.亨廷顿：《变化社会中的政治秩序》，王冠华等译，生活·读书·新知三联书店1996年版，第241页。

中国历史上社会习惯诸情形讲，我可以用一句简单话说，民族主义就是国族主义，中国人崇拜的是家族主义和宗族主义，所以在中国只有家族主义和宗族主义，没有国族主义。外国旁观的人说中国人是一片散沙，这个原因在什么地方呢？就是因为一般人民只有家族主义和宗族主义，没有国族主义。中国人对于家族和宗族的团结力非常强大，往往因为保护宗族起见，宁肯牺牲身家性命。……至于说到对于国家，从没有一次具有极大精神去牺牲的。所以中国人的团结力，只能及于宗族而止，还没有扩张到国族。"①

中共推行的农村革命试验，首先便是打破原有农村社会秩序，重塑民众的社会身份。对于农民占绝大多数的农村，破除宗法制对农民的束缚成为了革命的首要目标。革命开展的初期，中共在广大农村建立农民协会，意在打破原有的社会联结纽带，建构起新的社会关系，先是个人身份的共同属性界定——种田老，到作为一个阶层的认同感，与此同时使其意识到自身苦难的根源——帝国主义、军阀土匪、贪官污吏、土豪劣绅等，并号召形成一个强有力的整体与之斗争。例如：

> 农民协会自然是我们种田老的一个会，为我们种田老解除痛苦的一个会，我们种田老，无论是姓张的姓李的，湖北的湖南的，痛苦都是一样，我们真正是患难的兄弟，当然没有什么地域的界限，也没有什么家族的界限，不管你有姓张也好，姓李也好，湖北也好，湖南也好……只要你是种田老，所（就）应该加入农民协会为会员。因为我们敌人的力量很大，他们都是站在一起压迫我们的，假如我们大家种田老，不团结一致，而分什么地域家族的界限，我们的力量就分散了，一定就不能打倒帝国主义、军阀、土匪、贪官污吏、土豪劣绅等欺压、剥削我们的人，我们的痛苦就永远不能解除，我们就永远不能见天日，只有我们大家种田老都不分彼此，结成亲爱的患难兄弟，有福同享，有难同当，我们的力量就大了，大家一心的（地——笔者注）奋斗去，才可以打倒我们的敌人，解除我们的痛苦，这是我们要紧紧记着的。不但如此，我们并且

---

① 《民族主义》（第1讲）1924年1月27日，岭南文库编辑委员会、广东中华民族文化促进会合编：《孙中山文粹》（下卷），广东人民出版社1996年版，第725—726页。

要联合工商学兵各界同胞，去打倒我们共同的敌人——帝国主义、军阀土匪、贪官污吏、土豪劣绅等，以完成中国的国民革命。①

重塑农民的社会身份，另一个必要的手段便是动员农民参加中共领导的各种社会组织如红军、苏维埃政府、赤卫队、妇女队、儿童团等，使得各个年龄段和各个阶层的民众参加到新的政治生活中来。对于被革命的对象即地主豪绅有产阶级等，则采取残酷的恐怖手段予以消灭。例如，万耀煌在日记中写道：

> 共产党除将青年壮丁编入赤卫队及红军外，老者编为耕作队，妇女编为妇女队，少年编为少年先锋队，儿童编为儿童团又名小鬼队，均受共产党各基层党部严密控制，受乡村苏维埃统治。所有苏区田地，每家三亩分配给贫农雇农，穷人有了田地产业，自然拥护共产党，愚民何知，一面在利诱②之下受骗，一面在被残杀恐怖之下，为共党出力以图生存。
>
> 共产党在我们社会每阶层潜伏，利用金钱引诱地痞流氓无业青年，刺探社会情形，造谣煽惑，使人惊恐紧张，松懈警戒心理，然后共匪即以赤卫队掩护无知农民突击村镇，先绑架当地有名望的士绅，有产业的地主富农，或富有资产的大商，再令农民所谓箩筐队尽量洗劫，衣物金钱财宝粮食货物，必使家空户洗，甚至玉石俱焚，影响所及，数十或数十里内人民敢怒不敢言，听共匪自由行动，共匪成为灰区，继续采取更严厉的残酷手段，造成恐怖气氛，屠杀全家或消灭全村，其执行此区经此屠杀，乃加以组织，成立苏维埃，即为赤区，再为扩大一灰色区域，再使故技，变成赤区，遂成今日之鄂豫皖广大的苏区……③
>
> ……中国共产党欲将俄国的方式一成不变完全移植于中国，他的党理论以马克斯（思——笔者注）、列宁的理论为根据，组织以俄国的组

---

① 《湖北省农民协会第一次代表大会文件》（1927年3月4日），中国工农红军第四方面军战史编辑委员会编：《中国工农红军第四方面军战史资料选编》（鄂豫皖时期·上），解放军出版社1993年版，第55—56页。
② 万耀煌：《万耀煌将军日记》（上），（台北）湖北文献社1978年版，第62页。
③ 同上书，第63页。

织为组织,乃至政治形态政治名称等,完全采用苏俄式,更益之以杀人不眨眼,无法无天,把所有人民无论男女老幼悉行纳入组织中,无一人一物不受共产党干部控制,所以他的力量越来越大,如果对共匪的力量,单是从其红军及赤卫队上估计,则是大大的错误,我们去年为讨唐讨冯中原大战之际,共匪乘我驻军他调之后,乘机扩大,红四军力量超越寻常已不可侮,占领地区亦扩张数倍。①

经过中共几年的文化动员和革命意识形态的灌输,据《益世报》刊文介绍,鄂豫皖苏区中心的黄安县农民革命前后的心理变化,十分典型:革命前,"昔时黄安甚为闭塞,故农民对于有势有钱者,极为崇拜,供奉为天人。匪祸后大不然,对有势有钱者常露悻悻不平之色";"四五年来农民知识渐有进步。例如匪祸前,农民不知国家为何物,更不知世界上尚有其他国家,今则知之;昔之认为须有皇帝以统治天下,至今则认为人民也可以管理国家;昔不知开会为何事,今则不但知之,且可选举委员,当主席。此外农民所知新名词亦不少"②,由此可见,打破原有束缚农民的社会关系,经由文化动员鼓动其积极参加中共主导的政治活动中来,虽不可过分夸大,然亦初见成效。

二 构建革命文化的认同

中共构建民众对其政权文化的认同,主要是将民众的政治和经济利益与中共的意识形态进行结合,将意识形态的表现形式巧妙地通俗化,使得民众与中共成为利益攸关的共同体,并且将国民党、地主豪绅等塑造成危害共同利益的敌人,号召动员民众进行革命反对国民党。例如"亲爱的劳苦群众,如果我们要保持分得的土地,要过我们安乐而愉快的生活,不愿我们的妻子儿女受白军的侮辱与强奸,不愿重过以前痛苦黑暗的生活,不愿再为地主豪绅作牛马,那么我们必须以工农的进攻来消灭国民党的进攻,来消灭国民党

---

① 万耀煌:《万耀煌将军日记》(上),(台北)湖北文献社1978年版,第59页。
② 张思曾:《一个匪区农况变迁之描述》,《益世报》1934年11月24日。转引自黄道炫《1920—1940年代中国东南地区的土地占有——兼谈地主、农民与土地革命》,《历史研究》2005年第1期。

的统治"①。

汤林森在《文化帝国主义》中强调文化认同之话语的建构,起始是"人","大多数代表都强调人们对于其文化认同的意识日见增长,人们也循此而有了更为多元的看法,更加认定他们应有权利与其他人不同,而他们也应当相互敬重彼此的文化,包括了弱势少数族群的文化"②。

因此,塑造民众对革命文化的认同,中共还须在革命话语体系下通过对广大农民进行教育提高其政治意识,巩固其阶级观念,从而增强其对革命的认同感。

"农村教育之主旨在提高农民政治意识,巩固农民阶级观念,故其教育内容,政治训练最为主要。最近复增加军事教育,平民识字运动,政治斗争游戏,字母简字运动(字母即国音字母;简字乃将习用繁笔字,改用简笔,如'縣''鄉''擊',改为'县''乡''击',以便认识记忆及书写,闻已颇著成效)。教育机关,以列宁小学为始,至中学,至中央政治学校,红军学校等。此外尚有医学校,会计学校,苏维埃学校,师资养习所之设,但不普遍。"③

与此同时,"赤区对民众训练,素极注意,对儿童之组织训练,尤为严密认真。其儿童团之十一字口号,为'准备着时时刻刻的准备着'试细味之,即可烛其深意。记者尝与曾加入儿童团之孩童谈话,第一觉彼等所答极流利,尤其对'五一''五九''九一八''一二八'等纪念日之意义,无不对答如流。谈时若引用公历几年,帝国主义,资产阶级等类名词,其纯熟更有如数家珍。列宁小学所用课书,初小仅有国语、唱歌、体操三科,高小则不知。年限无一定,得按成绩以升降"④。

中共在革命过程中认为:"湖北目前在革命空气包(围)的当中,在政治上给予了我们农民以组织的自由。几千年来,拘囿于宗法社会的农民,自己醒觉起来认识了现代剥削制度的社会,喊出了要求改良生活的口号,要求铲除剥削的制度,但是这种种最低限度、最合理的要求,立刻和封建制度遗留下来的

---

① 《中共中央告鄂豫皖工农群众书》(1931年12月4日),《鄂豫皖革命根据地》编委会编:《鄂豫皖革命根据地》(第1册),河南人民出版社1989年版,第144—145页。
② [英]汤林森:《文化帝国主义》,冯建三译,上海人民出版社1999年版,第137页。
③ 陈赓雅:《赣皖湘鄂视察记》,(台北)文海出版社1968年版,第12—13页。
④ 同上书,第53—54页。

土豪劣绅、大地主冲突起来。这种冲突和争斗,现在乡村中很普遍地扩大开来,这种争斗的扩大,在革命前途观察起来,是最可乐观的。我们组织的发展,在国民革命运动中,要增加伟大的力量;我们争斗的扩大,在国民革命工作的过程中,可以铲除帝国主义封建军阀的真实基础——贪官污吏、土豪劣绅。"[1]

三 塑造政权认同和灌输革命理念

判断一种政权是否深入了社会,不能只看其颁布了多少法令,制定了多少政策,民心的测估与评价不是仅通过政策文本的分析能够得到的,而深入与否依据政权组织的渗透程度来进行评估亦有缺陷,换句话说,如果在党的政权退出后,农民很快又能适应和接受国民党的统治,那就不能说明该政权已经深入社会。党领导农民冲破敌人的经济封锁,只是维持其稳定统治的基础和深入的前提。党的政策在使割据乡村背离正统社会的同时,是否已与农民的利益之间构成了紧密的关联?当乡村很难重新回到原来的轨道,并促使农民拒绝接受国民党的统治时,这片乡村已深深地烙上了共产党的印记。割据后的农民获得了更多的利益,但他们的所得利益紧紧依附于红色政权的存在,一旦重新回到国民党的统治,这些利益就将丧失。[2]

中共深入乡村建立政权,是与广大农民在心理上接受和认同的过程密不可分的。如何使得农民接受和认同这个政权,这个过程与农民的切身利益息息相关。苏维埃政权建立后穷苦农民普遍获得了与原来相比的更大利益[3],

---

[1] 《湖北省农民协会第一次代表大会文件》(1927 年 3 月 4 日),中国工农红军第四方面军战史编辑委员会编:《中国工农红军第四方面军战史资料选编》(鄂豫皖时期·上),解放军出版社 1993 年版,第 60 页。

[2] 黄琨:《从暴动到乡村割据:1927—1929 中国共产党革命根据地是怎样建立起来的》,上海社会科学院出版社 2006 年版,第 186 页。

[3] 黄琨认为:在利益上构成的紧密关联,将农民与红色政权紧密地联系在一起。关键的一点还在于,经受了大变动的乡村,已形成了新的经济格局,很难再回到原有的状态。田地契约和田埂维系着原有的乡村土地占有和使用关系,曾经有过这样的现象,党已经占据并分配了土地的乡村,在被敌人夺回后,因为这些契约的存在,豪绅地主们很容易就收回了自己的土地。在土地革命中,为斩断以前的土地关系,在没收土豪财产的同时,将其田地契约也一并焚毁,新的土地关系,一些地方还铲除田埂,打破了原来的田地界限。毫无疑问,旧土地关系的摧毁给重新恢复造成一定的困难,并且,已与新土地发生关系的农民,也不愿意从新土地上再发生转移。从这个角度,割据乡村与原有社会发生的背离越大,农民与党之间的关联就越紧,农民也就愈需要维护党的存在。黄琨:《从暴动到乡村割据:1927—1929 中国共产党革命根据地是怎样建立起来的》,上海社会科学院出版社 2006 年版。

这是中共的革命得到农民支持的关键,当乡村利益与中共之间形成了紧密的关联,代表着二者政治关系的组织——苏维埃政权得到了农民的认可。

苏区民众的政治参与,来自从苏俄引进的苏维埃制度本身的安排,而他们政治参与的愿望和能力,则来自于政党、政权乃至红军自始至终不曾停歇的政治灌输和塑造。政治灌输和塑造,主要解决的是三个问题:宣传、教育在动员民众政治参与中的重要性;向民众灌输什么样的理论和观念,使他们明白苏维埃革命的意识形态和价值观念,即宣传、教育的内容是什么;政治灌输的目的,即要把工农群众训练塑造成什么样的人。这三个问题,与民众的政治参与意识和热情、参与能力和程度密切相关,也是民众动员性政治参与的重要内容。动员民众积极参与苏维埃政治,虽然是新制度的内在要求,但若没有对民众合适有力的政治灌输、教育和塑造,不可能有民众政治热情和政治意识的提升,以及继起的政治参与行为。①

通过宣传教育,将革命的理论和观念灌输到农民群众心中,使他们明白阶级、人生、国家、社会等政治理念,建立革命的意识形态和价值观念,既是对民众的政治引导和训练,也是民众政治参与的具体实践。②

在这样的启蒙教育和身份建构中,中国共产党为乡村民众确立起一套全新文化规范和行为准则。共产党选择农民所能理解和接收的方式,将新的意识形态和政治文化从外部带入农民的生活视域。农民逐渐学会用"封建""革命""支前""抗日"等一套新的语词来描述他与外在环境的关系,并在切实的感受与参与行动中建构起他与社会群体乃至民族国家的文化想象。农民可能通过其中的某些要素而建立起认同的空间。这种心理的再建设和新观念的灌输,确是共产党在乡村社会进行的社会启蒙和改造运动的重要课题。③

通过中共的文化动员和意识形态的灌输,对苏区民众产生了非常积极的影响,最显著的体现是在革命战争中的表现。徐向前在《红四方面军的战斗作风》中回忆道:"狠的战斗作风,建立在红军指战员高度阶级觉悟的基础之上。没有对人民的无限热爱和对敌人的无比憎恨,没有远大的革命理想和

---

① 何友良:《苏区制度、社会和民众研究》,社会科学文献出版社2012年版,第313页。
② 同上书,第315页。
③ 张孝芳:《革命与动员:建构"共意"的视角》,社会科学文献出版社2011年版,第192页。

视死如归的牺牲精神，打仗是狠不起来的。在这里，经常的政治教育和阶级教育起着主导作用，它是培养这种战斗作风的基础一环。"①

陈赓雅在描述赤化人民的特点中提到：

> 曾经赤化之人民似具特性三点：一为不怕死，前几次国军进剿时，每到一地，彼等皆远扬数十里外，鲜有敢冒险归来者。今则稍逃村外，微知国军能宽容，遂即联袂偕归。亦有敢有越重围寻仇觑以取甯归之难民首级者。浯塘村民，因割电线，曾被杀十数人以示儆，彼犹不怕，竟乘某连撤退之不备，以农具缴其枪，致遭血洗之祸。此间曾感一度之米荒，派村民赴赤区购粮，或往招来亲朋以及在弹雨中协助抢筑碉堡等，无不挺身任之。其不怕死之勇敢性，有如此者。二为残忍性，杀人不算事，其例不胜枚举。三为创造性，譬之义勇队长，及其他团体主要职位，农民竟敢与难民争夺。争得之后，对厥职亦多能自出心裁，处之裕如；争而失败，则一变而为捣乱心，使办事人时感棘手。②

亨廷顿曾说："共产主义运动对现代政治的突出贡献，不是割出和摧毁现存制度，而是组建和创造新型的政治制度。共产主义的政治功能不是推翻权威而是填补权威的空白。"③ 中共在鄂豫皖苏区的作为，在一定程度上填补了权威的空白，塑造了民众对其政权的认同。

第二节 鄂豫皖苏区文化动员与意识形态建构的教训

一 对于意识形态建构的重视不够

何友良对于中共领导苏维埃革命的目的和路径做出了如下分析：

---

① 中国工农红军第四方面军革命回忆录选辑：《艰苦的历程》（上），人民出版社1984年版，第8页。
② 陈赓雅：《赣皖湘鄂视察记》，（台北）文海出版社1968年版，第52—53页。
③ ［美］塞缪尔·P. 亨廷顿：《变化社会中的政治秩序》，王冠华等译，生活·读书·新知三联书店1996年版，第307页。

中共领导的苏维埃革命，正是这样。革命所追求的，正是要建立一个新的社会，一种新的农村秩序。因此，中共通过社会的重组来实现社会的再造，摧毁传统农村"社会旧制"，打破地主、宗法对农村的传统治理模式，清肃威胁社会秩序的会党，是苏维埃革命的重要内容；建立现代意义上的政党组织、群众组织、经济结构和文化组织，提高农村农民的组织化程度，构成了苏区社会这一中国历史上形态独特的社会结构和社会内容，使农村社会关系发生突变。旧体制的解体和新体制的诉求，农村社会关系的变化和社会体制的转换，成为苏维埃革命的显著特点。新结构完全排斥了传统的农村社会精英，是情势使然，也是一大缺陷。①

从相关资料及回忆可知，苏维埃革命时期，中共的重点是军事斗争和进行党内斗争。积极推进军事斗争是由于当时所处的政治环境决定的，国共之间的激烈对抗，敌强我弱的形势下，生存成为了中共优先考虑的要务。当时中共正处幼年，党内难免出现很多不符合布尔什维克组织的特征，推动党组织的布尔什维克化亦成为中共的重要任务。所谓布尔什维克化，亨廷顿做了如下诠释："……一个政治组织，即党，就成为至善，抑或最终目的，它本身的需要压倒了个别领袖、党员和社会集团的需要。对列宁来说，最高的忠诚不属于家庭、氏族、部落、国家，甚至也不属于阶级；忠诚属于党。党是最高的道义源泉，党性是最高的忠诚，党的纪律是最高的裁决。如果必需，所有别的集团和个人利益必须牺牲自己以确保党的生存、成功和胜利。"②

推动党组织布尔什维克化的重要手段便是进行党内斗争，沈泽民作为鄂豫皖苏区的领导人之一在《什么是两条战线的斗争》中提出"党要保持他布尔什维克的一致性，必须发展党内斗争。党内斗争就是拥护党的正确路线，反对那些离开正确路线的错误倾向。凡是各种倾向，都可以归结到两个总的倾向之内：右倾机会主义和左倾机会主义"③。

---

① 何友良：《苏区制度、社会和民众研究》，社会科学文献出版社2012年版，第122页。
② [美] 塞缪尔·P.亨廷顿：《变化社会中的政治秩序》，王冠华等译，生活·读书·新知三联书店1996年版，第310页。
③ 沈泽民：《什么是两条战线的斗争》（1931年11月6日），《列宁报》，60期社论，中国工农红军第四方面军战史编辑委员会编：《中国工农红军第四方面军战史资料选编》（鄂豫皖时期·下），解放军出版社1993年版，第430页。

高度重视军事化斗争和党内斗争成为中共该时段的工作要点，这些都造成了苏区劳动力人口的急剧下降，以六安为例："总计农民赤化之数约有一万五千，中多贫农雇农及工匠，工匠中又以剃头匠为最。收复后自首自新者，约一万二千余人。老弱幼稚，占大多数。盖壮丁多往当赤军，或从事苏府工作，不死于迭次之围剿战争，即死于自相残杀，（如 AB 团、改组派、以恐怖政策，镇压反叛分子），至今仍流窜他处者为数亦极有限矣。"①

二　对知识分子的清洗直接影响了意识形态的建构

在鄂豫皖苏区时期，传统知识分子的命运随着政策的变迁发生急剧的变化，特别是对知识分子的清洗，直接影响到中共话语权的争夺力度，更不用说知识分子的被清理对文化领导权的树立过程的消极影响。

所谓传统的知识分子"是指那些被取代的由以前的生产方式所产生的知识分子。传统的知识分子具有历史与文化的继承性或连续性特点"②。正如前文中引郑位三所述，传统的知识分子在创建鄂豫皖苏区的过程中发挥了重要的作用，而"知识分子在文化领导权中的作用，主要还是表现在上层建筑领域。知识分子除了保证与执行国家的统治职能而外，还是社会领导机关行政当局的'文化领导权'的代表。他们通过制定与传播统治阶级的意识形态，来整合其他阶级、阶层的知识分子，保证市民社会各种组织与群众'同意'统治阶级的社会秩序与规则，从而维持社会稳定"③。

虽然传统知识分子对于中共苏维埃革命意义重大，但是他们同样带着各种各样的问题和毛病，给中共推行革命带来了一定的负面影响。沈泽民在《淘汰异己分子》中明确提出："淘汰党内异己分子是党所经常应该注意的工作。什么是党内异己分子？就是那些出身于地主、富农、资产阶级而没有真正无产阶级化的分子。他们多数是知识分子，口头上学会了假革命的话，实

---

① 陈赓雅：《赣皖湘鄂视察记》，（台北）文海出版社 1968 年版，第 119 页。
② 孙晶：《文化霸权理论研究》，社会科学文献出版社 2004 年版，第 24 页。
③ 对于知识分子的作用，葛兰西认为知识分子和领导集团在文化领导权中起着重要作用，他们是整个社会结构和上层建筑的中介。他们一方面在市民社会中充任文化领导权的主要行使者的身份，以在普通民众自觉自愿的基础上传播统治阶级的世界观，维护统治集团对全社会的统治；另一方面又在政治社会中执行强制性的直接的文化统治职能，并通过合法政府对对立或消极服从集团给予合法制裁。孙晶：《文化霸权理论研究》，社会科学文献出版社 2004 年版，第 22—23、25 页。

际对于革命是站在旁观的地位，甚或时常站在捣乱地位的。这些分子在工作上消极怠工、腐化，障碍工农干部的引进和党的路线的执行。这些分子不是我们的同类，他们代表仇敌阶级的利益，所以叫作异己分子。要把异己分子从党内洗刷出去，才能够保持党的一致，才能使革命成功。"[1]

对于知识分子的清洗，在张国焘、沈泽民等人来到后，愈演愈烈。郑位三回忆道："我眼看有三个女同志装文盲，一个是王明的妹妹读中学的。王明是金家寨的人。她始终不敢承认自己是知识分子，怕肃反。其他两个女同志是高小毕业，读过初中的程度，也都装文盲。好多同志转党员关系的时候隐藏起来组织介绍信不交，这样可以不过组织生活。"[2] 由此可见当时鄂豫皖苏区知识分子的处境是何等的艰难。

中共对于知识分子的清洗，极大地降低了领导群体的文化水平，郑位三提到领导红四方面军西征的三年游击战争的干部："这些同志是农民出身，一个知识分子都没有，政治上懂得不多，文化上比今日还差，许多东西靠摸索，懂不到。25军还有我们几个知识分子，上次还说我们这些人是土包子，而28军的负责人在政治上、文化上比我们还差……"[3] 加之当时党的组织不健全，党员干部的作用极大，"党员干部的几个人作用大，组织作用小，容易造成个人信仰，只要那个人能力强些，群众有事就找他多些，有事找个人不一定找组织，成为一般习惯。党员参加了会议，知道党的总精神，根据这些精神来和群众商量"[4]。由此可见，领导群体文化水平的降低直接影响了中共制定文化教育政策方针和真正地贯彻中共意识形态建构的策略。

而中共在抗日战争中取得了巨大的成功，很重要的原因是全面调整了对知识分子的政策。这个政策的转变亦是吸取了苏维埃革命时期的教训，"经过延安整风运动，根据地的知识分子获得了新的身份认同：一方面，他们是革命者，是战士，是毛泽东的新话语的宣传者，在革命的队伍中，他们担负着鼓动群众的重要的责任；另一方面，他们又是带有旧阶级和旧意识的烙印，

---

[1] 沈泽民：《淘汰异己分子》(1931年11月)，《列宁报》，62期社论，中国工农红军第四方面军战史编辑委员会编：《中国工农红军第四方面军战史资料选编》(鄂豫皖时期·下)，解放军出版社1993年版，第432页。

[2] 《郑位三同志谈话记录》(第6次)，湖北省档案馆，SZA-2998，1959年4月29日。

[3] 同上。

[4] 《郑位三同志谈话记录》(第4次)，湖北省档案馆，SZA-2996，1959年4月。

思想需要不断改造的群体。他们中的绝大多数人接受了自己的这种新身份，并从中获得了归属感"①。在这一点，亦可反证苏维埃革命时期中共有关清洗知识分子的激进政策的失误。

三 未真正地重视提升全党的政治觉悟

中共领导的苏维埃革命，是以工农为主体的革命。在鄂豫皖苏区则以农民为革命的主要动力，发动农民进行革命是以阶级仇恨为主，不是以政治觉悟为主。经过一系列的对知识分子的清洗和党内斗争，以致在三年游击战争时，连领导干部在内，不晓得社会主义是什么东西，无产阶级专政怎么办。就连抗日战争时期的革命是民族仇恨为主，政治觉悟在第二位都不晓得。而政治觉悟的提高有赖于意识形态的建构，对任何一个政权来说，其意识形态是软力量，是政府和社会两者沟通的最有效手段。意识形态的造就来自于广大民众的价值认同和需要有组织的推广及灌输，而进行推广和灌输革命意识形态的知识分子被严厉地肃清，驱动革命的车轮就只剩下阶级仇恨了。

正如前文所言，苏维埃革命时期的意识形态主要是从苏俄引进，并未能与中国传统文化结合起来，造成普通民众对于中共所倡导的革命话语的陌生感，在短时间很难形成真正的效果。

四 未能制定合理宣传意识形态的策略

在中国的文化环境中，意识形态往往扮演一种准宗教的角色，来规范和约束人们的行为。中共在苏区时期，在宣传意识形态中过分强调师从苏俄，效法苏俄革命，如在《拥护第三国际》的歌曲中提到"快来，被压迫的奴隶；快来拥护我们的第三国际"②。这些行动成为国民党方面攻击中共的理由："共产党中央通令：一二八纪念日要好好地利用，煽动罢工罢市，挑起中日战争，要参加各军队做反动工作，尤对十九路军，张学良部，汤玉麟部，要大量参加进去，借此推翻国民党政权，云云。在我们平常的想法，中国共

---

① 高华：《革命大众主义的政治动员和社会改革：抗战时期根据地的教育》，《革命年代》，广东人民出版社 2010 年版，第 166 页。

② 红安县革命史编写领导小组办公室编：《红安革命歌谣选》，武汉大学出版社 1986 年版，第 31 页。

产党总是中国人，总不会让中国军队打败仗，而使中国亡于日本，但是共产党不是这样想，他们的祖国是苏俄，他们的革命是世界性的，无所谓中国或日本，他们借机夺取军队夺取政权，他们何爱于中国，因此我们要打日本，必先消灭共匪。"①

以往的宣传工作，可说是简单到极点，除了几个大纪念节发言宣传大纲外，平时的宣传，只限于墙上贴几张标语，内容是些"打到改组派"、"反对第二次世界大战"千篇一律，与当前政治任务相去万里的话。我们替他说明了宣组（传）工作的方法，拟了些新的标语和例子，并替他们编了一期《火花》创刊号，作以后编辑党报的榜样。②

另一方面，中共在苏区时期进行的意识形态建构，很大程度上是移植苏俄模式，虽在一定程度上以通俗易懂的手段进行文化动员，但尚未对此进行中国化的消化和理解，使得文化动员的很多内容难以被广大革命民众理解和认同。张国焘之后的回忆对于这一点有着深刻的认识：

> 我觉得中共的土地政纲，有其根本的缺点，既不易自下而上的（地——笔者注）发动群众斗争，而且偏于对内。经由游击战争发展红军的方针，也为各种条件所限制，难有速效。苏维埃政权的基础更是过于窄隘。这个政权被孤立在土地革命的小天地之中，不易为广大的工农群众所了解和同情，对于全国各地知识分子和一般小资产阶级，也缺乏号召力的力量。对于以城市为中心的反帝国主义运动，更无法建立适当的联系。③
> 特别是在当年九月十八日，日本侵占东三省的事实为我们所知悉之后，我更认为中共所领导的苏维埃运动远离了反帝国主义的路线。中共第六次代表大会规定反帝国主义与土地革命是两个并重的主要任务，但苏维埃政权却偏到土地革命的一面去了。我想起斯大林的

---

① 万耀煌：《万耀煌将军日记》（上），（台北）湖北文献社1978年版，第127页。
② 《沈泽民给中央政治局的报告——关于皖西北的工作》（1931年5月23日），《鄂豫皖革命根据地》编委会编：《鄂豫皖革命根据地》（第1册），河南人民出版社1989年版，第232—233页。
③ 张国焘：《张国焘回忆录》（第三册），内部发行，东方出版社1980年版，第87页。

没有远见,我又想起布哈林在中共六次大会中重视帝国主义以及不抹煞小资产阶级的革命作用等主张,若拿现在的事实来证明,就更为正确了。①

我设想如果苏维埃政府能改名为"人民政府",也许可以开辟出更有希望的途径。我假想的人民政府仍应由中共领导,以工农势力为骨干;但它的政纲尺度则不妨放宽些,以便号召那些反日本侵略的知识分子和小资产阶级,来与我们合作。如果我们孤立于反日本侵略之外,反会被人民视为不顾国家前途,专以土地革命来损害民族的命运。我曾不只一次向我的同僚们提起过这种意见,我在下文中还要说到这一点。但我自己无法作这种根本改变。苏维埃运动这个根本计划是从莫斯科到中共中央的,都屡次肯定了的,而且已在各处实行,鄂豫皖区不过是其中的一部分,如果我们自以为是地独断改变过来,那自然是极不好而又是不可能的事。②

张国焘总结苏维埃革命之所以失败,认为主要源自于共产国际对于中国革命的指导不力③,虽有一定的道理,但是对于中共自身而言,亦是在实施过程中犯下很多错误。本书认为这些错误主要有二,一是错误地应对国民党的清党活动,放弃了统一战线的策略,在革命中排斥了资产阶级和小资产阶级,将一切与国民党矛盾或冲突的力量,统统赶到自己的对立面去了。二是全面凸显了"阶级"的主题,而未能将"民族"引入革命话语中。"中国无产阶级的有关革命的叙述,尤其是在很好地建制架构等方面,都具有浓厚的俄式色彩。"④造成这些错误,有着多方面的原因。直到抗日战争时期,中共

---

① 张国焘:《张国焘回忆录》(第三册),内部发行,东方出版社1980年版,第88页。
② 同上。
③ 张国焘认为:"后来历史证明,中共所领导的苏维埃运动,只是一种大胆的尝试。在这个运动中,中共发挥了艰苦奋斗的精神,学习了领导政权和军队的重要一课。但这个运动的本身是失败了。它不是被国民党消灭了,而是在抗日战争之始,我们自动地转变了方向。斯大林这个以土地革命为中心的苏维埃运动的公式,也是立三路线和中共内部一切左倾行为的根源。因为这个运动本身是左倾的,所以才产生李立三以军事冒险去促其实现的想法,其他教条主义者更只会在这条公式下兜圈子。"张国焘:《张国焘回忆录》(第三册),内部发行,东方出版社1980年版,第88—89页。
④ 高华:《在革命的词语的高地上》,《革命年代》,广东人民出版社2010年版,第207页。

的革命话语系统才真正地建立。① 中共在抗日战争中的成功,塑造了适合中国革命的意识形态是很重要的原因之一。这套新的意识形态是一个整体性的、无所不包的新的解释体系,为中共提供了意义和价值,占据了近代中国的道德制高点。

第三节 小结

中共在革命中建构的意识形态将爱国主义、民族主义和共产主义合理地结合起来,建构了一个宏大的革命话语体系。这个过程其实就是一个马克思主义中国化的问题,这个命题的提出跟苏维埃革命时期各个苏区的建立和发展是密不可分的。众所周知,中共领导的革命得到了共产国际和苏俄的大力支持和指导,而由于中俄两国的国情不同和信息不畅等因素,共产国际在指导中共革命的过程中出现了重大失误,这是中共早期遭受重大失败的重要原因之一,因此马克思主义中国化成为中共亟须解决的问题。

鄂豫皖苏区的形成和发展,虽然因各种因素的制约尚未建立起适合中国国情的革命话语体系,但是为抗日战争中中共成功建构起符合革命要求的意识形态提供了宝贵的经验。鄂豫皖苏区建构的意识形态在苏维埃革命时期在一定程度上改变了苏区革命民众的认知体系和价值观,得到一部分民众的认同和支持,使得这个区域的革命火种一直保留,坚持革命斗争直至新中国的成立。

---

① 在延安时期,毛泽东创造了一个新的宏大的革命话语系统,它的最重要的特点是将民族主义、爱国主义和共产主义结合了起来。根据传统的马克思主义,"工人无祖国",国家的概念以及爱国主义不仅不重要,而且不利于世界无产者的团结。在20世纪初,马克思主义者往往不是爱国主义者,而具有十分国际性的世界观。而在中国,马克思主义在"五四"时代就被看成是救亡图存的一个武器,毛泽东发展和强化了这一传统,1938年更具体提出马克思主义在一切方面的中国化、中国气派的重大命题。毛泽东还建立起以阶级论为核心,以"群众路线"为主要内容的平民主义叙述,对中国农民阶级重下新定义。俄式解释虽然早就提出中国革命的关键是要解决土地问题,也提出农民是无产阶级的"同盟军",但是在江西时期,"鞋子"和"脚"却不对称。苏区并没有现代意义的产业工人阶级,却有各类"工会",于是,只能以强化意识形态来暂时缓解"鞋子"和"脚"不对称的窘境,而在叙述上仍没给农民阶级"正名",还是用"国际主义""皮安尼尔""少共国际师"等来提升农民的"无产阶级"和"国际主义"的意识。高华:《在革命的词语的高地上》,《革命年代》,广东人民出版社2010年版,第209页。

余论　文化共生视野下的马克思主义与中国传统文化共融共生进程探析

第一节　"文化共生"理论综述

一　共生理论

共生从词源上看，对应的英语词汇有两个：一个是 symbiosis，一个是 conviviality。Symbiosis 是希腊语源，指生态学的共栖，特别是双方受益的共栖，依据各要素间的利害关联性结成协作关系维持自我完成的均衡。Conviviality 则源于拉丁语，指在目标、理想、利害关系、文化背景等方面不同的人们之间，相互欣赏自己与他人的差异，共同启发。在对追求目标加以必要限制的行为规范（而非取消各人目标、强求单一目标）基础上展开交流的结合状态。因此，symbiosis 寻求的是生存的各种形式的调和统一。conviviality 看重的是"生存的各种形式的杂然生机"①。

"共生"这一概念源自于生物学的范畴，首先是由德国真菌学家德贝里在 1879 年提出的。他将共生定义为不同种属生活在一起。生物共生理论由共生单元、共生模式和共生环境三个要素构成。共生理论的三个要素相互作用的媒介称为共生界面。

共生的传统定义是两种密切接触的不同生物之间形成的互利关系。大多数生物学家仍然认同这一定义。然而，有些生物学家认为凡是发生频繁密切接触的不同物种间的关系都属于共生关系，不管其中哪方受益。这其中包括

---

① 张永缜：《共生：一个作为事实和价值相统一的哲学理念》，《西安交通大学学报》（社会科学版）2009 年第 4 期。

偏利共生和寄生（parasitism）。前者是指一方获益而另一方不受影响的共生关系；后者是指一方获益而另一方受到损害的共生关系。依照对共生关系的生物体利弊关系而言，共生又可依照以下几种形式的共生关系分类：寄生：一种生物寄附于另一种生物身体内部或表面，利用被寄附的生物的养分生存。互利共生：共生的生物体成员彼此都得到好处。竞争共生：双方都受损。偏利共生：对其中一方生物体有益，却对另一方没有影响。偏害共生：对其中一方生物体有害，对其他共生线的成员则没有影响。无关共生：双方都无益无损。[1]

20世纪中叶以后，共生的思想和概念扩展到社会科学以至哲学领域。共生问题被愈来愈多的生态学家、人类学家、社会学家、经济学家、管理学家、政治学家和哲学家关注。共生理论认为合作是共生现象的本质特征之一。共生并不是排除竞争，其重点在于单元间的有机融合，而不是相互排斥；是继承和保留，而不是共生单元性质和状态的丧失；共生单元之间并不存在替代效应，而是相互促进、共同发展。共生包含了竞争与冲突，其侧重点在于从竞争中产生合作，这种合作关系相对于原有关系是一种创新。

二 文化共生

邱仁富提出：所谓文化共生，是指不同民族、不同区域、不同时代的健康进步文化之间的多元共存、相互尊重、相互交流、兼容并包和协同发展的文化形态。文化共生突出强调的是多元文化的共存理念，并在此基础上发展多元文化之间的联结关系，包括不同性质的文化之间如何相互尊重彼此的文化存在空间、权益和利益，相互尊重多样性文化发展空间；不同文化系统之间如何实现平等条件下的相互交流、优势互补、协调发展，形成一种多元文化交流与互动的势态。[2] 本书将文化共生这一理论纳入马克思主义与中国传统文化融合进程的研究中来，其目的聚焦于不同文化之间相互竞争，相互借鉴和吸纳积极因素，达到共同发展和创新的状态。

---

[1] http://baike.haosou.com/doc/1265769-1338499.html.
[2] 邱仁富：《文化共生与和谐文化探幽》，《学术交流》2007年第11期。

三　马克思主义与中国传统文化共生的技术考察

文化共生现象的发生，其动力主要源自于两个方面，一为文化共生主体内部驱动力，二为文化共生主体面临的外部压迫力。

（一）文化共生主体内部驱动力

文化发展的内部驱动力来自于文化内核的精神，之所以在不同文化之间，出现共生发展的情况，很大因素在于这些文化内核的思维体系拥有开放性和包容性的理论特征，在文化发展的过程中，不断吸取新文明成果的养分，从而不断适应时代的变迁。中国传统文化早在先秦诸子等先贤时期，就奠定了以多元思维方式来构建文化内核，这种多元思维造就了极具兼容性的文化特征，诸如"执其二端，允执其中"的中庸思想、"兼听则明，偏听则暗"、"海纳百川，有容乃大"等成为中华民族指导日常行为的重要思想。这些文化特征是驱动中国传统文化不断开拓创新，与时俱进的动力来源。

马克思主义自产生以来，其科学性和革命性为世人所知，然其包容性亦是马克思主义发展的主要驱动力之一。马克思主义的包容性表现在它存在于人类认识活动的一切领域。马克思主义的本质是关于事物发展规律的知识体系，而客观世界的一切领域都是按固有规律运动着的，因而只要是符合客观规律的思想和观念，就是符合马克思主义要求的思想和观念，就属于马克思主义思想体系的内容。列宁曾讲过，"辩证法即关于包罗万象和充满矛盾的历史发展的学说"[1]。马克思主义的包容性还表现在它吸收着人类文明的一切积极成果上。马克思主义在发展中也是不断吸收着人类文明的一切积极成果的，诚如列宁所说："马克思主义同'宗派主义'毫无相似之处，它绝不是离开世界文明发展大道而产生的一种固步自封、僵化不变的学说。恰恰相反，马克思的全部天才正是在于他回答了人类先进思想已经提出的种种问题。他的学说的产生正是哲学、政治经济学和社会主义极伟大的代表人物的学说的直接继续。"[2] 马克思主义的包容性还表现在它对各种非马克思主义的思想体系的态度上。毛泽东曾经说过："百花齐放、百家争鸣的方针，是促进艺术

---

[1]《列宁选集》（第2卷），人民出版社1995年版，第278页。
[2] 同上书，第309页。

发展和科学进步的方针,是促进我国的社会主义文化繁荣的方针。"①

(二) 文化共生主体面临的外部压迫力

文化共生主体面临的外部压迫力主要在于文化生成发展的环境发生了剧变,需文化本身创新来应对新情况和新问题。清代中叶,特别是第一次鸦片战争之后,清王朝不仅在军事上面临"数千年未有之强敌",与数千年来中华文化长期对游牧民族的文化强势,进而到与西方现代工业文明竞争中处于全面落后的不利局面;中华民族的精英分子开始从不自觉地到强烈呼吁向西方现代文明学习,其中亦包括马克思主义。马克思主义自从传入中国以来,虽有俄国十月革命胜利的示范效应和共产国际的革命输出,然马克思主义在中国的践行出现过水土不服的情况,中共经由苏维埃时期的短暂执政,在抗战时期总结经验和教训时,提出了"马克思主义中国化"的历史命题,从苏区时期马克思主义与中国传统文化不自觉地融合到自觉将这个命题当成工作重点进行实践;新中国成立至今,在探索建设有中国特色的社会主义进程中,这一历史命题仍然具有时代意义和指导意义。

(三) 文化共生的案例:佛教与中国传统文化的融合

在中外文化交流史上,源自印度的佛教对中国传统文化影响从深度和广度上最大,与中国传统文化一起嬗变,呈现出文化共生的现象。然其他两大宗教基督教和伊斯兰教虽早在唐朝便传入中华,其间基督教曾一度引起热议,但终未能与中国传统文化进行深度融合;同样伊斯兰教亦是如此。

佛教文化与中国传统文化融合的进程大体分为传播与依附、冲突与争鸣以及调整与融合三个阶段。佛教文化与中国传统文化达到文化共生的经验与启示主要有三,一为文化基因的相通性与互补性是佛教文化与中国传统文化融合的前提条件;二是积极转型,体现中国作风与中国气派是佛教文化与中国本土文化融合的关键因素;三则是为中国传统文化注入优秀基因,推动中国传统文化创新发展是佛教文化与中国传统文化融合的价值所在。②

综合考察马克思主义与中国传统文化实现文化共生的技术环境,究其内驱力和外部压迫力以及现存案例而言,存在着文化共生出现的可能性;然文

---

① 《毛泽东选集》(第5卷),人民出版社1991年版,第388页。
② 郭英敏:《文化融合视域下的佛教中国化与马克思主义中国化》,《社科纵横》2015年第10期。

化共生是一个较长的历史过程，并非一朝一夕抑或一帆风顺，其相互竞争和促进特征会一直存在，最终达到一种动态的平衡。

第二节　马克思主义与中国传统文化的共融共生进程

本书借用"共生"理论来解释马克思主义与中国传统文化的共融共生进程，将这个历史过程划分为几个阶段：一是"无关共生"时期，马克思主义源自西欧，传入中国则是近代。二是"竞争共生"时期。三是"互利共生"时期。

一　"无关共生"时期（19世纪40年代至"五四"运动）

马克思主义在19世纪40年代产生于西欧，1848年2月出版的《共产党宣言》中，第一次对无产阶级的思想体系做了系统的表述，这标志着马克思主义的诞生。马克思主义一词，是在1883年3月马克思逝世后，才被作为无产阶级思想体系的代表而逐步流行起来的。马克思主义是人类优秀文化遗产的产物。它主要是批判地继承德国古典哲学、英国古典政治经济学和英、法国空想社会主义而创立的崭新的无产阶级思想的科学体系。

马克思主义传入中国的途径主要有三，一是西来英、法、德、美诸国。1868年9月，英美传教士在上海创办了中文刊物《万国公报》。1899年2月出版的《万国公报》第121期刊登了署名"英士李提摩太译、华士蔡尔康属文"的《大同学第一章今世景象》一文，其中写道："以其百工领袖著名者马克思也。马克思之言曰：'纠股办事之人，其权笼罩五洲，突过于君相之范围一国'"，在这里既提到了马克思的名字，也简要介绍了马克思主义的学说。这是目前所见资料中有关马克思主义传入中国的最早记载。同年4月出版的《万国公报》第123期登载的《大同学》一文进而介绍："今世……有讲求安民新学之一家，如德国之马客偲，主于资本者也。"这里讲的"安民新学"指的是社会主义；"马客偲主于资本者也"指马克思和他所写的《资本论》。"五四"运动前后，中国国内掀起了赴法勤工俭学的热潮，在这些留学生当中有为数不少的人接受了马克思主义，而且在巴黎发起成立了共产主义小组,其中周恩来、赵世炎、邓小平、蔡和森等就是杰出的代表,归国后成为伟大的马克思主义者。总体而言,无论是有意无意提及马克思主义的西方传教士,还是旅欧的留学生对马克思主义的宣传,其影响的范围仍局限于小范围内,尚不能形成广泛的影响力。其二,东来日本。19世纪末20世纪初,中国国内掀起了东渡日本留学的热潮,至1906年,中国在日本的留学生人数达到一万三四千人。相通、相近的中日文化背景,使中国留日学生很快通晓了日本文化,从日本研究马克思主义的学者那里接受了马克思主义。这批留学生陆续翻译和创办了介绍马克思主义的刊物和报纸,在国内产生了较大影响,例如1903年赵必振根据日文版的《共产党宣言》翻译了部分段落,寄回国内由上海广智书局出版;1905年,朱执信根据日文版并参照英文版翻译《共产党宣言》的要点和十项政纲,刊发在中国同盟会机关刊物《民报》第2号上;1920年,上海出版了陈望道根据日文版和英文版翻译的《共产党宣言》第一个中文全译本。[①] 其三,北来苏俄。如前文所述,俄国十月革命胜利的示范效应和共产国际的革命输出,使得马克思主义传播无论是其传播的广度和深度比前两种途径更为深远。

之所以将这一时期称之为马克思主义与中国传统文化的"无关共生"时期,主要是根据两种文化共生主体之间的交流与影响程度而言,显然在此期间马克思主义的主要传播范围集中于欧洲,在中国的影响力尚浅,两种文化之间交集不太明显。

二 "竞争共生"时期("五四"运动至中共十八大)

"五四"运动的爆发,从形式上是中国学生的爱国运动,但从整个社会背景发展来说,它的影响远远不止于此,除了波及中国思想文化、政治发展方向、社会经济潮流、教育,亦对中国共产党的发展产生了重要的作用。从马克思主义和中国传统文化交流的层面来看,"五四"运动催生了中国的马克思主义政党——中国共产党,二者之间关系经由之前的"无关共生"过渡到"竞争共生"。特别是以"五四"运动后中国文化界发起的"新文化运动"

[①] 王令金:《近代中西文化的融通与马克思主义传入中国述论——兼论马克思主义中国化的历史起点》,《中共青岛市委党校青岛行政学院学报》2013年第4期。

为标志,"新文化运动"是1919年"五四"运动爆发前后由胡适、陈独秀、鲁迅、钱玄同、李大钊等一些受过西方教育(当时称为新式教育)的人发起的一次"反传统、反孔教、反文言"的思想文化革新、文学革命运动。以两个共生文化主体之间的竞争程度为标准,大致可分为如下几个阶段:

第一阶段,从1919年"五四"运动到抗战的爆发,在此时间段里,中国共产党的诞生和发展,不仅对中国政治的发展产生了深刻影响,在中国文化的发展上亦是如此。中共在其发展早期,工作的重点在于领导中国革命,以发动群众运动和军事斗争为主。国共分裂后,中共革命的场所从城市向农村转移,首次在各个苏区进行初步执政,其文化政策秉承"五四"运动、"新文化"运动的精神,诚如前文所论及,将中国传统文化视为封建主义的一部分,实行全面否定政策,在各个苏区,对孔夫子牌位、宗祠、寺庙等传统文化标志的破坏现象屡见不鲜;虽有中共领导人不自觉地在宣传马克思主义的过程中,以"旧瓶装新酒"的模式运用了传统文化手段,然对于年轻的政党而言,大部分精英分子的精力在于革命斗争,在文化政策上的思考并不充分。

第二阶段,抗战爆发至"文革"前,特别是抗战进入相持阶段后,中共开始对于前一阶段的革命斗争进行总结,苏维埃时期的文化政策亦在其中。1938年10月12日至14日,毛泽东在党的六届六中全会上作的题为《论新阶段抗日民族战争与抗日民族统一战线发展的新阶段》的政治报告中最先提出了"马克思主义中国化"这个命题。他指出:

> 学习我们的历史遗产,用马克思主义的方法给以批判的总结,是我们学习的另一任务。我们这个大民族数千年的历史,有它的农展法则,有它的民族特点,有它的许多珍贵品。对于这个,我们还是小学生。今天的中国是历史的中国之一发展,我们是马克思主义的历史主义者,我们不应该割断历史。从孔夫子到孙中山,我们应该给以总结,我们要承继这一份珍贵的遗产。承继遗产,转过来就变为方法,对于指导当前的伟大运动,是有着重要的帮助的。共产党员是国际主义的马克思主义者,但马克思主义必须通过民族形式才能实现。没有抽象的马克思主义,只有具体的马克思主义。所谓具体的马克思主义,就是通过民族形式的马

克思主义，就是把马克思主义应用到中国具体环境的具体斗争中去，而不是抽象地应用它。成为伟大中华民族之一部分而与这个民族血肉相联的共产党员，离开中国特点来谈马克思主义，只是抽象的空洞的马克思主义。因此，马克思主义的中国化，使之在其每一表现中带着中国的特性，即是说，按照中国的特点去应用它，成为全党亟待了解并亟须解决的问题。洋八股必须废止，空洞抽象的调头必须少唱，教条主义必须休息，而代替之以新鲜活泼的、为中国老百姓所喜闻乐见的中国作风与中国气派。把国际主义的内容与民族形式分离起来，是一点也不懂国际主义的人们的干法，我们则要把二者紧密地结合起来。在这个问题上，我们队伍中存在着的一些严重的缺点，是应该认真除掉的。①

"马克思主义中国化"这个命题的提出，不仅对于马克思主义与中国传统文化之间的关系进行了重新诠释，由之前对立到进行有机融合，二者之间竞争、融合发展由此全面展开。

第三阶段，1966年文化大革命开始至改革开放。文化大革命十年不仅中断了马克思主义与中国传统文化的融合进程，还对中国传统文化的传承和发展造成了极大的破坏。1966年6月1日，人民日报社论《横扫一切牛鬼蛇神》，提出"破除几千年来一切剥削阶级所造成的毒害人民的旧思想、旧文化、旧风俗、旧习惯"的口号；后来"文革"《十六条》又明确规定"破四旧""立四新"是"文革"的重要目标。1966年8月1日至8月12日召开的中共八届十一中全会，通过了《关于文化大革命的决定》（简称《十六条》），进一步肯定了"破四旧"的提法。一些激进分子把基于中共意识形态政治正确的思想文化上的破旧立新，简单化为对旧思想、旧文化、旧风俗、旧习惯的一系列物化形态的破坏行动。

第四阶段，改革开放至中共十八大。改革开放初期，中共的工作重心在于带领全国人民进行经济建设提高人民生活水平，文化政策基本上沿用解放后"文革"前的政策；经过二三十年的改革开放后，人民的经济生活水平有

---

① 毛泽东：《论新阶段抗日民族战争与抗日民族统一战线发展的新阶段——一九三八年十月十二日至十四日在中共扩大的六中全会的报告》。

了显著的提高，国家经济发展进入高速增长时期，与之伴随的是民众价值观出现混乱，一些原本认为是丑闻的社会现象却被热议的事件层出不穷，使得党和国家对于文化的重视度不断提高，对于"马克思主义中国化"这个历史命题又有了新的认识。自2003年前后起，对于文化的主要载体进行了改革即文化体制改革，使其适应计划经济到市场经济时代的变迁。对于马克思主义与中国传统文化二者而言，在此期间在相互竞争中，学界开始对于二者的融合发展有了新的认识，一些有关探讨二者融合发展的学术著作和文章开始出现。

三 "互利共生"时期（中共十八大至今）

进入新世纪以来特别是近五年，不仅经济情况进入新常态，文化发展亦出现新情况；党的十八大以来，中央高度重视培育和践行社会主义核心价值观；并应时而动提出"中国梦"，其核心目标为："到2021年中国共产党成立100周年和2049年中华人民共和国成立100周年时，逐步并最终顺利实现中华民族的伟大复兴，具体表现是国家富强、民族振兴、人民幸福，实现途径是走中国特色的社会主义道路、坚持中国特色社会主义理论体系、弘扬民族精神、凝聚中国力量，实施手段是政治、经济、文化、社会、生态文明五位一体建设。"

在对于中国传统文化的认识上，习近平提出：

> 把培育和弘扬社会主义核心价值观作为凝魂聚气、强基固本的基础工程，继承和发扬中华优秀传统文化和传统美德，广泛开展社会主义核心价值观宣传教育，积极引导人们讲道德、尊道德、守道德，追求高尚的道德理想，不断夯实中国特色社会主义的思想道德基础。……
>
> 培育和弘扬社会主义核心价值观必须立足中华优秀传统文化。牢固的核心价值观，都有其固有的根本。抛弃传统、丢掉根本，就等于割断了自己的精神命脉。博大精深的中华优秀传统文化是我们在世界文化激荡中站稳脚跟的根基。
>
> 中华文化源远流长，积淀着中华民族最深层的精神追求，代表着中华民族独特的精神标识，为中华民族生生不息、发展壮大提供了丰厚滋

养。中华传统美德是中华文化精髓，蕴含着丰富的思想道德资源。不忘本来才能开辟未来，善于继承才能更好创新。对历史文化特别是先人传承下来的价值理念和道德规范，要坚持古为今用、推陈出新，有鉴别地加以对待，有扬弃地予以继承，努力用中华民族创造的一切精神财富来以文化人、以文育人。

要讲清楚中华优秀传统文化的历史渊源、发展脉络、基本走向，讲清楚中华文化的独特创造、价值理念、鲜明特色，增强文化自信和价值观自信。

要认真汲取中华优秀传统文化的思想精华和道德精髓，大力弘扬以爱国主义为核心的民族精神和以改革创新为核心的时代精神，深入挖掘和阐发中华优秀传统文化讲仁爱、重民本、守诚信、崇正义、尚和合、求大同的时代价值，使中华优秀传统文化成为涵养社会主义核心价值观的重要源泉。要处理好继承和创造性发展的关系，重点做好创造性转化和创新性发展。[1]

从习近平一系列有关中国传统文化的讲话中可看出，马克思主义与中国传统文化的关系进入了一个新的阶段，即互利共生阶段，二者相互融合，推进各自创新发展；然二者之间的竞争依然存在，这种竞争是一种良性竞争，促进两个文化主体不断吸纳新的文明成果，不断向前发展。

第三节　结论

纵观马克思主义与中国传统文化的共生进程，与中国革命的主体——中国共产党之发展有着莫大的联系。中共无论是置身于大革命时期，还是投身于星火燎原的苏维埃革命时期，抑或在全民奋起抗战的烽火岁月和风起云涌的解放战争时期，改天换日后新中国的发展时期，历经改革开放后带领全国人民建设中国特色社会主义的新时代；从不自觉推动两种文化的融合到

---

[1] 习近平：《2014年2月24日在中共中央政治局第十三次集体学习时的讲话》，《十八大以来重要论述选编》，新华网，2014年2月28日。

提出"马克思主义中国化",再到提出二者共生发展;期间道路的曲折和困难不言自明,然马克思主义和中国传统文化的共生发展是历史的必然,亦是驱动中华文化创新发展的内在动力,是纳入国家文化发展战略的重要内容。

参考文献

一　档案、报刊资料

（一）档案

中央档案馆编：《中共中央文件选集》（1—11），中共中央党校出版社 1989—1991 年版。

中央档案馆等编：《鄂豫皖苏区革命历史文件汇集（甲 1—甲 5、乙）》，1985 年。

中央档案馆等编：《河南革命历史文件汇集（甲 1—甲 10、乙）》，1983—1986 年。

中央档案馆等编：《湖北革命历史文件汇集（甲 1—甲 11、乙）》，1984—1985 年。

中央档案馆等编：《安徽革命历史文件汇集》（1—4），1987 年。

（二）报刊

《申报》（1927—1934 年）

《汉口民国日报》（1927—1932 年）

《布尔塞维克》（1927—1932 年）

《红旗飘飘》（1—32 集）

《斗争》（1—73 期）

《红色中华》（1931—1937 年）

《向导》（1—5 集）

二　地方县志及文史资料

（一）地方县志

（清）英启、邓琛纂修：《光绪黄州府志》（影印本），《中国地方志集成（湖北府县志辑 14)》，江苏古籍出版社、上海书店、巴蜀书社 2001 年版。
郑重、余晋芳纂修：《民国麻城县志》（影印本），《中国地方志集成（湖北府县志辑 20)》，江苏古籍出版社、上海书店、巴蜀书社 2001 年版。
（清）陈瑞澜、陶大夏等纂修：《光绪黄安县志》（影印本），《中国地方志集成（湖北府县志辑 19)》，江苏古籍出版社、上海书店、巴蜀书社 2001 年版。
（清）秦达章、郑交泰等纂修：《光绪霍山县志》（影印本），《中国地方志集成（安徽府县志辑 13)》，江苏古籍出版社、上海书店、巴蜀书社 2001 年版。
徐锦、胡鑑莹纂修：《民国英山县志》（影印本），《中国地方志集成（湖北府县志辑 26)》，江苏古籍出版社、上海书店、巴蜀书社 2001 年版。
商城县志编纂委员会编：《商城县志》，中州古籍出版社 1991 年版。

（二）文史资料

政协湖北省委员会文史资料研究委员会编：《湖北文史资料》。
政协河南省委员会文史资料研究委员会编：《河南文史资料》。
政协安徽省委员会文史资料研究委员会编：《安徽文史集萃》。
政协安徽省委员会文史资料研究委员会编：《安徽文史资料》。
政协大悟县委员会文史资料委员会编：《大悟县文史资料》。
政协红安县委员会文史资料委员会编：《红安文史资料》。
政协信阳市委员会学习文史委员会编：《信阳文史资料》。
政协新县委员会学习文史委员会编：《新县文史资料》。
政协光山县委员会文史委员会编：《光山文史资料》。
政协罗山县委员会文史委员会编：《罗山文史资料》。
政协商城县委员会文史委员会编：《商城文史资料》。
政协霍邱县委员会学习文史委员会编：《霍邱文史资料》。
政协金寨县委员会文史资料研究委员会编：《金寨文史》。
政协霍山县委员会文史资料研究委员会编：《霍山文史资料》。
政协六安市委员会文史学习委员会编：《六安文史资料》。
政协六安县政协委员会文史资料研究委员会编：《六安县文史资料》。
政协六安市金安区委员会编：《金安文史》。

三 著作类

（一）资料汇编

安徽省建设厅编印：《安徽建设》，1933年11月。

湖北省政府民政厅编：《湖北县政概况》（第一、二册），汉口国华印务公司1934年版。

河南省政府建设厅编印：《河南建设述要》，1939年11月至1941年10月。

陈少敏：《艰苦奋斗的三周年》，湖北省档案馆，GMC-230，1941年12月。

中原军区政治部：《中原区域宣传口号》，湖北省档案馆，GMA-207，1948年9月。

中原军区政治部：《新区政策的宣传与实施》，湖北省档案馆，GMA-206，1948年10月。

《红安县杨山乡革命老根据地调查报告》，湖北省档案馆，SZ34-03-0086-007，1956年9月。

《红安县谭河乡革命老根据地调查报告》，湖北省档案馆，SZ34-03-0086-008，1956年9月。

《红安县七里坪区万胜乡老革命根据地调查报告》，湖北省档案馆，SZ34-03-0086-009，1956年9月。

《红安县福德乡老革命根据地调查报告》，湖北省档案馆，SZ34-03-0086-010，1956年9月。

《红安县枣林乡老革命根据地调查报告》，湖北省档案馆，SZ67-01-0353-002，1956年9月。

《红安县党史简编》（初稿），湖北省档案馆，GMB-35，1958年9月。

《红安县七里区党史汇编》（初稿），湖北省档案馆，GMB-290，1958年。

《红安县金牛区枣林乡党史资料汇编》，湖北省档案馆，GMB-29，1958年。

《红安县七里区柳林乡党史调查资料》，湖北省档案馆，GMB-43，1958年。

《红安县七里区杨山乡党史调查初稿》，湖北省档案馆，GMB-14，1958年。

顺区党史革命史调查小组：《麻城革命史料调查》（二集），湖北省档案馆，GMC-84，1958年11月。

《郑位三同志谈话记录》（1—6），湖北省档案馆，SZA-2993-2998，1958—

1960 年。

《郑位三同志谈话记录》(7),湖北省档案馆,GB-83,1960 年。

《湖北党史资料——访问贺龙、陈少敏、钱瑛同志记录》,湖北省档案馆,GMB-53,1960 年。

中共大悟县委党史调查工作组编:《大悟县革命史简编》(初稿),湖北省档案馆,GMC-68,1959 年 1 月。

武汉大学历史系编:《湖北省黄梅县革命史资料彙编》(初稿),湖北省档案馆,GMC-54,1959 年 5 月。

武汉大学历史系编:《湖北省罗田县革命史资料汇编》(初稿),湖北省档案馆,GMC-102,1959 年 5 月。

红安县革命史编辑委员会编:《红安县革命史汇编》(草稿)(上、中、下),湖北省档案馆,GMC-61-63。

武汉大学经济系编:《湖北麻城革命根据地乘马人民公社地区经济发展史》(初稿),麻城市党史办藏 1959 年版。

万大铉主编:《共匪祸国史料汇编》(4、5、6),"中华民国"开国文献编纂委员会、"国立"政治大学国际关系研究中心 1974 年版。

麻城县革命历史文物征集办公室、武汉大学历史系 75 级赴麻城调查队编:《麻城革命史资料汇编》,麻城市党史办藏 1977 年版。

萧铮主编:《民国二十年代中国大陆土地问题资料》(影印版),美国中文资料中心,台湾成文出版有限公司 1977 年版。

冯和法编:《中国农村经济资料》,中国经济史丛书,第一辑,第二、三,(台北)华世出版社 1978 年版。

《黄麻起义》编辑委员会编:《黄麻起义》,湖北人民出版社 1978 年版。

中共中央党校党史研究室编:《中共党史参考资料》(1、2、3),人民出版社 1979 年版。

华中师范学院历史系、中国近现代史教研室编:《鄂豫皖苏区革命史资料选编》(1—3),1979、1981、1983 年。

河南省地方党史编纂领导小组、河南中共党史学会、河南省档案馆编:《鄂豫皖苏区革命斗争史资料汇编》,内部资料,1981 年。

大悟县革命史编写组编:《大悟县革命史简编》,1981 年。

中国人民政治协商会议全国委员会文史资料研究委员会编：《革命史资料》
　　　(1—18)，中国文史出版社 1981—1987 年版。
《党史资料丛刊》编纂委员会编：《党史资料丛刊》，上海人民出版社 1982—
　　　1985 年版。
中共中央党史研究室、中央档案馆编：《中共党史资料》(1—93)，中共党史
　　　出版社 1982—2005 年版。
《任质斌同志谈鄂豫边区简况》，湖北省档案馆，QT 中央 A98，1982 年 12 月。
中共黄冈地委党史资料征集小组办公室编：《鄂东革命史资料》(1)，麻城市
　　　党史办藏 1983 年版。
安徽档案馆等编：《安徽革命根据地财经史料选》(1—2)，安徽人民出版社
　　　1983 年版。
中共河南省委党史资料征集编纂委员会编：《中共河南党史资料》(3)，河南
　　　人民出版社 1984 年版。
河南省地方志编纂委员会编：《河南红枪会资料专辑》，河南省地方志编纂委
　　　员会 1984 年版。
中共英山县委党史资料征集编写领导小组办公室编：《英山革命史资料》
　　　(1)，内部资料，1984 年。
中共黄冈地委党史资料征编委员会办公室编：《鄂东革命史资料》(2)，黄冈
　　　地委印刷厂印刷 1984 年版。
中共黄冈县委党史资料征集编研委员会办公室编：《黄冈革命史资料》(1)，
　　　内部资料，1984 年。
中共河南省委党史资料征集编纂委员会编：《新县革命史》，河南人民出版社
　　　1985 年版。
中共英山县委党史资料征集编研委员会办公室编：《英山革命史资料》(2)，
　　　内部资料，1985 年。
中共麻城县委党史资料征集委员会编：《麻城革命史资料》(1)，内部资料，
　　　1985 年。
安徽大学苏联问题研究所、四川省中共党史研究会编译：《苏联〈真理报〉
　　　有关中国革命的文献资料选辑 (1919—1937)》(1—2)，四川省社会科
　　　学院出版社 1985—1986 年版。

中共商城县委党史资料征编委员会编:《商城革命史资料》(1—5), 商城县印刷厂印刷 1985—1991 年版。

红安县革命史编写领导小组办公室编:《红安革命歌谣选》, 武汉大学出版社 1986 年版。

中共黄冈地委党史办:《鄂豫皖革命根据地 (鄂东部分) 党史大事记及资料依据》, 麻城市党史办藏 1986 年版。

中共英山县委党史资料征集编研委员会办公室编:《英山革命史资料》(3), 内部资料, 1986 年。

中山大学历史系孙中山研究室等合编:《孙中山全集》, 中华书局 1986 年版。

中共安徽省委党史工作委员会编:《安徽现代革命史资料长编》(1—2), 安徽人民出版社 1986、1991 年版。

中共安徽省委党史工作委员会、安徽省档案馆:《安徽早期党团组织史料选》, 1987 年。

中共中央党史资料征集委员会编:《共产主义小组》(上、下), 中共党史资料出版社 1987 年版。

河南省档案馆等编:《鄂豫皖革命根据地工商税收史料选编》, 河南人民出版社 1987 年版。

湖北省红安县教育委员会编:《红安县教育志》, 湖北省浠水县印刷厂印刷 1987 年版。

中共黄冈县委党史办编:《黄冈革命史资料》(2), 内部资料, 1987 年。

湖北省罗田县教育委员会编:《罗田县教育志》(1876—1986), 湖北省档案馆, SZF-968, 1987 年 10 月。

中共六安地委党史工作委员会编:《皖西革命史》, 安徽人民出版社 1987 年版。

红安县革命史编写办公室编著:《红安县革命史》, 武汉大学出版社 1987 年版。

中共商城县委党史资料征编委员会编:《商城革命史》(1925—1949), 河南人民出版社 1988 年版。

《商南起义》编辑委员会编:《商南起义》, 中共党史资料出版社 1989 年版。

《六霍起义》编辑委员会编:《六霍起义》, 中共党史资料出版社 1989 年版。

鄂豫皖革命根据地编委会编:《鄂豫皖革命根据地》(1—4), 河南人民出版社 1989 年版。

湖北省档案馆等编：《鄂豫皖革命根据地财经史资料选编》，湖北人民出版社1989年版。

黄梅县教育委员会：《黄梅县教育志》（1840—1985），湖北省档案馆，SZF-884，1989年4月。

中共霍山县委党史办公室编：《霍山革命史》，安徽人民出版社1989年版。

张励中编：《豫南革命史》，河南人民出版社1991年版。

中共湖北省委组织部、中共湖北省委党史资料征集编研委员会、湖北省档案馆编：《中国共产党湖北省组织史资料》，湖北人民出版社1991年版。

河南革命文化史料征编室编：《鄂豫皖苏区文化史料选编》，1991年。

《金寨县革命史》编委会编：《金寨县革命史》，安徽人民出版社1991年版。

中国工农红军第四方面军战史编辑委员会编：《中国工农红军第四方面军战史资料选编——鄂豫皖时期》（上、下），解放军出版社1993年版。

中国工农红军第四方面军战史编辑委员会编：《中国工农红军第四方面军战史资料选编——附卷》，解放军出版社1993年版。

中国工农红军第四方面军战史编辑委员会编：《中国工农红军第四方面军烈士名录》，解放军出版社1993年版。

中共光山县委党史工作委员会著：《光山革命史》，河南人民出版社1993年版。

《鄂豫皖革命根据地地图集》编委会编：《鄂豫皖革命根据地地图集》，河南美术出版社1994年版。

中共红安县委组织部、中共红安县委党史办公室、红安县档案局（馆）编：《中国共产党湖北省红安县组织史资料》（1923—1987），湖北人民出版社1994年版。

中共霍邱县委党史工作委员会编：《霍邱革命史》，安徽人民出版社1994年版。

曾宪林：《中国大革命史论丛》，武汉大学出版社1994年版。

中共六安县委党史工作委员会编：《六安革命史》，安徽人民出版社1995年版。

陈富安、谭克绳：《湖北农民运动史》，武汉工业大学出版社1996年版。

中共中央党史研究室第一研究部译：《联共（布）、共产国际与中国革命档案资料丛书》（1—17），北京图书馆出版社、中央文献出版社1997—2002年版。

中共安徽省委党史研究室、中共河南省委党史研究室编：《鄂豫皖革命根据地史》，安徽人民出版社 1998 年版。

中共湖北省党史研究室著：《中国共产党湖北历史》（1919.5—1949.10），湖北人民出版社 1999 年版。

中共中央组织部、中共中央党史研究室、中央档案馆编：《中国共产党组织史资料：1921—1997》（第 1—2 卷），中共党史出版社 2000 年版。

武汉地方志编纂委员会办公室编：《武汉抗战史料》，武汉出版社 2007 年版。

李文海：《民国时期社会调查丛编》（第二编）（乡村社会卷），福建教育出版社 2009 年版。

金陵大学农学院农业经济系编：《豫鄂皖赣四省农村经济调查报告》，国家图书馆出版社 2010 年版。

王燕来选编：《民国教育统计资料汇编》，国家图书馆出版社 2010 年版。

殷梦霞、李强选编：《民国统计资料四种》，国家图书馆出版社 2010 年版。

中共六安市委党史研究室编：《皖西党史资料辑要》（第 2 册），2012 年。

（二）回忆录

中国青年出版社编辑：《红旗飘飘》（1—32），中国青年出版社 1957—1993 年版。

何耀榜讲述，苏波记录：《大别山上红旗飘——回忆鄂豫皖三年游击战争》，中国青年出版社 1959 年版。

"中国人民解放军三十年"征文编辑委员会编：《星火燎原》（二），人民文学出版社 1962 年版。

杨子烈：《张国焘夫人回忆录》，自联出版社 1970 年版。

龚楚：《龚楚将军回忆录》（上、下），民报月刊社 1978 年版。

万耀煌：《万耀煌将军日记》（上、下），（台北）湖北文献社 1978 年版。

皖西革命斗争史编写组：《皖西革命回忆录：第二次国内革命战争时期》（上、下），安徽人民出版社 1980 年版。

人民出版社编辑部编：《革命回忆录文丛》（1—20），人民出版社 1980—1987 年版。

中共商城县委会编：《大别山烽火》，河南人民出版社 1981 年版。

恽代英：《恽代英日记》，中共中央党校出版社 1981 年版。

于吉南：《张国焘和〈我的回忆〉》，四川人民出版社 1982 年版。

徐海东：《生平自述》，生活·读书·新知三联书店1982年版。

刘峙：《我的回忆》，文海出版社1982年版。

陈文祺：《战争年代的片段回忆》，麻城市党史办藏1983年版。

许世友：《我在红军十军》，解放军出版社1983年版。

包惠僧：《包惠僧回忆录》，人民出版社1983年版。

徐向前：《历史的回顾》（上、中、下），解放军出版社1984年版。

恽代英：《恽代英文集》（上、下），人民出版社1984年版。

徐向前等：《艰苦的历程：中国工农红军第四方面军革命回忆录选集》（上、下），人民出版社1984年版。

成仿吾：《记叛徒张国焘》，北京出版社1985年版。

许世友：《许世友回忆录》，解放军出版社1986年版。

中共霍邱县委党史办公室编：《霍邱革命回忆录》，1986年。

星火燎原编辑部编：《星火燎原》（五）（女兵回忆录），解放军出版社1987年版。

陈再道：《陈再道回忆录》（上、下），解放军出版社1988年版。

中共麻城市委党史办公室编：《麻城革命回忆录》，中国地质大学出版社1989年版。

王宏坤：《我的红军生涯》，人民出版社1991年版。

秦基伟：《秦基伟回忆录》，解放军出版社1996年版。

时光主编：《中国新民主革命通史——星火燎原1927—1931》（第四卷），上海人民出版社2001年版。

洪学智：《洪学智回忆录》，解放军出版社2002年版。

陈锡联：《陈锡联回忆录》，解放军出版社2004年版。

刘华清：《刘华清回忆录》，解放军出版社2004年版。

张国焘：《我的回忆》（1—3），内部发行，东方出版社2004年版。

（三）大陆地区学术著作

刘少奇：《论党》，人民出版社1980年版。

金观涛、刘青峰：《中国超稳定封建社会结构分析》，湖南人民出版社1982年版。

鄂豫皖苏区史编写组：《鄂豫皖苏区历史简编》，湖北人民出版社1983年版。

中共六安县委党史办公室编：《中共六安县党史人物传》(1)，1984年。
费孝通：《乡土中国》，生活·读书·新知三联书店1985年版。
华中师范大学历史系中国近现代史教研室、鄂豫皖苏区历史研究会湖北分会编：《台湾及国外鄂豫皖革命根据地历史研究动态》(1)，1985年。
中共中央马克思恩格斯列宁斯大林著作编译局编译：《列宁全集》(第2版第37卷)，人民出版社1986年版。
郭家齐主编：《黄麻起义》，武汉大学出版社1987年版。
谭克绳、欧阳植梁：《鄂豫皖革命根据地斗争史简编》，解放军出版社1987年版。
周质澄、吴少海：《鄂豫皖革命根据地财政志》，湖北人民出版社1987年版。
卢振国：《吴焕先传记》，河南人民出版社1987年版。
杨云若、杨奎松：《共产国际与中国革命》，上海人民出版社1988年版。
刘光明：《郑位三传记》，武汉工业大学出版社1988年版。
张耀纶等：《鄂豫皖苏区教育史》，河南大学出版社1988年版。
黄修荣：《共产国际与中国革命史》(上)，中共中央党校出版社1989年版。
王宗华主编：《中国大革命史》(1924—1927)，人民出版社1990年版。
曾宪林、谭克绳：《第一次国内革命战争时期的农民运动史》，山东人民出版社1990年版。
侯志英主编：《大别山风云录》，河南人民出版社1990年版。
史全生主编：《中华民国文化史》(上、中、下)，吉林文史出版社1990年版。
《毛泽东选集》(第1—5卷)，人民出版社1991年版。
董纯才主编：《中国革命根据地教育史》，教育科学出版社1991年版。
《董必武年谱》编纂组：《董必武年谱》，中央文献出版社1991年版。
中共中央马克思恩格斯列宁斯大林著作编译局国际共产史研究所编译：《葛兰西文选》(1916—1935)，人民出版社1992年版。
湖北省新四军暨华中抗日根据地历史研究会、鄂豫边区革命史编辑部编：《雄狮奇观——纪念新四军第五师建军50周年论文专辑》，武汉大学出版社1992年版。
罗荣渠、牛大勇编：《中国现代化历程的探索》，北京大学出版社1992年版。
方西、韩光表等编著：《硝烟春蕾》，中国文联出版公司1993年版。

《邓小平文选》（第 1 卷），人民出版社 1994 年版。

王一帆、刘影：《郭述申纪念文集》（上、下），大连出版社 1996 年版。

胡菊莲主编：《鄂豫皖革命根据地货币史》，中国金融出版社 1998 年版。

马德俊：《许继慎传》，安徽人民出版社 1998 年版。

《李先念传》编写组：《李先念传》，中央文献出版社 1999 年版。

姜义华：《理性缺位的启蒙》，上海三联书店 2000 年版。

陈建华：《"革命"的现代性——中国革命话语考论》，上海古籍出版社 2000 年版。

杨奎松编：《走向真实：中国革命的透视》，湖北教育出版社 2001 年版。

曾成贵：《中共党史论谈》，湖北人民出版社 2002 年版。

姚金果、苏杭、杨云若编：《共产国际、联共（布）与中国大革命》，福建人民出版社 2002 年版。

黄修荣：《国共关系史》（上卷），广东教育出版社 2002 年版。

张福记：《近代中国社会演化与革命》，人民出版社 2002 年版。

王邦佐：《中国政党制度的社会生态分析》，华夏出版社 2002 年版。

王奇生：《党员、党权、党争：1924—1949 年中国国民党的组织形态》，上海书店出版社 2003 年版。

钟桂松：《沈泽民传》，中央文献出版社 2003 年版。

黄宗智主编：《中国研究的范式问题探讨》，社会科学文献出版社 2003 年版。

冯天瑜：《新语探源：中西文化互动与近代汉字术语形成》，中华书局 2004 年版。

《王树声传》编写组：《王树声传》，当代中国出版社 2004 年版。

刘宗武编著：《鄂豫边区统一战线工作史》，湖北人民出版社 2004 年版。

孙晶：《文化霸权理论研究》，社会科学文献出版社 2004 年版。

邓光辉：《意识形态与乌托邦：当代影视文化研究的理论与方法》，文化艺术出版社 2005 年版。

中共湖北省委党研室、鄂豫边区革命史编辑部、湖北省新四军研究会编：《纪念李先念诞辰 95 周年文集》，中央文献出版社 2005 年版。

赵鼎新：《社会与政治运动讲义》，社会科学文献出版社 2006 年版。

黄琨：《从暴动到乡村割据：1927—1929，中国共产党革命根据地是怎样建立起来的》，上海社会科学院出版社 2006 年版。

王志怀主编：《舒传贤传》，安徽大学出版社 2007 年版。

中共武汉市委党史研究室、武汉市新四军历史研究会编：《我们是铁的新四军——武汉新四军老战士回忆录》（上、下），武汉出版社 2007 年版。

杨天石：《寻找真实的蒋介石》，山西人民出版社 2008 年版。

李良明、田子渝、曾成贵等编：《湖北新民主革命史》（土地革命战争时期卷、抗日战争时期卷、解放战争时期卷），华中师范大学出版社 2008 年版。

杨奎松：《国民党的"联共"与"反共"》，社会科学文献出版社 2008 年版。

俞吾金：《意识形态论》（修订版），人民出版社 2009 年版。

涂治炎主编：《红二十五军从金寨到陕北》，安徽人民出版社 2009 年版。

李国栋主编：《红安无产阶级革命家群体研究》，解放军出版社 2009 年版。

高华：《革命年代》，广东人民出版社 2010 年版。

金观涛、刘青峰：《观念史研究：中国现代政治术语的形成》，法律出版社 2010 年版。

金观涛、刘青峰：《兴盛与危机：论中国封建社会的超稳定结构》，法律出版社 2010 年版。

杨奎松：《"中间地带"的革命：国际大背景下看中共成功之道》，山西人民出版社 2010 年版。

王奇生：《革命与反革命》，社会科学文献出版社 2010 年版。

余伯流、何友良主编：《中国苏区史》，江西人民出版社 2011 年版。

中共红安县委党史办公室、中共青海省委党史研究室编：《孙玉清传》，中共党史出版社 2011 年版。

黄道炫：《张力与界限：中央苏区的革命》，社会科学文献出版社 2011 年版。

张孝芳：《革命与动员：建构"共意"的视角》，社会科学文献出版社 2011 年版。

何友良：《苏区制度、社会和民众研究》，社会科学文献出版社 2012 年版。

杨奎松：《谈往阅今》，九州出版社 2012 年版。

（四）其他国家和地区学术著作

中国国民党中央组织部调查科编：《中国共产党之透视》，（台北）文海出版社 1962 年版。

陈赓雅：《赣皖湘鄂视察记》，（台北）文海出版社 1968 年版。

蒋永敬：《鲍罗廷与武汉政权》，（台北）传记文学出版社 1971 年版。
王建民：《中国共产党史稿》（增订本）（1—3 编），（香港）中文图书供应社 1974—1975 年版。
贺明缨：《匪区田地分配方法与解决业佃问题之研究》，（台北）成文出版社 1977 年版。
蒋纬国主编：《国民革命战史·反共戡乱》（三、四），（台北）黎明文化事业股份有限公司 1978 年版。
姜新立：《张国焘的彷徨与觉醒》，（台北）幼狮文化事业公司 1981 年版。
[意] 葛兰西：《狱中札记》，葆煦译，人民出版社 1983 年版。
郭华伦：《中共史论》（1—4），"国立"政治大学国际关系研究中心 1989 年版。
[美] 杜赞奇（Prasenjit Duara）：《文化、权力与国家——1900—1942 年的华北农村》，王福明译，江苏人民出版社 1994 年版。
邹谠：《二十世纪中国政治：从宏观历史与微观行动的角度看》，（香港）牛津大学出版社 1994 年版。
[美] 塞缪尔·P. 亨廷顿：《变化社会中的政治秩序》，王冠华等译，生活·读书·新知三联书店 1996 年版。
何高潮：《地主、农民、共产党——社会博弈论分析》，（香港）牛津大学出版社 1997 年版。
[法] 维克托尔：《旧制度与大革命》，冯棠译，商务印书馆 1997 年版。
陈永发：《中国共产革命七十年》（上、下），联经出版事业股份有限公司 1998 年版。
[英] 汤林森（John Tomlison）：《文化帝国主义》，冯建三译，上海人民出版社 1999 年版。
[德] 哈贝马斯：《公共领域的结构转型》，曹卫东等译，学林出版社 1999 年版。
[美] 吉尔兹（Geertz, C.）：《地方性知识：阐释人类学论文集》，王海龙等译，中央编译出版社 2000 年版。
[英] 马林诺斯基：《文化论》，费孝通译，华夏出版社 2001 年版。
邹谠著，甘阳编：《中国革命再阐释》，（香港）牛津大学出版社 2002 年版。
陈耀煌：《共产党·地方精英·农民——鄂豫皖苏区的共产革命（1922—

1932)》，博士学位论文，台湾"国立"政治大学，2002年。

[德] 李博：《汉语中的马克思主义术语的起源与作用：从词汇—概念角度看日本和中国对马克思主义的接受》，赵倩等译，中国社会科学出版社2003年版。

[法] 阿尔都塞：《哲学与政治：阿尔都塞读本》，陈越编译，吉林人民出版社2003年版。

[美] 爱德华·W. 萨义德（Edward W. Said）：《文化与帝国主义》，李琨译，生活·读书·新知三联书店2003年版。

[澳] 费约翰：《唤醒中国——国民革命中的政治、文化与阶级》，李恭忠等译，生活·读书·新知三联书店2004年版。

[英] 汤普森（Thompson J. B.）：《意识形态与现代文化》，高铦等译，译林出版社2005年版。

[英] 雷蒙·威廉斯：《关键词：文化与社会的词汇》，刘建基译，生活·读书·新知三联书店2005年版。

William T. Rowe, *CRIMSON RAIN——Seven Centuries of Violence in a Chinese County*, Stanford University Press, 2007.

[美] 西达·斯考切波（Theda Skocpol）：《国家与社会革命对法国、俄国和中国的比较分析》，何俊志等译，上海人民出版社2007年版。

S. A. Smith, *Revolution and the People in Russia and China: A Comparative History*, Cambridge University Press, 2008.

[美] 王国斌：《转变的中国：历史变迁与欧洲经验的局限》，李伯重等译，江苏人民出版社2008年版。

[澳] 吉布森（Gibson, M.）：《文化与权力：文化研究史》，王加为译，北京大学出版社2012年版。

[意] 博比奥（Bobbio, N.）：《左与右：政治区分的意义》，陈高华译，江苏人民出版社2012年版。

四 论文

（一）大陆地区

方向阳：《中央农民运动讲习所史料剪辑》，《江汉论坛》1959年第11期。

欧阳植梁：《鄂豫皖苏区的土地革命》，《江汉论坛》1982年第10期。

王全营：《鄂豫皖苏区土地政策演变》，《中州学刊》1982年第3期。

谭克绳、江抗美：《论革命知识分子在创建鄂豫皖苏区中的历史地位》，《华中师范大学学报》1983年第6期。

倪忠文：《回忆郑位三同志谈鄂豫皖苏区历史中的几个重大问题》，《武汉大学学报》（社会科学版）1983年第3期。

王全营：《鄂豫皖苏区教育革命述评》，《史学月刊》1984年第3期。

陈铁训：《秋收起义在江北的一面红旗——黄麻起义的起因和经验浅述》，《黄冈师专学报》1984年第2期。

韩宗德：《光山县苏维埃政权的建立与发展》，《信阳师范学院学报》（哲学社会科学版）1985年第1期。

谭克绳、刘守荣：《试述第一次国共合作和湖北农民运动》，《华中师范大学学报》1986年第2期。

欧阳植梁、谭克绳：《关于鄂豫皖革命根据地历史研究中的几个问题》，《武汉大学学报》1986年第6期。

邹时炎、霍文达：《鄂豫皖苏区教育概述》，《中南民族学院学报》1986年第4期。

熊熊：《鄂东在中国现代革命史上的地位》，《黄冈师专学报》1986年第2期。

雷前有：《商南起义》，《信阳师范学院学报》（哲学社会科学版）1986年第2期。

霍文达：《鄂豫皖苏区教育的历史地位与作用述略》，《湖北大学学报》（哲学社会科学版）1987年第5期。

霍文达：《鄂豫皖苏区教育述略》，《教育评论》1987年第3期。

王雅红：《浅谈鄂豫皖苏区便衣队的产生及其作用》，《华中师范大学学报》（哲学社会科学版）1987年第4期。

洪殿祥：《鄂东南苏区的土地革命运动》，《黄冈师专学报》（社会科学版）1987年第2期。

蒋世涛、朱惠民：《我党第二次国内革命战争时期的土地政策与共产国际的影响》，《商丘师专学报》（社会科学版）1987年第3期。

陈倩、则明：《试论吴焕先对鄂豫皖革命根据地的贡献》，《信阳师范学院学报》（哲学社会科学版）1987年第4期。

金冲及：《六大以后两年间中共中央的历史作用》，《中共党史研究》1988年第3期。

王天奖：《民国时期河南"土匪"略论》，《商丘师专学报》（社会科学版）1988年第4期。

汪季石：《红四方面军的组织演变及其主要军事活动述略》，《黄冈师专学报》1988年第1期。

李明斌：《浅析大革命后期不能进行土地革命的原因》，《信阳师范学院学报》（哲学社会科学版）1989年第2期。

齐德坤、杨克：《论鄂豫皖苏区土地革命中的富农政策》，《信阳师范学院学报》（哲学社会科学版）1989年第3期。

杨明训等：《震惊豫东的王继贤起义》，《黄淮学刊》（社会科学版）1990年第4期。

李敏：《门生业绩有光辉——记武汉中学对鄂东革命的贡献》，《鄂东党史通讯》1991年第1期。

谭克绳：《略论鄂豫皖革命根据地党的建设》，《华中师范大学学报》（哲学社会科学版）1991年第4期。

周启先等：《民主革命时期鄂东武装斗争的特点》，《黄冈师专学报》1991年第3期。

洪平：《试析鄂豫皖苏区的婚姻立法》，《安徽史学》1991年第3期。

游志：《试论知识分子在英山早期革命中的历史作用》，《鄂东党史通讯》1991年第1期。

易仕先：《从通讯社到共产主义小组——陈潭秋在汉活动片段》，《鄂东党史通讯》1991年第1期。

汪季石、潘祖升：《鄂东党组织的创立及其特点》，《黄冈师专学报》1991年第3期。

程少明：《解放战争时期鄂东土地改革运动》，《黄冈师专学报》1992年第2期。

汪季石：《回龙山起义及其失败的历史教训》，《黄冈师专学报》1992年第2期。

徐黎铃：《试述中共鄂豫皖省委的历史地位与作用》，《信阳师范学院学报》（哲学社会科学版）1993年第3期。

路海江：《鄂豫皖苏区的文化教育事业》，《史学月刊》1994年第6期。

汪季石：《论中共第一个农村党支部——陈策楼支部的创立》，《黄冈师专学报》1995年第2期。

汪季石：《中国革命史上的又一座丰碑——试论黄麻起义对探索中国革命之路的贡献》，《黄冈师专学报》（社会科学版）1996年第1期。

余信红：《论土地革命战争时期中国共产党对文化战线的领导》，博士学位论文，中共中央党校，1996年。

洪殿祥：《红五军挺进鄂东南的历史功绩》，《黄冈师专学报》（社会科学版）1996年第4期。

萧功秦：《中国社会各阶层政治态势与前景展望》，《战略管理》1998年第5期。

汪季石：《浅论革命知识分子在黄麻起义中的作用》，《黄冈师专学报》1998年第3期。

吴定乾：《土地革命时期英山进步教育概况》，《黄冈师专学报》1999年第1期。

李爱峰：《论知识分子在创建豫东南革命根据地中的作用》，《信阳师范学院学报》（哲学社会科学版）2000年第3期。

王奇生：《党政关系：国民党党治在地方层级的运作（1927—1937）》，《中国社会科学》2001年第3期。

蒋秋纬：《以本地干部为主要对象的肃反斗争——以鄂豫皖苏区为例》，硕士学位论文，中国社会科学院，2001年。

徐修宜：《鄂豫皖苏区教育述论》，《阜阳师范学院学报》（社会科学版）2001年第2期。

汪季石：《黄麻起义时间再考》，《黄冈师范学院学报》2001年第4期。

程少明：《三次"左"倾错误在鄂豫皖根据地的危害》，《江汉论坛》2001年11月。

王奇生：《党员、党组织与乡村社会：广东的中共地下党（1927—1932）》，《近代史研究》2002年第5期。

汪季石：《黄麻起义领导机构考》，《黄冈师范学院学报》2002年第1期。

李良明：《论沈泽民从教条主义向实事求是的思想转变——兼谈他在鄂豫皖苏区的功过是非》，《党史研究与教学》2003年第2期。

金冲及：《从迅猛兴起到跌入低谷》，《近代史研究》2004年第6期。

王奇生:《"革命"与"反革命":1920年代中国三大政党的党际互动》,《历史研究》2004年第5期。

张玲:《1926—1935年共产国际对中国革命的政策及影响》,博士学位论文,华东师范大学,2002年。

陈德军:《乡村社会中的革命——以赣东北根据地为研究中心1924—1934》,博士学位论文,复旦大学,2003年。

夏中义:《"革命"探源启示录——评陈建华的〈"革命"的现代性——中国革命话语考论〉》,《文艺研究》2003年第6期。

吕静:《明清时期鄂豫皖交界山区的社会动荡与社会控制》,硕士学位论文,武汉大学,2005年。

程少明:《中原解放区的减租减息运动》,《黄冈师范学院学报》2005年第5期。

潘传柏:《大别山土地革命时期革命民歌的特征》,《信阳师范学院学报》(哲学社会科学版)2005年第6期。

丛小平:《通向乡村革命的桥梁:三十年代地方师范学校与中国共产主义的转型》,《香港二十一世纪》2006年第4期。

戴鸣今:《宗族势力与革命势力间互动关系的演变——以20世纪2、30年代鄂豫皖边地区为中心的分析》,《华中师范大学研究生学报》2006年第4期。

崔玉婷:《邹平教育模式与延安教育模式比较研究》,博士学位论文,华东师范大学,2006年。

杨会清:《中国苏维埃运动中的动员模式研究》(1927—1937),博士学位论文,浙江大学,2006年。

李从娜:《鄂豫皖苏区的妇女》,《中华女子学院山东分院学报》2006年第9期。

傅才武:《民国时期国家文化体制的形成与演进——政治变局中政党、意识形态与文化领导权(1911—1949)》,博士后报告,武汉大学,2007年。

留宝:《乡村教师:乡村革命的播火者》,硕士学位论文,上海师范大学,2007年。

任宝明:《鄂豫皖革命根据地的社会改造初探》,硕士学位论文,郑州大学,2007年。

朱正业、杨立红:《鄂豫皖革命根据地的土地改革及其历史经验》,《农业考古》2007年第6期。

程少明:《鄂豫皖革命根据地的宣教工作》,《黄冈师范学院学报》2007年第2期。

刘昶:《革命的普罗米修斯:民国时期的乡村教师》,《中国乡村研究》2008年第6辑。

桑俊:《红安革命歌谣研究》,博士学位论文,华中师范大学,2008年。

刘华实:《鄂豫皖苏区合作社及其运动》,《档案管理》2008年第2期。

唐金培:《鄂豫皖苏区文化建设模式及其历史地位》,《中州学刊》2008年第1卷第6期。

张宏卿:《农民、革命与中央苏区民众动员》,博士学位论文,上海师范大学,2008年。

辛向阳:《中共六大与鄂豫皖革命根据地的发展和巩固》,《黄冈职业技术学院学报》2009年第3期。

吴宏亮:《中国共产党与河南红枪会》,《中州学刊》2010年第5期。

刘国胜:《对大别山精神研究中两个问题的理解》,《信阳师范学院学报》(哲学社会科学版)2010年第4期。

王启超:《解放战争时期大别山根据地的重建研究》,硕士学位论文,安徽师范大学,2010年。

刘昊:《革命的地方性:中共领导的广东土地革命研究(1927—1934)》,博士学位论文,上海大学,2010年。

叶福林:《东固革命根据地专题研究》,博士学位论文,华东师范大学,2010年。

黄文治:《民众动员视野下的中共与富农——以鄂豫皖苏区为中心的考察(1927—1932年)》,《开放时代》2010年10月。

黄文治:《鄂豫皖苏区道路:一个民众动员的实践研究》,博士学位论文,上海师范大学,2011年。

辛向阳:《论鄂豫皖边区三年游击战争中便衣队的历史贡献》,《黄冈职业技术学院学报》2011年第6期。

傅才武、陈庚:《国家文化体制的历史来源——中国共产党文化领导权模式的结构化和制度化(1927—1949)》,《福建论坛》(人文社会科学版)2011年第6期。

曾成贵:《木兰山转战是创建鄂豫皖根据地的重要起点》,《学习与实践》2011

年第 11 期。

丁祥莉：《枪杆、拳头和近代中国的暴力想象——读罗威廉〈血雨腥风：一个中国县份七个世纪以来的暴力〉》，《史林》2011 年第 1 期。

魏垚杰：《鄂豫皖苏区地方防御体系的形成——鄂豫边界的地方军事化（1927—1929 年）》，《信阳师范学院学报》（哲学社会科学版）2011 年第 4 期。

王顺生：《中央苏区文化的内涵与价值简评〈多维视野下的中央苏区文化建设研究〉》，《光明日报》2012 年 2 月 22 日第 10 版。

张永：《鄂豫皖苏区肃反新探》，《近代史研究》2012 年第 4 期。

黄文治：《山区"造暴"：共产党、农民及地方性动员实践——以大别山区中共革命为中心的探讨（1923—1932）》，《开放时代》2012 年第 8 期。

（二）中国台湾地区及其他国家

Robert W. McColl, "The Oyuwan Soviet Area, 1927—1932", The Journal of Asian Studies, Vol. 27, No. 1 (Nov., 1967), published by: Asscoiation for Asian Studies。

蔡明裕：《张国焘与中共》，硕士学位论文，台湾"国立"政治大学东亚研究所，1973 年。

邹一清：《鄂豫皖苏区之形成、发展与崩溃》，《共党问题研究》（第 1 卷第 1 期），（台北）共党问题研究中心 1975 年版。

姜新立：《张国焘与鄂豫皖苏区》，《东亚季刊》（第 11 卷第 2 期），台湾"国立"政治大学东亚研究所，1979 年。

施哲雄：《鄂豫皖苏区的肃反运动》，《东亚季刊》1986 年第 18 卷第 1 期。

陈永发：《中共早期肃反的检讨：AB 团》，《"中央"研究院近代史研究所集刊》1988 年第 17 期上册。

陈永发：《内战、毛泽东和土地革命——错误判断还是政治谋略》，《大陆杂志》1996 年第 1—3 期。

陈永发：《政治控制和群众动员：鄂豫皖肃反》（上、中、下），《大陆杂志》1993 年第 1—3 期。

陈耀煌：《对中共鄂豫皖苏区发展若干特点之考察（1927—1932）》，《政大史粹》1999 年第 6 期。

陈耀煌:《地方精英与中共农民运动关系之研究——以湘鄂西苏区早期发展为例》,(台北)"国立"政治大学历史学系,《政大史粹》2000年第2期。

郑建生:《地方精英与农民运动:湖北阳新事件的考察(1927年2月27日)》,《政大史粹》2001年第3期。

郑建生:《红枪会与农民运动——以1927年的麻城惨案为例的探讨》,《国立政治大学历史学报》2003年第5期。

郑建生:《国民革命中的农民运动——以武汉政权为中心的探讨》,博士学位论文,台湾"国立"政治大学历史研究所,2007年。

陈耀煌:《高地的革命:中国的井冈山根据地》,《"中央"研究院近代史研究所集刊》2007年第58期。

郑永年:《为什么中国需要建设国家意识形态?》,《联合早报》2013年1月29日。

后　记

　　本书是在我的博士论文基础上进行修订和完善下形成的，论文是在我的导师傅才武教授的悉心指导下完成的。从课程的学习、论文的选题、撰写到最终定稿都倾注了傅老师大量的心血。虽然工作十分繁忙，傅老师还是抽出了大量时间指导、修改我的论文，令我感动万分。傅老师渊博的学识令我仰慕，严谨的治学态度使我终身受益，平易近人的品格是我一生的楷模。在此，谨向我的导师致以最深的敬意和由衷的感谢！

　　感谢冯天瑜教授、覃启勋教授、彭敦文教授、谢贵安教授、杨华教授、任放教授、聂长顺教授、曾辉副所长等老师给我学习上的指导，在武汉大学三年学习期间，正是你们孜孜不倦的传道、授业、解惑，以及对我生活上的真诚帮助，使我在思想上都取得了巨大的进步。

　　另外，我要特别感谢谭克绳教授、曾成贵研究员、刘玉堂研究员、李良明教授为我的研究提供了大量帮助并提出了宝贵意见，在此对他们表示衷心的感谢。我还要对为我博士论文的前期准备提出宝贵意见，并在我收集资料时给予我大力支持的湖北省党史办邹东山处长、麻城党史办李敏老师、红安党史办辛向阳老师、红安革命博物馆阙和荣老师、安徽大学黄文治博士等表示感谢。

　　感谢中国传统文化研究中心和国家文化创新研究中心的各位老师和同学；感谢我的同学周德清、李汇洲、翁春萌三年来在学习和生活中对我的支持和帮助；感谢吕堂生、李亮宇、曹余阳、黄梦航、陈俭昆、周婉君、何鹏等师弟师妹对我的关心，各位同窗是我生活中的良师益友，三年的共同生活让我们结下了深厚的友谊；还有我的家人，感谢他们一直以来对我的理解和支持。正因为有了上述这么多人的帮助，使我顺利地完成了博士研究生阶段的学业。

特别感谢赣南师范大学中国共产党革命精神与文化资源研究中心为本书的出版提供了全额资助，感谢师弟刘魁一直以来不厌其烦与我对论文的出版事宜进行沟通。

　　感谢中国社会科学出版社陈肖静和刘娟二位老师对本书的出版提出了宝贵的修改意见，以及对全书进行细致的核对。

　　最后，感谢我的父母、内子文馨及关心爱护我的亲朋好友，正因为他们多年来的支持和关爱，铸成我继续求学和求知的动力，亦是我能够顺利完成博士论文和进行修订工作的精神支柱。

邹　荣
初稿书于武汉大学珞珈山　2013 年 7 月
定稿书于江夏汤逊湖畔　2015 年 10 月